国家社科基金项目"普惠金融支持西南民族特困区短期脱贫与发展调查研究"（项目编号：17BMZ105）

普惠金融
助力民族地区脱贫与发展

王作功 ◎ 著

中国社会科学出版社

图书在版编目（CIP）数据

普惠金融：助力民族地区脱贫与发展/王作功著.—北京：中国社会科学出版社，2022.5
ISBN 978-7-5227-0269-8

Ⅰ.①普… Ⅱ.①王… Ⅲ.①农村金融—商业服务—研究—中国 Ⅳ.①F832.35

中国版本图书馆 CIP 数据核字（2022）第 090237 号

出 版 人	赵剑英
责任编辑	刘晓红
责任校对	周晓东
责任印制	戴　宽
出　　版	中国社会科学出版社
社　　址	北京鼓楼西大街甲 158 号
邮　　编	100720
网　　址	http：//www.csspw.cn
发 行 部	010-84083685
门 市 部	010-84029450
经　　销	新华书店及其他书店
印　　刷	北京君升印刷有限公司
装　　订	廊坊市广阳区广增装订厂
版　　次	2022 年 5 月第 1 版
印　　次	2022 年 5 月第 1 次印刷
开　　本	710×1000　1/16
印　　张	15.5
插　　页	2
字　　数	248 千字
定　　价	88.00 元

凡购买中国社会科学出版社图书，如有质量问题请与本社营销中心联系调换
电话：010-84083683
版权所有　侵权必究

前　言

2015年11月29日，《中共中央国务院关于打赢脱贫攻坚战的决定》指出，"重点支持革命老区、民族地区、边疆地区、连片特困地区脱贫攻坚"，强调"鼓励和引导商业性、政策性、开发性、合作性等各类金融机构加大对扶贫开发的金融支持"。2018年3月，《中共中央国务院关于打赢脱贫攻坚战三年行动的指导意见》指出，"集中力量支持深度贫困地区脱贫攻坚"，强调"新增金融资金优先满足深度贫困地区，新增金融服务优先布局深度贫困地区，对深度贫困地区发放的精准扶贫贷款实行差异化贷款利率"。在国务院扶贫办确定的14个连片特困区中，西南地区就分布了5个民族特困区，该区域集中了我国70%以上的少数民族贫困人口，是我国贫困人口最多、贫困程度最深的区域。其中乌蒙山集中连片特困区、武陵山集中连片特困区、滇黔桂石漠化集中连片特困区以贵州为中心，涵盖了云南、四川、重庆、湖北、湖南、广西等省（市、区），集聚了彝族、回族、侗族、苗族、布依族、仡佬族、土家族、水族、白族、壮族、瑶族、满族、蒙古族、畲族、毛南族、羌族等50多个少数民族。该区域集民族地区、革命老区、边远山区、贫困地区于一体，在西南民族特困区中具有较强的代表性。本书以乌蒙山、武陵山、滇黔桂石漠化三个集中连片特困区的贵州11个少数民族自治县为调查研究样本，通过深入分析普惠金融支持其短期脱贫与长期发展的现状、评价其绩效，进而提出相应的对策建议。

在党中央、国务院的关心和支持下，西南民族地区脱贫攻坚已经取得全面胜利。在全面打赢脱贫攻坚战的后扶贫时代，防止脱贫地区特别是少数民族脱贫地区返贫，促进其长期发展、公平发展、共享发展，实现共同富裕，需要付出更加艰苦的努力。

在脱贫攻坚的伟大实践中，以金融扶贫为重点任务的普惠金融发挥了重要作用，主要表现在普惠金融在支持贫困地区交通、水电、移民搬迁、城市基础设施建设，以及在支持旅游、农业、轻工等特色优势产业发展等方面提供了大量资金。

在当前及今后相当长的时期，普惠金融面临商业可持续的困扰，存在普惠金融财政化的倾向，而普惠金融财政化又面临边际效用递减的困扰，因此，就迫切需要在对普惠金融的扶贫绩效进行系统评价和普惠金融服务贫困地区脱贫攻坚的机制优化进行深入研究的基础上，对普惠金融支持少数民族地区的长期发展进行研究并提出对策。这也是本书重点研究和争取回答的问题。

本书是在国家社科基金项目"普惠金融支持西南民族特困区短期脱贫与长期发展的调查研究"（项目编号：17BMZ105）成果进行修改形成的。该项目从2017年立项后，因多项研究成果得到省部级以上领导肯定性批示而在2019年11月以免予评审方式提前一年多结项。该书的主要内容包括以下几个方面：

一是对美国、孟加拉国、印度、赞比亚等国家及国内的兰考发展普惠金融的经典案例进行了分析研究。

二是对武陵山、乌蒙山、滇黔桂石漠化这三个西南民族集中连片特困区的普惠金融发展状况进行了深度调查，分别从普惠金融支持"三农"、支持中小微企业、普惠金融机构内部管理以及普惠金融挂职干部、创新发展等方面分析了普惠金融发展取得的成绩、存在的问题，并进行了相应的分析。

三是从武陵山、乌蒙山、滇黔桂石漠化这三个西南民族集中连片特困区选取了11个少数民族自治县，在通过问卷调查以及人民银行系统和统计局系统获取数据的基础上，构建了普惠金融评价指标体系，通过综合运用层次分析法和熵权法计算了研究样本的普惠金融指数，并对研究样本的普惠金融指数及主要指标进行了横向与纵向比较，然后通过对普惠金融指数与地区生产总值、财政收入、贫困人口规模、贫困发生率、城乡居民可支配收入、固定资产投资等方面的相关性分析，对普惠金融支持西南民族特困区短期脱贫与长期发展的绩效进行了评价。

四是对西南民族地区部分金融机构普惠金融风险管理现状、风险分担机制设计进行了研究。

五是对完善普惠金融政策体系，创新普惠金融产品、服务和模式，构建特色金融体系，加大普惠金融对重点领域和薄弱环节的支持力度，防控区域金融风险等问题提出了对策建议。

目　　录

第一章　普惠金融国内外经典案例分析 ………………………… 1

　　第一节　普惠金融是金融发展的时代选择 ………………… 1
　　第二节　普惠金融的国际实践经典案例 …………………… 2
　　第三节　国内普惠金融经典案例
　　　　　　——兰考普惠金融改革试验区 ………………… 16
　　第四节　关于推动国内普惠金融发展的思考 ……………… 32

第二章　普惠金融支持西南民族地区短期脱贫与长期发展的现状调查 ………………………………………………… 36

　　第一节　普惠金融支农支小调查
　　　　　　——以武陵山玉屏县为例 …………………… 36
　　第二节　普惠金融支农支小渗透度、覆盖率和便捷性调查
　　　　　　——以乌蒙山威宁县农信社为例 …………… 49
　　第三节　普惠金融支持中小微企业发展调查
　　　　　　——以武陵山印江县农信社为例 …………… 61
　　第四节　沿河县农信社实施网格化管理提升普惠金融服务水平的调查 …………………………………………… 69
　　第五节　镇宁县金融驻村干部扶贫调查 …………………… 80
　　第六节　西南民族特困区创新普惠金融产品与服务调研 …… 89
　　第七节　西南民族地区普惠金融技术平台调研 …………… 96
　　第八节　赤水市"普惠+绿色+大数据"特色金融融合

1

　　　　　　发展模式调研……………………………………………… 110

**第三章　普惠金融支持西南民族特困区短期脱贫与长期发展
　　　　　绩效评价**………………………………………………………… 116

　　第一节　西南民族样本地区普惠金融发展水平评价………… 116
　　第二节　11个少数民族自治县普惠金融指数分析 …………… 131
　　第三节　11个少数民族自治县普惠金融指标分析 …………… 141
　　第四节　11个少数民族自治县普惠金融发展对短期脱贫与
　　　　　　长期发展的绩效评价…………………………………… 158
　　第五节　结论…………………………………………………… 161

第四章　西南民族特困区普惠金融风险管理研究………………… 163

　　第一节　西南民族特困区普惠金融风险状况调查
　　　　　　——以贵州省农信社为例……………………………… 163
　　第二节　西南民族特困区普惠金融风险防控机制创新
　　　　　　研究……………………………………………………… 175
　　第三节　关于提高西南民族特困区普惠金融风险管理水平的
　　　　　　思考……………………………………………………… 182

**第五章　普惠金融支持西南民族特困区短期脱贫与长期发展的
　　　　　对策建议**………………………………………………………… 187

　　第一节　对西南少数民族特困区实施差别化的普惠
　　　　　　金融政策………………………………………………… 187
　　第二节　加快普惠金融产品创新、服务创新和模式创新……… 189
　　第三节　以普惠金融为重点构建"普惠+大数据+绿色"的
　　　　　　特色金融体系…………………………………………… 196
　　第四节　加大普惠金融对重点领域和薄弱环节的
　　　　　　支持力度………………………………………………… 202
　　第五节　营造普惠金融可持续发展的生态环境………………… 207

参考文献………………………………………………………………… 229

第一章

普惠金融国内外经典案例分析

第一节 普惠金融是金融发展的时代选择

一 资源优化配置是经济社会发展的永恒主题

经济学的核心命题是效率与公平。效率是如何实现资源的优化配置和优化再生，最大限度创造、转化、实现价值；公平是如何在增长的基础上实现社会正义，帮扶弱势群体。

资源的优化配置是人类经济活动的永恒主题，而金融市场则是资源配置最为重要的市场之一。市场可以完全有效地配置资源只是理想化分析的假设，这在金融市场资源配置效率研究中表现得尤为突出。比如著名的"费雪分离定理"——理想化的完全金融市场假说下，任何经济决策只依赖于企业家的才能和他能够把握的机遇；家庭的财富也不会影响到对下一代的人力资本投资；任何富有远见和雄心的家庭都可以相对平等地追求美好未来。可是我们找不到任何一个"完全的金融市场"。从这个意义上来说，金融市场的不完全所影响的不仅是市场效率，更是损害了社会公平。

二 传统金融发展面临困境

公元前6世纪希腊寺庙的货币保管与放款业务、公元前250多年中国周代"泉府"等机构办理的赊贷业务标志着金融业开始萌芽，也奠定了金融产业的普惠基础。传统金融发展也面临极大的困境：一是国家信用无限扩张，使全球金融体系和信用体系处于周期性的扩张—危机循环之中。二是金融在推动实体经济巨变的同时也绑架了实体经济，使得实体经济不得不随着金融周期的波动而波动,尽管实体经济本身也存在问题。三是在金融业信用规模无限扩张的同时,正在逐步背离金融服务实体经济的初衷和追求的普惠目标,更多的金融资源正在游离于实体经济之外,成为服务自身的投机食利者,也是一种规模宏大、变化巨大的不稳定因素。四是金融市场在通过配置金融资源引领和提高经济社会资源配置效率的同时,金融排斥也加剧了资源配置的集中和贫富差距的扩大,人类社会公平发展、正义发展、共享发展的立项面临着严峻挑战。

三 普惠金融能够兼顾资源配置的效率与公平

国内外的实践和理论研究都说明,金融发展有利于提高经济资源配置的效率,但是否有利于促进资源配置公平的实现、是否有利于缩小贫富差距、是否有利于推动包容性增长,却存在巨大的争议和分歧。

普惠金融的概念是由联合国和世界银行扶贫协商小组在 2005 年提出的,是指在遵循机会平等要求和商业可持续原则基础上以可负担的成本为社会各阶层和群体提供适当、有效服务的金融体系,普惠金融重点关注为低收入和弱势群体提供合适的金融服务。

国内外的实践和研究都表明,普惠金融既有利于提高金融服务的覆盖面、渗透率,也有利于弱势群体获得相对合适的金融服务,还有利于降低严重贫困、缩小贫富差距。也就是说,以普惠金融为代表的金融市场创新是恢复市场效率、支持包容性增长、推动可持续发展、校正社会公平的重要举措。

第二节 普惠金融的国际实践经典案例

普惠金融的国际实践其实还早于联合国和世界银行提出这一概念的 200 年。普惠金融在国际上得到广泛认同是因为普惠金融兼顾了公平与效率、对推动全球包容性增长具有重要意义。下面就普惠金融在发达国家和欠发达地区的经典实践案例进行分析。

一 美国的普惠金融实践——以法治化推动普惠金融发展

作为一个成熟的市场经济国家,美国在普惠金融发展中也探索了成功的经验。其突出的特点是在普惠金融发展的过程中坚持法治原则,不断以立法形式改善普惠金融的运作机制。也就是说,美国的普惠金融发展遵循法治化的道路。美国普惠金融法治的核心法律包括《社区再投资法》《公平信用报告法》《联邦存款保险法》。

(一)《社区再投资法》

美国《社区再投资法》(*The Community Reinvestment Act*,CRA)是目前世界上唯一的一个旨在解决金融歧视、金融排斥,改善金融消费者金融服务可获得性状况,对银行等金融机构的金融包容义务做出较为全面规定的法案。

《社区再投资法》的立法背景源于美国20世纪70年代的信贷歧视和市场失灵问题。1970年起,美国金融市场上大型银行及其他存储机构从中低收入社区撤离,转向对市政债券的投资与逐利,从而大规模地引起了"画红线"和"社区不投资"等行为。正是这一时期的信贷歧视和市场失灵问题,迫使美国国会通过了联邦法律《社区再投资法》,为存款性机构设定了"有持续和责无旁贷的责任"通过"禁止擅自把落后地区圈定为红线区,将资金引入了最需要的地区",强调对特定区域的整体权益的保护,进而确保银行和储蓄机构能满足其社区所有居民的信贷需求。

《社区再投资法》的执行机制包括检查与考核两个部分。该法规定:①受监管机构(指参加联邦存款保险的存款类机构)"有持续和责无旁贷的责任"满足整个社区(主要是中低收入社区和人群)的信贷需求。②联邦监管机构中的联邦储备体系、货币监理署、联邦存款保险公司、储蓄机构监管署对各自监管的机构在中低收入社区的表现进行考核。考核内容除贷款投放外,还包括其提供的金融服务和相关投资,同时还参考当地其他同业机构表现,考虑当地经济发展状况、有效的信贷需求、失业情况等经营环境,是"客观量化考核 + 主观定性判断"的综合考核体系。而且,考核结果对外公开。③考核等级作为评估受理受监管机构申请开设分支机构、并购、开设新业务等的重要依据,整个过程公众参与度高,公众能够影响监管当局对机构在这些方面的审批。

也就是说,该法并没有对存款类机构需要完成的CRA义务做出具体、明确的量化规定和比例指标,没有说明银行"做到什么程度才够",而只是明确这些机构有义务满足中低收入社区的信贷需求,为机构履行CRA义务提供了最大限度的灵活性。立法者授权监管机构通过检查和考核来判定存款类机构是否合规。

该法案的检查机制包括三个方面：检查主体、检查要素与检查后评级。由监管机构的合规检查官负责《社区再投资法》的检查与考核，对于大型存款类机构，CRA检查官通常专职于CRA事务；而对于小型存款类机构，CRA检查官同时还负责其他类型的合规性事务检查。检查官借助对银行考核范围内贷款、服务、投资的整体表现进行绩效评估，从而得出综合的考核结果。考核范围是银行自己划定的一个或多个地域范围，是评估银行满足当地社区信贷需求的重要依据。考核范围必须包括银行分支机构所在地，以及银行发放大量贷款的周边区域，划定考核范围时不能有非法歧视，或任意排除中低收入地域。银行绩效由监管机构根据该银行的具体情况及其在考核范围内的表现进行判定。

检查官在CRA考核过程中考虑的因素主要包括：银行提供的产品、企业战略及财务状况；考核范围内的经济状况信息包括住房、商业活动和就业；银行同业的绩效；所在社区获得贷款、服务及投资机会等。每次检查都是独立的，各项评级并非对应精确的存贷比指标或贷款数量。可以看出，这种考核是"客观量化考核+主观定性判断"的综合考核体系。也就是说，如果金融机构所在地的基本面很差，这是金融机构所改变不了的，这种情况下，即使存贷比低也可能获得高的评级。

检查结束后，每个机构都会获得一个CRA评级，并且评级和调查结果向公众披露。目前，考核结果分为四类：优秀、合格、有待改进、严重违规。对于考核结果，监管当局、政府、NGO、媒体都会参考。

该法案的考核机制主要包括支撑合规检查官执行其检查义务并对检查对象进行考核的数据支持。《社区再投资法》检查需要很多数据作为考核结果的衡量依据，这些数据主要包括住房抵押贷款、小型企业贷款、社区开发贷款和投资数据等。

（1）《住房抵押贷款披露法》要求披露的数据：根据该法规定，银行应提供并对公众公开关于贷款申请、贷款拒绝、贷款发放以及贷款买卖方面的数据。该数据可用来判定金融机构是否满足当地社区的住房贷款需求，有助于辨别可能带有歧视性的贷款做法。大多数金融机构每年都应提供这些数据，而最小型机构可豁免提供。

（2）小型企业贷款数据。每年大型机构应上报他们向小型企业发放贷款的数据;给企业提供低于100万美元贷款的数据;向不同规模企业提供贷款的数据。这些数据被用来判定金融机构是否满足了当地社区小型企业的信贷需求。

(3)社区开发贷款和投资数据。主要包括银行提供的关于社区开发贷款、投资及服务的相关信息;与交易相关的财务信息;贷款、服务和投资满足社区开发所需方面的证明材料。

(二)《公平信用报告法》

市场经济是信用经济,信用是市场经济的基石。在市场经济中,潜在的债权人一般在和消费者建立长期业务关系之前,总要寻求了解关于消费者的信息,以便判断其信用。在金融市场,作为资金需求方的金融消费者和作为资金供给方的金融债权人或者其他金融权利人之间达成交易的基础也是信用,而且,金融市场对信用信息的依赖更强。鉴于此,调整金融供给者与金融消费者之间信用关系的法律对于金融市场的有效运行至关重要。美国《公平信用报告法》(Fair Credit Reporting Act,FCRA)就是一部典型的调整市场经济信用关系的法律。

该法用于规制消费者信用报告以及其他保密信用信息的披露和使用。该法于1971年首次颁布,是美国联邦政府规制信用报告产业的第一次重要举措。其规制信用机构和消费者信用报告使用者的行为,并保护消费者的权利免受信用机构和消费者信用报告使用者的不当影响。也就是说,该法旨在调整消费者、消费者信用报告发布者以及消费者信用报告使用者三者之间的法律关系,明确三者之间的权利、义务和责任,以便建立健康的市场经济信用体系。

《公平信用报告法》主要包括四个部分的内容。第一部分是信用报告。信用报告包括以下项目:①个人识别信息。如姓名、地址、职业等。②交易记录。如对金融机构、商店等交易相对方的交易记录。③公共信息。比如对税务部门是否欠缴税收,是否有尚未执行的不利法律判决。④信用查询。潜在的授信人可以通过信用查询来判断是否把被授信人列入合格的信用、保险或者其他金融服务对象。⑤争议记录。如果消费者对信用报告所记载的个人信息的准确性或者真实性提出质疑,可以就有争议的地方发出声明,争议和声明也将载入信用报告。

第二部分是信用报告的获得。为了保护消费者的隐私权和获得公平授信的权利,该法对信用报告的获得进行了规制。从结构上,关于信用报告的使用包括三个方面,即哪些主体有权获得信用报告?在什么条件下才能获得信用报告?以及获得什么程度的信用报告。比如,涉及隐私权的某些信息不能包括在信用报告里;信用机构必须按照消费者需要的服务向信用需求者提供不同版本的信用报告。

第三,信用信息的使用。信用需求方获得关于消费者信用的报告之后,要根据一定的标准对信用信息进行分析,并据此判断消费者的信用,以便确定如何为消费者提供金融服务。信用需求方会根据信用报告提供的信用信息,根据一定的权重标准给消费者的信用打分,分值代表消费者的信用情况。

第四,信用报告错误信息的修改。因为信用报告事关消费者的信用,影响其从事市场交易的能力,所以,消费者有权知晓信用机构对自己的信息所做的信用报告,并对其中的错误提出修改要求。

《公平信用报告法》对于金融市场,尤其是普惠金融的发展具有重要意义。美国国会在制定该法的时候,对该法的重要性以及立法目标做了如下陈述,认为,信用报告准确性和公平性的重要意义在于:①银行系统依赖公平和准确的信用报告。因为不准确的信用报告直接损害银行系统的效率;不公平的信用汇报方法损害公众的信心,而公众的信心对银行系统的持续运行至关重要。②必须建立一个精巧的机制用来调查和评估消费者的信用。③消费者信用报告机构对于收集和评估消费者信用以及其他信息至关重要。④有必要确保消费者信用报告机构尽心尽责,在收集和报告消费者信用的时候做到公平、平等,并尊重消费者的隐私权。

国会认为,该法的目标就在于通过合理的程序设计,要求消费者信用报告机构以对消费者公平和平等的方式满足市场对消费者信用、个人、保险以及其他信息的需求。

(三)《联邦存款保险法》

《联邦存款保险法》奠定了美国问题商业银行的救助模式。根据该法案成立联邦存款保险公司,联邦存款保险公司通过吸收投保银行以及储户的存款保险设立存款保险基金。联邦存款保险公司处置问题商业银行最普遍的方法是用存款保险基金为问题商业银行提供融资,帮助问题商业银行把存款和贷款出售给其他银行，然后把其余的财产清算掉并关闭问题商业银行。从银行客户的角度，因为他们自动成为收购银行的客户，所以这种救助程序对他们来说是无缝的。这种救助程序实质上借鉴了破产重整制度中的有序清算程序，联邦存款保险公司扮演清算接管人的角色。

我们以2011年的一个问题银行破产清算案为例演示这种清算模式。2011年12月16日，坐落在凤凰城的美国西部银行（Western National Bank）被货币监理署关闭，同时货币监理署指定联邦存款保险公司作为美国西部银行的接管人。作为接管人，联邦存款保险公司主要做两件事。其一，为美国西部银行寻找收购方，收购其存款和贷款资产；其二，把不能出售的资产清算掉并按照法律规定的优先权分配给银行的利益相关人。存款保险基金提供清算贷款，该贷款作为破产清算中的管理费用优先得到清偿。联邦存款保险公司找到坐落在西雅图的华盛顿联邦银行（Washington Federal Bank）作为收购方。收购程序完成之后，美国西部银行的各个分行自动成为华盛顿联邦银行的分行，美国西部银行原来的储户以及贷款客户自动成为华盛顿联邦银行的储户和贷款客户。美国西部银行剩下的资产清算掉之后在其他债权人和股东之间分配。分配顺序如下：管理费用、存款债权、普通无担保债权、次级债权、股权。

这种操作模式实际上借鉴了美国破产法的重整出售模式，即在重整的条件下把有营运价值的资产整体出售，把剩余资产清算拍卖，用拍卖得到的价值在原来的利益关系人之间进行分配。这种操作模式有利于稳定问题银行的资产价值，稳定其债权人和债务人的预期，有利于稳定信贷市场秩序。这种操作模式为美国商业银行体系的稳健运行提供了保障。

2008年国际金融危机促使美国对其金融法律制度作了全方位的改革，在此基础上形成了《多德—弗兰克法案》。该法案在联邦存款保险法案的基础上制定了有序清算制度，根据有序清算制度，除了商业银行外，其他金融机构也适用联邦存款保险公司牵头的救助模式。美国联邦存款法案模式下的问题金融机构救助机制对于社区范围内的中小金融机构稳健经营起到了安全阀的作用，这种机制有效地解决了中小金融机构开展普惠金融可能产生的风险问题。

二 孟加拉国普惠金融——以格莱珉银行小额信贷为核心推动普惠金融发展

孟加拉国包容性金融的做法主要表现在农村小额贷款。农村小额信贷是在20世纪70年代首次在孟加拉国开创的。这是由穆罕默德·尤努斯（Muhammad Yunus）为帮助穷人而开发的金融产品。1983年，孟加拉国政府允许小额信贷转型注册为农村银行，其中最具代表性的就是由尤努斯创立的格莱珉银行。

该银行自1983年开始发展，一直稳步运行，呈现成功和活力的普惠金融模式。格莱珉银行普惠金融发展模式的主要成功经验可以归纳为以下几点：

（一）准确的经营理念

乡村银行模式基于对贫困和贫困的包容性理解，确定了准确的经营理念：

首先，贷款是人权的一部分，穷人也应该有这个权利。我们必须从人权的高度认识金融权特别是贷款权，确保弱势群体有权从法律层面获得公平贷款。

其次，从金融服务群体来说，要注意提升穷人的主动性和潜力、创造力和灵活性，提高穷人的自我发展能力，而不是被动地依靠国际援助和政府的福利援助来生存。

再次，金融机构有义务也有能力服务穷人的金融需求。金融机构需要打破为大型机构和富人提供金融服务的传统观念，为穷人及其他弱势群体提供金融服务是其履行社会责任的应有之义，同时金融机构也可以通过为穷人和弱势群体提供合适的金融服务来促进自身的发展。

最后，政府有义务向穷人获取金融服务提供帮助。政府的职能是要加强对金融机构的监管、制定正确的政策、提供财政补贴、加强金融教育等。

（二）合理的运行机制

孟加拉国格莱珉银行在扶贫与商业活动有机结合的基础上，建立了以市场为导向的积极激励和内生约束机制。主要依据自愿原则，建立穷人自身组织和相应的运作机制，以非政府组织为主体，建立依托市场化管理的组织体系。格莱珉银行高度重视银行资金来源的多样化。该银行的资金主要来自联合国发展金融组织、福特基金、挪威援助组织和孟加拉国政府。20世纪90年代以后，格莱珉银行允许会员拥有银行股份。截至2017年年底，借款人持有96%的格莱珉银行股份，而政府只占有4%的股份。格莱珉银行从商业资源中获得越来越多的可贷资金，低成本资金逐步增加，增强了可持续发展能力。

（三）科学的风控模式

格莱珉银行采取了小组担保与存款保险相结合的风险管理模式。格莱珉银行放弃了普惠金融"无抵押贷款"的传统做法，而是采取了小组联保的形式。

小组贷款通常按"221"的顺序发放，首先借款给该组的两名成员，然后两个星期后再借款给另外两名成员，最后借款给小组领导。其中，每位借款人必须节省一定数额，以确保所有团队成员和借款人每周向贷款小组支付1元，同时借款人需要将5%的贷款资金作为预留。

贷款后，定期举行小组会议，以便及时反馈团队成员的最新信息。此外，孟加拉国格莱珉银行一般规定6个小组组成1个中心，每个中心每周举行1次会议，中心主任负责召集和主持会议。团队成员可以在中心的会议上交流经验，获取相关的科学文化知识，这有助于在一定程度上提高会议的生产能力，增强团队凝聚力和团队精神，还有利于成员之间的相互监督，提高工作效率，减少借款风险。

强制性存款制度也是避免会员违约风险的有效措施。可以说，孟加拉国格莱珉银行的强制性存款制度与现代银行业存款保险制度非常接近。

（四）独特的还款方式

孟加拉国格莱珉银行小额信贷的对象主要是农村贫困人口，特别是最贫穷的人口。他们的贷款风险普遍较大，如果采用到期一次性归还贷款的方式还款，则难以进行有效的风险管理，所以孟加拉国格莱珉银行采取灵活还款方式避免风险。银行要求成员进行阶段匹配偿还，整个借款制度规定，贷款期限一般为1年，一般是本金和利息的总和除以50为周还款金额，并在贷款发放后的1周内开始。如果借款人无法按时偿还，则还款系统可以及时发现违约，这样就可以尽快掌握不良信贷成员信息，降低贷款风险，同时，其他团队成员也可以获得预警，监督会员。

（五）多样性的贷款产品

孟加拉国格莱珉银行贷款产品实现了多元化的创新。从最早向穷人提供生产贷款，然后挖掘新增贷款需求，开始关注消费贷款，已推出了个性化消费贷款，并采取灵活贷款期限及优惠利率，受到会员欢迎，如住房贷款、养老基金等教育基金，为会员提高生活水平、提供基本生活保障、引导投资儿童教育工作做出了重大贡献。

三　印度普惠金融——在缓慢中前行

（一）印度普惠金融发展历程

印度普惠金融的发展可分为三个阶段。第一阶段，1960—1990年，在这个阶段，"普惠金融"的重点是将信贷转移给被忽视的经济部门，特别关心社会弱势群体。第二阶段，1990—2005年，重点是加强金融机构改革，作为金融部门改革的一部分。普惠金融在这个阶段的发展主要是在20世纪90年代初建立了自助救援队，创建信用卡为农民提供信贷服务。1992年国家农业和农村发展银行发起的SHG项目为商业银行提供政策支持，促进穷人集体决策，提供门到门银行服务。第三阶段，2005年至今将"普惠金融"定义为政策目标，目的是通过负担得起的账户提供安全的储蓄存款和优惠贷款。

印度政府对普惠金融的理解和发展很早。但很长一段时间普惠金融的发展并不令人满意。根据2003年的数据，印度的家庭有4590万个（51.4%）被剥夺了从金融机构或非金融机构获得信贷的机会，超过73%的农民无法获得正式的信贷资源。根据2007年的调查，只有40%的人口有支票账户，10%的人口有人寿保险，0.6%的人口有非人寿保险，2%的人口有信用卡，13%的人口有ATM机和借记卡。

（二）印度普惠金融的发展战略

印度"十一五"计划（2007—2012年）以包容性经济增长为核心目标。其最大挑战是将印度6亿多农民纳入发展的主流，但是推进起来面临巨大的困难。实现包容性增长，就必须推进普惠金融，而普惠金融的最佳方式之一就是普惠融资。

印度于2008年成立了普惠金融委员会，该委员会设计了印度发展普惠金融的六种具体办法，即：①向普通家庭提供信贷；②向农民提供农业事务的专业咨询；③在人口相对密度大的地区开设银行分支机构；④向小额借款人发放贷款并简化手续；⑤进一步深入实施自救队与银行对接工程；⑥探索实施商业中介和代理模式的有效路径。

在印度普惠金融委员会提出的六种具体办法的基础上，印度又明确提出了发展农村普惠金融的四大战略。

1. 微型金融机构发展战略

借鉴孟加拉国格莱珉银行的运作经验，印度也成立了大量微型金融机构，负责为边缘化行业、边缘化地区、边缘化群体提供信贷和金融产品服务。但出乎意料的是，这些微型金融机构的性质却从社区行动变成了商业性为主的企业，原来的微型金融机构服务社区，收入留在社区，但现在更多吸收了很多外部股权，目标变成了以盈利为主，偏离了普惠融资的发展目标。因此，印度现在正在改变这一趋势，鼓励微型金融机构以社区自给自足的形式开展业务。

2. 商业中介和商业代理战略

商业中介和商业代理战略宗旨在于通过在村级建立广泛的网络，为农民扩大和深化经济资源金融化提供帮助。商业中介致力于提升财务意识，创建财务账户，作为银行的代理网点开展转账存款和信贷。商业代理致力于为农民提供商业投资等方面的专业代理服务。为此，就要在农村建立覆盖广泛的农村商业中介和商业代理网络，完善农村商业服务的基础设施，并提供前期费用，在高效运营的基础上提供长期资金运作。

3. 邮政代理银行业务战略

考虑到村民银行渗透率低，对信贷工作者的职业需求旺盛，教育收入水平不均衡等因素，印度邮局可以为农村提供银行服务发挥重要作用。印度有世界上最大的邮政网络之一，邮政总量达15.5亿个，其中农村地区1.39亿个，还有2200万个储蓄账户，1100万个保险保单。这些对农村金融服务的广泛覆盖、对于农村普惠金融的发展都非常重要。印度政府任命了一大批邮政网络的专业人士进入各级普惠金融专家委员会，并且出台了很多促进邮政普惠金融的具体措施。这些措施主要有：邮局向所有印度公民特别是农民开设低成本的银行账户；邮局还可以为其战略合作伙伴代开账户，这些战略合作伙伴主要是共同基金、保险公司、电信运营商、微型金融机构;向所有开设账户的公民提供基础的金融服务以及金融增值服务。

4. 手机银行战略

移动通信极大地降低了金融服务的成本,提高了金融服务的效率。据测算,手机银行的交易成本是 ATM 机交易成本的 1/5,是银行网点现场业务成本的 1/15。当前,印度的移动电话正在快速渗透到广大农村地区,金融机构通过手机银行开展普惠金融服务已经具有了良好的基础。为了在全国特别是广大农村地区发展手机银行业务,印度出台了一系列鼓励大型科技企业和通信企业与银行对接的政策措施,并且向移动公司和商业银行的合资企业授予银行许可证,同时要求其强制执行普惠金融服务。

(三) 印度发展普惠金融面临的问题

印度发展普惠金融还面临很多问题,主要表现在以下几个方面:

1. 农村金融服务成本较高

由于印度农村地域分散,农村地区银行分支机构建设成本和运行成本都非常高,这就限制了银行向印度农村的渗透和覆盖。

2. 城市贫民金融服务面临困难

城市贫民处于经常流动状态,在为他们提供金融服务时面临身份认证困难、有效资产规模较小、金融意识和金融知识贫乏等问题。

3. 印度金融基础设施和基础服务水平较低

在金融机构设置、ATM 机、POS 终端等基础设施方面还存在诸如成本较高的问题,在提供基础金融服务方面还存在网络不健全等问题。

四 赞比亚普惠金融——金融自由化路径面临的困境

在 20 世纪 90 年代之前,非洲国家实行的是高度计划管理的经济体系,随后在西方发达国家和世界经济组织的推动下,非洲国家开始向市场化转型,其普惠金融也开始推进以金融自由化和市场化为特征的普惠金融发展路径。赞比亚就是一个典型的案例。

(一) 自由化的普惠金融路径及其效果

从 1992 年起,赞比亚通过金融自由化发展金融市场,并设立适当的金融机构来提供金融服务,以提高普惠金融的水平,同时还开展了一系列以建立市场经济体系为目标的经济改革。1993 年 3 月,赞比亚完成了大部分外汇经常账户交易控制的解除工作。1994年2月，赞比亚又完成了资本项目开放的工作，并建立了新的外汇支付制度，同时允许外资设立银行等金融机构。

在金融自由化的推动下，外资银行大规模进入赞比亚金融市场。到2006年年底，在赞比亚前13大商业银行中，有7家是外资银行，占比超过50%。外资银行的资产、存款、贷款和分支机构更远远高于内资银行。引进外资金融机构，赞比亚银行业治理水平和利润水平均有明显改善，但是这些改善并没有带来普惠金融水平的提升，表现在以下几个方面：

一是银行账户覆盖率低，金融弱势群体仍然得不到正常的金融服务。截至2006年年底，赞比亚银行业总资产仅为179亿美元，占国内生产总值的35%，广义货币M2占国内生产总值的22%，但是在总人口中，只有3.8%的人口有银行账户，在18岁以上成年人中，只有6.2%的成年人有银行账户。在这些银行账户中，64%的账户存款余额不到100美元，8%的账户存款余额在100—200美元，超过200美元的账户占比只有28%。

二是农村银行分支机构少。金融自由化之前的1990年，赞比亚共有120家银行分行，但2005年只有152家银行分行，增长十分缓慢。2005年，每家银行的平均分行数为7万，处于世界银行渗透率的低下层。农村银行的发展就更为缓慢，城乡银行发展不平衡的问题更加突出。1990年，赞比亚农村银行业务占总额的50%，但到2004年，这一比例降至43%。

三是家庭和私营部门信贷占比下降。1990—2004年，赞比亚银行向私营部门提供的信贷占比从8.8%下降至8.1%，这与市场化、自由化金融改革的初衷完全背离。私营部门获得信贷的资金成本也非常高。2005年，赞比亚贷款的平均年利率达到48%（通货膨胀率达到20%），但私人部门获得贷款的平均年利率在50%以上。

四是微观金融机构的作用有待提高。赞比亚的小额信贷机构（Micro - Finance Institutions, MFI）的数量很少。据赞比亚微型金融机构协会提供的资料显示，微型金融机构服务的客户数量仅为5万户，占总人口的0.005%，资产总额仅占银行业资产总额的2%。由于小额信贷机构经营规模小，经营成本高，贷款利率高于商业银行。这样一来，小额信贷机构的家庭贷款通常用于满足短期家庭需求，企业借款仅限于短期流动性需求。

（二）金融自由化没有实现普惠金融预期目标的原因

金融自由化并没有对赞比亚的银行业发展及其提供普惠金融的能力带来显著的效果。金融自由化之所以没有实现预期目标，其主要原因包括：

一是金融自由化改革步伐不合理。像其他发展中国家一样，赞比亚在20世纪90年代初跟随国际社会金融体制自由化改革的趋势，金融体系从封闭式转型为自由金融体系。但是，由于没有制定有效的法律监管框架，建立适当的市场激励机制和自律机制，出现了与改革者预期不一样的情况。

截至2005年年底，银行体系不良贷款占贷款总额的8.9%。许多银行收紧贷款，反而增加了对政府债券的投资。因此，银行业对普惠金融的贡献已经减弱。

二是宏观经济恶化的负面影响。赞比亚的经济形势非常不理想，人均国内生产总值一直在下降，导致贫困人口增加。与此同时，正规经济部门几乎没有提供就业机会，加剧了贫困。而且，由于赞比亚的大多数小微企业都没有注册，不缴纳税款，没有审计账目，这种情况阻碍了银行为小微企业提供信贷。财政借款利率高再加上政府债券资产在银行资本标准计算中的权重为零，诱使银行增加对财政债券的投资，挤压了对民间的贷款。

三是支付系统基础设施薄弱。普惠金融需要一个良好、有效和可靠的清算和支付系统。设计适当的支付系统将有助于改善金融体系的稳定性以及银行和金融服务的可用性。赞比亚国内支付系统存在一些缺点，阻碍了普惠金融的发展。

（三）世界银行的政策建议

据世界银行调查报告，赞比亚贫困家庭和小微企业对金融服务的需求不仅限于信贷，而且还包括使用简单方便的工具获得安全、低成本存款服务，高效的付款和汇兑服务以及负担得起各种风险的保险服务。为此，世界银行专家建议，赞比亚应从法律、政策和经济政策层面进行极大改善，全面推进普惠金融发展。

世界银行提出了一系列措施，清除银行部门对普惠金融的障碍，并打破银行部门实施普惠金融的瓶颈，包括建立和完善信贷体系，推进支付制度现代化建设，加强立法司法制度改革，完善市场纪律，建立有效的银行破产处理机制，加强银行监管。为了给发展普惠金融提供良好的宏观经济环境，有必要保持宏观经济稳定，减少财政赤字，改善营商环境，改善就业环境，提高家庭平均收入水平。

五　普惠金融国际实践的启示

成熟市场经济国家和发展中国家的普惠金融实践对中国普惠金融的发展具有重要的启示。本书认为主要有以下几点：

1. 要增强发展普惠金融的意识

普惠金融可以减少贫困，建立可持续的经济增长。稳健高效的银行机构可以节约业务办理时间，有效挖掘企业发展潜力，提高生产效率。此外，普惠金融机构为有活力和有能力的企业家提供机会，并提高企业风险管理水平，促进家庭和个人的消费，为此，要建立更大、更包容的金融体系，鼓励更多的金融机构参与普惠金融服务，建立更具开放性和活力的普惠金融体系。

2. 加快构建推动普惠金融发展的法律体系

在普惠金融体系的具体设计中，中国应该借鉴学习美国等发达市场经济国家，以立法形式引导金融机构、金融消费者、金融监管机构等普惠金融主体，共同推动普惠金融发展。一是明确普惠金融法律法规的基本立法原则。二是通过制定普惠金融法律法规，实现普惠金融法治，提高普惠金融的实施效率。三是建立有效的激励约束机制，以避免"一刀切"式的金融监管。四是建立健全普惠金融信贷法律制度和普惠金融风险监测制度。

3. 建立覆盖广泛的普惠金融体系

一是借鉴孟加拉国格莱珉银行的经验，我们有必要利用现有的农村信用制度，利用熟人社会的信用担保制度，缓解农村金融面临的困难，同时运用大数据建立覆盖广泛的信用信息数据库。二是完善普惠金融机构体系，商业性金融机构、开放性金融机构、政策性金融机构等各司其职，协同推进普惠金融发展。三是开发普惠金融产品体系，运用网络、大数据、人工智能等现代新型技术开发网络贷款、网络理财、精准保险等普惠金融产品。

4. 处理好政府和市场的关系

印度和赞比亚的普惠金融实践告诉我们，建立普惠金融不能是政府和市场各执一端。在中国这样一个处于经济转型的发展中大国实施普惠金融，必须准确把握政府和市场的功能和作用。要充分发挥政府在协调各种市场资源方面的作用，鼓励市场参与者积极参与普惠金融。

第三节　国内普惠金融经典案例
——兰考普惠金融改革试验区

我国各地在探索实践普惠金融中积累了很多成功的经验。其中兰考发展普惠金融的模式和路径最具代表性。兰考普惠金融改革试验区于2016年12月获国务院批复正式成立，这是我国第一个也是唯一一个国家级普惠金融试验区。

一　兰考普惠金融改革试验区的愿景与使命

兰考，既是"亲民爱民、艰苦奋斗、科学求实、迎难而上、无私奉献"焦裕禄精神的诞生地，又是"解放思想、实事求是、改革创新、开放包容"改革开放精神的实践热土。

在中国人民银行和河南省委、省政府的积极推动和争取下，国务院在2016年12月批准设立了兰考普惠金融改革试验区。该试验区建设的指导思想是：践行焦裕禄精神，坚持五大发展理念，充分发挥市场的决定性作用，强化政府引导，突出供给侧精准发力，在兰考县加快建立与全面建成小康社会相适应的普惠金融服务和保障体系，有效增强金融支持县域经济发展的能力。

经过近两年的创新与改革实践，兰考普惠金融试验区在推动金融发展、服务脱贫攻坚、促进经济社会健康发展方面已经取得了令人瞩目的成绩。特别是建立在高科技、数字经济基础上的普惠金融，在金融服务普及居民末梢、在低成本金融服务弱势群体方面进行了大胆的尝试，取得了巨大的成绩。

那么，在党的十九大开启决胜全面建成小康社会、夺取中国特色社会主义伟大胜利新时代的历史征程中，兰考普惠金融改革试验区又将被赋予什么样的愿景、肩负什么样的使命？

一是在普惠金融处于商业可持续困境的时代背景下，通过数字普惠金融的创新发展为普惠金融探索出一条崭新的发展路径。

二是在全球金融体系处于大动荡、大变革的时代背景下，通过普惠金融的创新发展为金融业探索出一条崭新的发展路径。

三是在基尼系数居高不下、贫富差距日益扩大的时代背景下，通过普惠金融的创新发展探索出一条共创、共建、共享的现代经济治理体系。

四是在兰考已经脱贫、全国即将决胜全面脱贫的时代背景下，通过普惠金融的创新发展为全国后扶贫时代的高质量发展探索崭新路径。

五是在数字经济和共享经济扑面而来的时代背景下，通过兰考普惠金融试验区的创新实践，为现代经济学的理论研究和理论创新提供兰考样本和中国范式。

二 普惠金融主要指标大幅改善

（一）数字普惠金融指标高速增长

一是网上银行业务指标高速增长。2015—2017年，兰考县网上银行用户量从51600人增至161800人，增幅高达213.57%，比开封市高89.61个百分点，比全省高146.9个百分点；网银业务笔数从2126500笔增加至7818000笔，增幅高达267.65%，比开封市高203.71个百分点，比河南省高233.74个百分点；网上银行业务规模从258万元增至828万元，增幅高达220.93%。

二是手机银行业务指标高速增长。2015—2017年，兰考县手机银行用户量从51100人增至201200人，增幅高达293.74%，比开封市高239.18个百分点，比全省高220.85个百分点；手机银行业务笔数从774800笔增加至3517100笔，增幅高达353.94%。

三是大数据信用体系建设成效明显。中小企业信用档案建档率和农户信用档案建档率是大数据信用体系建设的主要指标。试验区中小企业信用档案建档率和农户信用档案建档率在全省也处于先进水平。中小企业信用档案建设指标方面，兰考县已建立信用档案的中小企业数从2016年的5600个增至2017年的5708个，增幅为1.93%。农户信用档

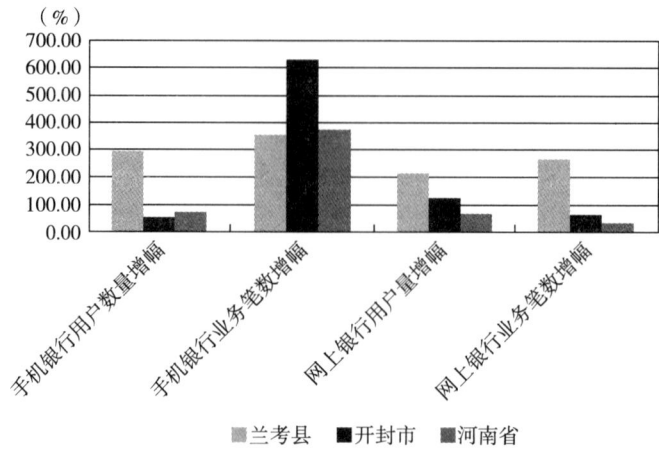

图1-1 2015—2017年河南、开封、兰考手机银行业务及网银增幅对比

表1-1 2015—2017年河南、开封、兰考手机银行业务及网银指标对比

	指标	2015年	2016年	2017年	2017年比2015年增幅（%）
兰考	手机银行用户数量（人）	51100	127900	201200	293.74
	手机银行业务笔数（笔）	774800	2073100	3517100	353.94
	网上银行用户量（人）	51600	103900	161800	213.57
	网上银行业务笔数（笔）	2126500	4655500	7818000	267.65
开封	手机银行用户数量（人）	2067820	2634434	3196000	54.56
	手机银行业务笔数（笔）	16301871	37458457	119240000	631.45
河南	手机银行用户数量（人）	50287125	67871240	86940800	72.89
	手机银行业务笔数（笔）	497187584	923857520	2363451600	375.36

表1-2 2016—2017年河南、开封、兰考已建立信用档案农户数

区域	指标	2016年	2017年
兰考	已建立信用档案的中小企业数（个）	5600	5708
	已建立信用档案的农户数（户）	97373	160348
开封	已建立信用档案的农户数（户）	282172	224445
河南	已建立信用档案的农户数（户）	6202400	9613400

案建设指标方面,兰考县已建立信用档案的农户数从 2016 年的 97373 户增至 2017 年的 160348 户,增幅高达 64.67%,比开封市增幅高 85.13 个百分点,比河南省增幅高 9.68 个百分点。

(二)普惠金融重点支持群体信贷指标大幅改善

普惠金融重点支持群体信贷指标主要有精准扶贫信贷、涉农信贷、中小微企业信贷等。

一是精准扶贫信贷规模高速增长。2015—2017 年,兰考县精准扶贫信贷余额从 1.43 亿元增至 25.92 亿元,增幅高达 1712.59%,比开封市高 1451.59 个百分点,比全省高出 1514.17 个百分点。

二是涉农信贷高速增长。2015—2017 年,兰考县涉农贷款余额从 72.45 亿元增至 123.41 亿元,增幅为 70.33%。

三是小微企业信贷高速增长。2015—2017 年,兰考县小微企业贷款余额从 23.33 亿元增至 47.96 亿元,增幅高达 105.57%。

表 1—3　　2015—2017 年河南、开封、兰考普惠金融重点支持群体信贷指标　　单位:亿元

地区	指标	2015 年	2016 年	2017 年
河南	精准扶贫贷款余额	337.74	577.10	1007.90
开封	精准扶贫贷款余额	3.95	12.18	14.28
兰考	精准扶贫贷款余额	1.43	8.62	25.92
	小微企业贷款余额	23.33	39.51	47.96
	涉农贷款余额	72.45	93.67	123.41

(三)账户和银行卡类主要指标实现了高速增长

一是账户类指标实现了高速增长。2015—2017 年,银行结算账户人均拥有量从 2.56 个增至 5.56 个,增幅高达 117.19%,比开封市高 28.73 个百分点,比河南省高 84.21 百分点;个人银行账户拥有量从 1617500 个增至 3568300 个,增幅高达 120.61%,比开封市高 88.62 个百分点,比河南省高 86.36 个百分点。从绝对水平来看,兰考县居民个人银行人均拥有账户量在 2017 年年末已高于河南省 5.04 个和开封市 4.38 个百分点。

二是银行卡类指标实现了高速增长。2015—2017 年，兰考县人均银行卡持有量从 1.60 张提高至 3.67 张，增幅高达 129.38%，比开封市高 31.03 个百分点，比河南省高 99.51 个百分点；信用卡发卡量从 39300 个增至 139300 个，增幅高达 254.45%，比开封市高 222.28 个百分点，比河南省高 197.74 个百分点。银行卡人均交易笔数从 6.69 笔提高至 13.59 笔，增幅高达 103.13%，比开封市高 9.26 个百分点，比河南省高 17.49 个百分点；银行卡交易笔数从 4234200 个增至 8728000 个，增幅高达 106.31%，比开封市高 18.42 个百分点，比河南省高 18.95 个百分点。

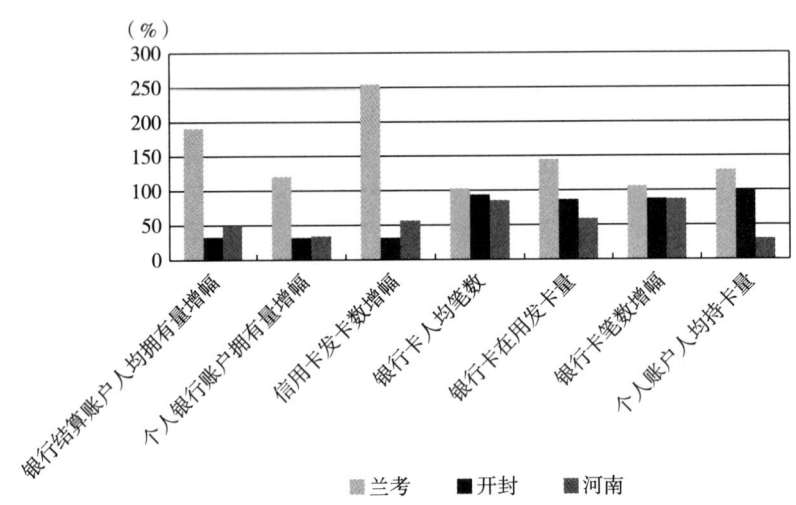

图 1-2 2015—2017 年河南、开封、兰考银行卡业务增幅

（四）兰考县普惠金融发展指数大幅提升

根据中国人民银行郑州中心支行的研究，兰考县普惠金融发展指数（IFI）由 2015 年年末的 0.26 上升到 2018 年年末的 0.57，上升幅度在全省所有县（市）中名列第一。普惠金融评价指标体系三个维度中，金融服务的可得性、金融服务的使用情况、金融服务和产品的质量都高于全省平均水平。根据世界银行全球营商环境关于"边界距离"的方法测算，兰考县有 10 个普惠金融发展指标的平均边界距离得分居河南省第一位。

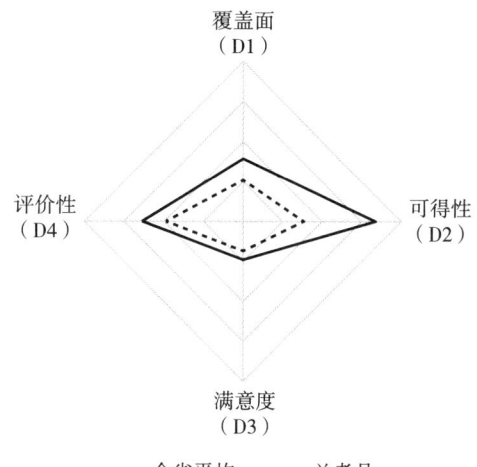

图1-3　兰考县普惠金融发展指标与全省平均水平对比

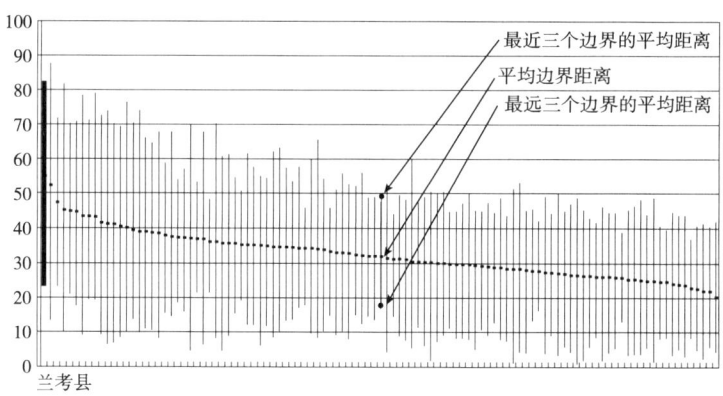

图1-4　河南省分县域普惠金融"边界距离"情况

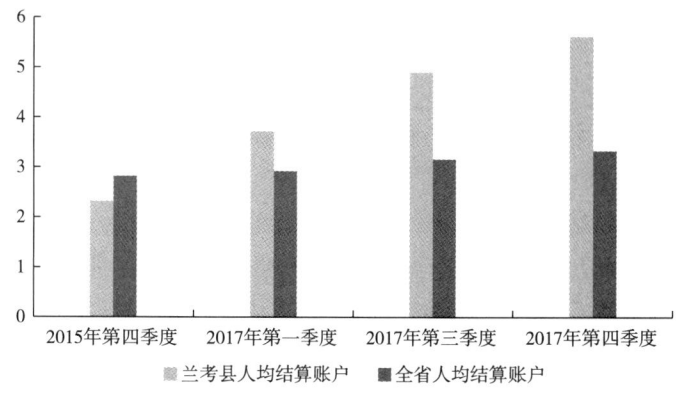

图1-5　兰考县人均结算账户与全省情况对比

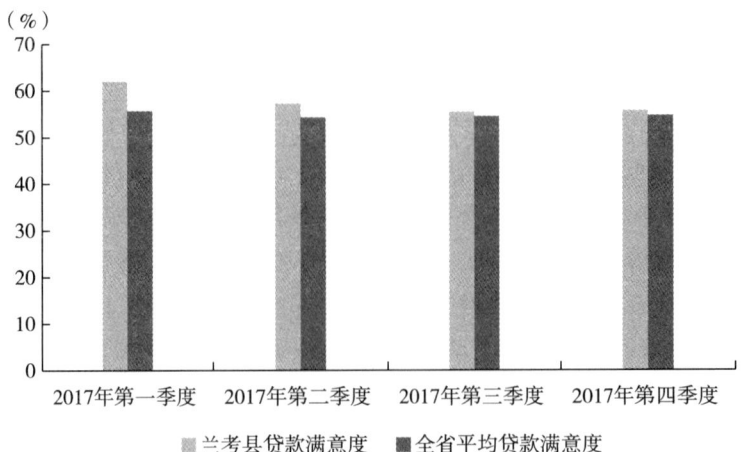

图1-6 兰考县贷款满意度与全省情况对比

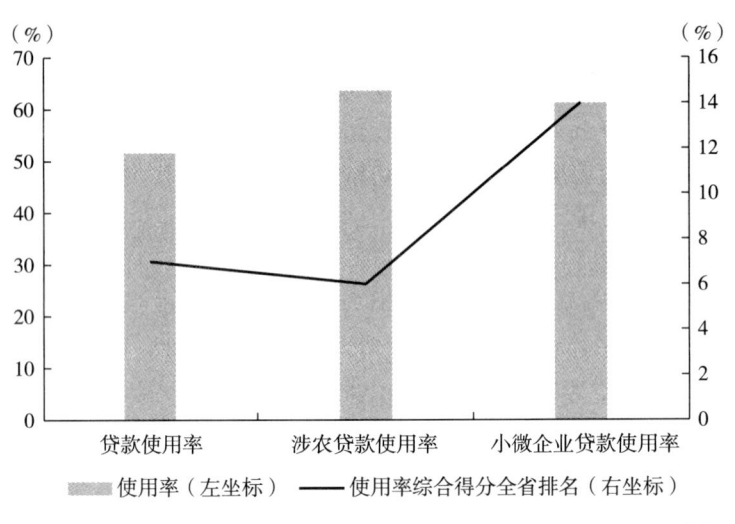

图1-7 兰考县贷款使用率情况

三 兰考金融业发展速度和质量处于全省领先水平

在普惠金融改革试验区的推动下,兰考金融业发展速度和质量在全省处于领先水平,并且初步建立了完善的现代金融体系。

(一)人民币存款余额保持高速增长

2015—2017年兰考县各项存款指标增长迅速。人民币存款余额数从 146.0485 亿元增至 220.2017 亿元，增幅达 50.77%，比开封市高 19.59 个百分点，比河南省高 26.75 个百分点，比全国高 26.01 个百分点。2018 年第二季度，兰考县住户存款和广义政府存款拉动各项存款保持高速增长，全县金融机构人民币存款余额 238.56 亿元，与 2017 年年末相比增长 8.34%，增速高于全省平均水平 0.5 个百分点，增速高于全国平均水平 6.07 个百分点。

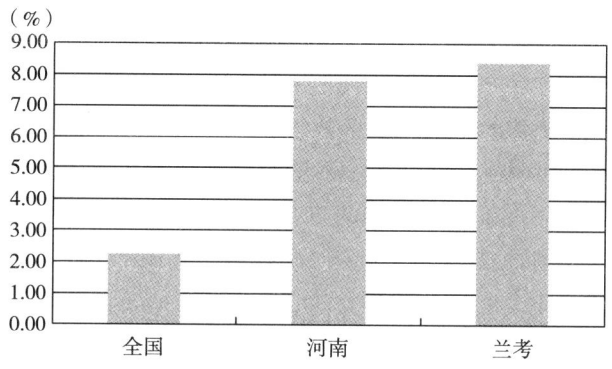

图 1-8 2018 年上半年存款余额增速

（二）各项贷款保持强劲增长势头

2015—2017 年兰考县各项贷款指标增长迅速。各项贷款余额从 85.8046 亿元增至 149.8049 亿元，增幅达 74.59%，比开封市高 40.28 个百分点，比河南省高 41.79 个百分点，比全国高 57.35 个百分点。

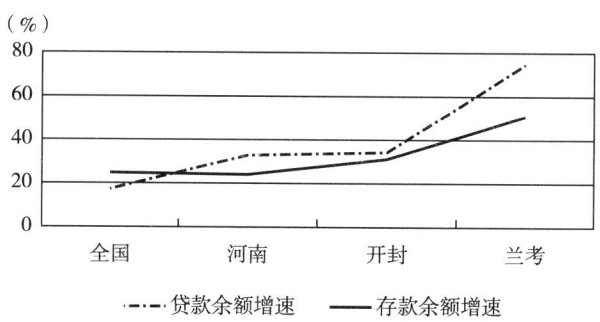

图 1-9 2015—2017 年全国、河南、开封、兰考人民币贷款余额及存贷增速

2018年第二季度末,全县金融机构人民币贷款余额149.80亿元,与2017年年末相比增长13.88%,增速高于全省平均水平4个百分点,高于全国平均水平11.05个百分点。

(三)存贷比状况持续改善,信贷结构明显优化

2015—2017年兰考县存贷比从58.75%增至68.02%,增幅为15.80%,比开封市高13.41个百分点,比河南省高8.71个百分点,比全国高10.83个百分点。2018年第二季度末,兰考县银行业金融机构存贷比提升至71.51%,同比提高6.8个百分点。

2018年第二季度末,兰考县涉农贷款余额129.63亿元,同比增长27.74%,高于各项贷款增速4.1个百分点,占各项贷款比重79.8%;小微企业贷款余额49.08亿元,同比增长8.8%,占各项贷款比重30.2%。信贷继续向普惠金融重点支持的领域倾斜,结构进一步优化。

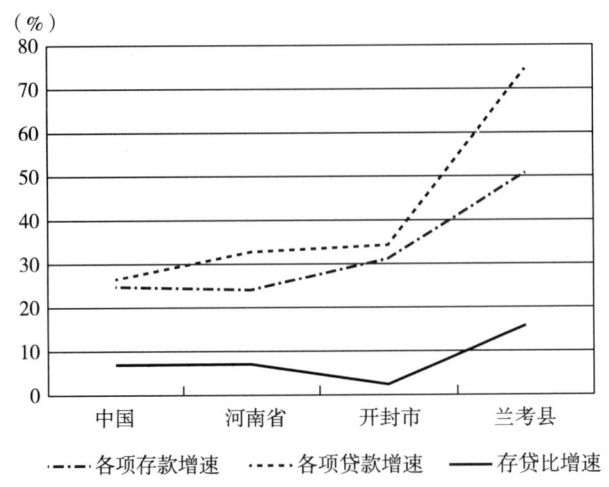

图1-10 2015—2017年金融机构及银行各项存贷及存贷比增幅

(四)薄弱领域利率下行,定向发力效应初显

从图1-11可以看出,2016年1月至2018年3月,兰考县对小微企业的贷款利率一直呈现下降趋势,涉农贷款利率水平也呈现了相同的下降态势。2018年第一季度末,兰考县法人金融机构小微企业贷款加权平均利率为6.83%,同比下降1.74个百分点。再贷款、再贴现、定

向降准、财税扶持政策效应已经显现。

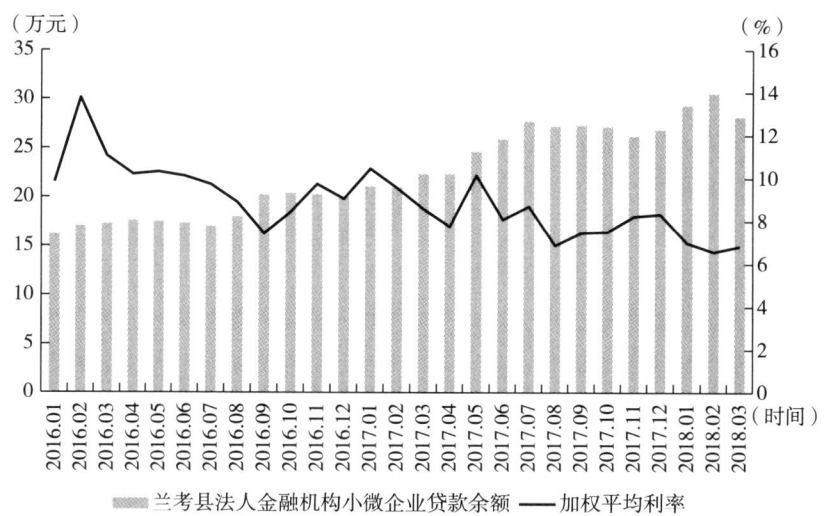

图1-11 兰考县法人金融机构小微企业贷款及利率水平情况

（五）保险市场迅速发展，保障效应显著增强

2015—2017年，兰考县保费收入从9600万元增至1.32亿元，增幅高达38.03%，保险深度从0.41%增至0.47%，增幅高达14.63%，保险密度从152.13元增至206.95元，增幅高达36.03%。

目前，全县已实现大病保险城乡居民全覆盖，困难群众保险对特困人群全覆盖。

为了探索保险模式创新，兰考县政府与中原农险于2016年3月探索实践"脱贫路上零风险"项目，由政府、保险公司和农户三方构建针对农民的系统脱贫保险服务，为全县77447个贫困人口提供包括生产风险和生活风险两大类、共计16小项的"一揽子"脱贫保险服务。在兰考全面脱贫后，针对后扶贫时代农村奔小康的新任务，试验区还探索"保险+期货"的保险创新模式，人保财险与华信期货公司合作，签出河南省首单玉米期货区间价格保险。

表1-4　　　　2017年12月末兰考县保险市场情况　　　　单位:%

项目	数量	同比
保险业机构数（家）	20	11.1
保险业机构从业人数（人）	2754	—
保费收入（万元）	47107	10.1
各类赔款给付（万元）	14728	26.1
保险密度（元/人）	747	—
保险深度（%）	6	—

（六）金融基础设施不断完善，金融生态环境持续优化

2015—2017年，兰考县每万人拥有的银行网点数从0.74个增加到1.05个，增幅高达43.07%；每万人拥有的ATM机数从2.55台增加到3.02台，增幅达18.02%；每万人拥有的POS机终端数从36.22台增加到47.31台，增幅达30.62%。兰考已经实现了ATM机对乡镇、助农取款点和POS终端对行政村域的全覆盖。

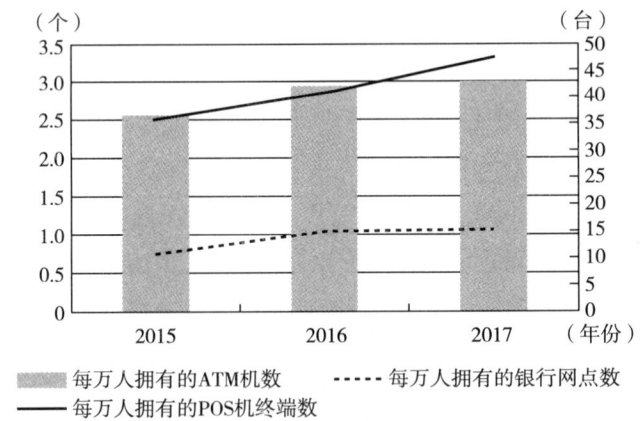

图1-12　2015—2017年兰考金融基础设施相关情况

为了改善农村金融生态环境，试验区举办普惠金融农民讲习堂6期，开展金融宣传活动千余次，实现金融宣传村村基本覆盖，极大地提

高了农民的金融意识、金融素养、金融知识、金融能力。

四 普惠金融改革试验区推动了兰考经济社会快速高质量发展

(一) GDP 及人均 GDP 在经济下行压力下保持了快速增长

2015—2017 年，兰考县 GDP 从 233.56 亿元增至 285.5 亿元，增幅达 22.24%；人均 GDP 从 36897.31 元增至 44449.63 元，增幅达 20.47%。

(二) 固定资产投资保持高速增长

2015—2017 年兰考县固定资产投资规模（不含农户）从 147.79 亿元增至 198.99 亿元，增幅高达 34.64%。

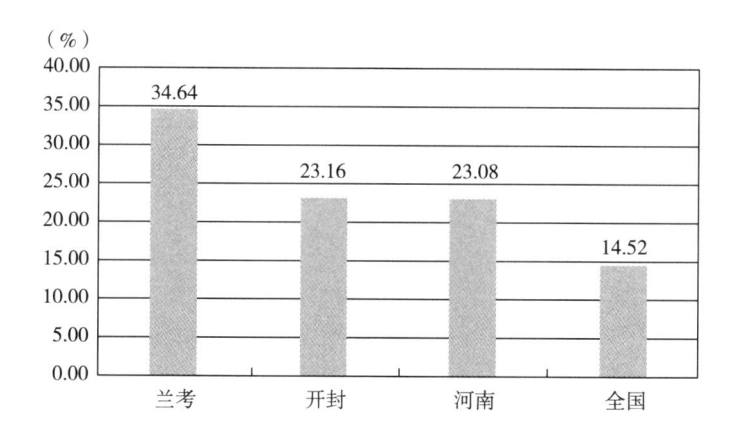

图 1-13 2015—2017 年固定资产投资规模增幅

(三) 一般公共预算收入高速增长

2015—2017 年兰考县一般公共预算收入从 11.8 亿元增至 17.49 亿元，增幅为 48.22%，比开封市高 34.87 个百分点，比全省高 35.35 个百分点，比全国高 34.85 个百分点。

(四) 城乡居民人均可支配收入快速增长

2015—2017 年，兰考县城镇居民人均可支配收入从 19651 元增至 23068 元，增幅为 17.39%，比开封市高 0.2 个百分点，比全省高 1.82 个百分点，比全国高 0.72 个百分点；农村居民人均可支配收入从 9072 元增至 10907 元，增幅高达 20.23%，比开封市高 2.55 个百分点，比全省高 3.04 个百分点，比全国高 2.63 个百分点。

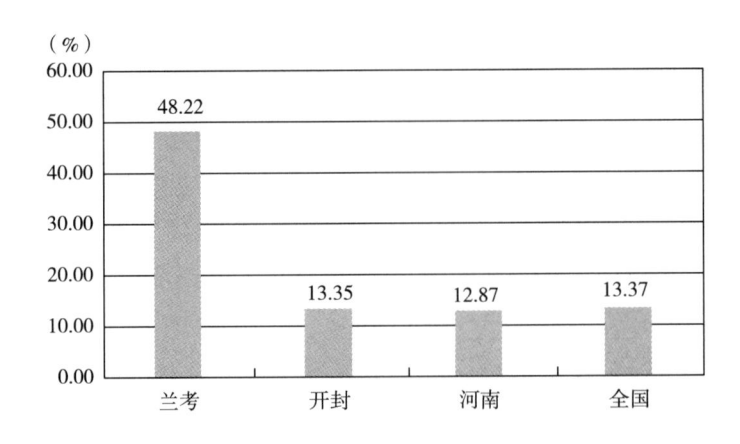

图 1-14　2015—2017 年一般公共预算收入增幅

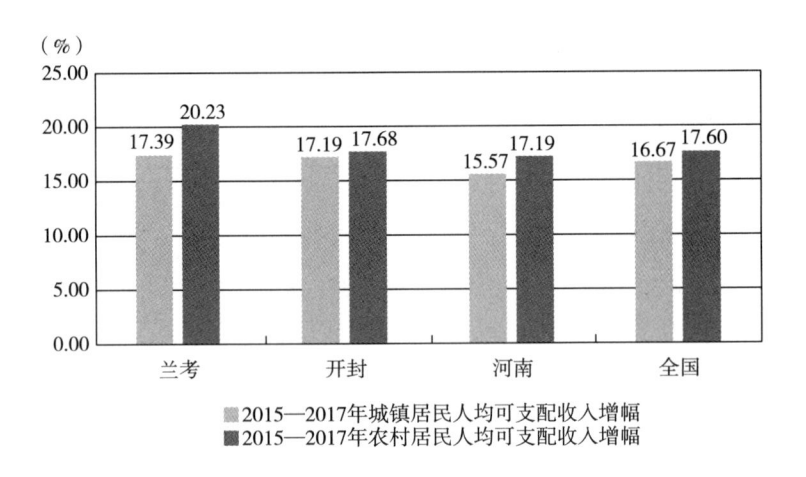

图 1-15　2015—2017 年城镇、农村居民可支配收入增幅

五 "一平台四机制五破解"是普惠金融兰考发展模式和实现路径的核心

从 2015 年 9 月中国人民银行郑州中心支行提出筹建河南省兰考县普惠金融改革试验区的基本设想，到 2016 年 12 月国务院批复设立并由中国人民银行等七部委联合河南省人民政府印发总体方案，再到 2019 年 9 月恰好 4 年。兰考普惠金融改革试验区大胆探索，勇于创新，已经形成了可复制、可推广的普惠金融兰考发展模式和实践路径。

该模式的核心是"一平台四机制五破解"，即以"普惠金融一网通"为平台,构建了风险分担机制、普惠信贷机制、信用信贷相长机制、普惠金融服务站(中心)与党政群服务中心协同办公机制,破解了普惠金融"最后一公里"难题、破解了普惠授信过程中的风险管理难题、破解了农村融资难融资贵融资慢的难题、破解了农民信用空白信用意识弱的难题、破解了普惠金融服务末梢成本高和服务不规范的难题。

(一)"普惠金融一网通"数字普惠服务平台有效破解了普惠金融"最后一公里"难题

为了搭建普惠金融的触达性和覆盖面,中国人民银行郑州中心支行主持开发了基于互联网和大数据技术的"普惠金融一网通"并于2016年8月25日在兰考县举行了启动仪式。2017年10月,该系统升级为"普惠通"App,使之成为普惠金融数字服务平台。该平台不仅通过互联网解决了基层群众金融服务单一、覆盖面窄、推送成本高、触达效率低等问题,而且平台应用的普及及其积累的"海量"数据也使普惠金融服务风险通过大数据技术得以有效管控。

截至2018年6月,"普惠通"App累计下载量57548人、实名注册用户25725个、开通电子账户17941个,小额贷款申请突破15910笔、申请贷款金额17亿元,普惠授信申请5000笔、申请金额3.9亿元。拓展上线近300个生活缴费项目,涵盖水、电、气、暖、通信等民生领域。

(二)"宽授信、严启用、严管理"普惠信贷机制有效破解了农村融资难融资贵融资慢的难题

2017年7月,试验区按照"宽授信、严启用、严管理"原则创新普惠信贷管理模式。农民有正当生产经营项目且符合"三无"条件(无拖欠贷款本息、被列入银行黑名单;无赌博、诈骗等不良行为;无游手好闲、好吃懒做等"懒汉"习气),提出申请即可免抵押、免担保获得额度3万元(目前已提至5万元)、利率不高于6.75%的贷款支持,有效打破了农民小额信贷门槛,获取信贷的时间也大大缩短。试点村授信面从2017年7月的不足10%跃升至2018年6月的90%。截至2018年6月,普惠授信贷款累计签订合同8018笔3.28亿元,其中2018年1—6月累计新增6287笔2.66亿元;普惠授信发放贷款3983笔

1.44 亿元，其中 2018 年 1—6 月新增 3668 笔 1.41 亿元。普惠授信贷款累计签订合同笔数及其规模、普惠授信发放贷款笔数及其规模均呈现加速增长的态势。而且大部分农户是首次从银行获得贷款，农户小额信贷可得性与满意度不断提升，该模式在栾川、宜阳、淅川、确山等地得以成功复制推广，极大地提升了农村金融的普惠效果。

（三）"信用信贷相长"机制有效破解了农民信用空白、信用意识弱的难题

信用是信贷的基础，信贷是信用的结果。兰考普惠金融改革试验区构建的"信用信贷相长"机制有效破解了农民信用空白、信用意识弱的难题。所谓"信用信贷相长"机制，其核心是对守信农户正向激励：一是对守信农户，银行提升其信用评级，再次申请贷款时，银行提高授信额度、降低贷款利率，政府给予退补担保费保险费激励。二是对于无违约农户的村，评为"普惠信用村"，政府在该村优先安排生产项目、农田水利、水路电气网等设施建设。同时该机制对违约农户则联合追责，给予降低或取消授信、电（视）台曝光、村内张榜公布、依法停发扣划各类补贴、司法追责等联合惩戒。

兰考试验区通过普惠授信让绝大多数农民先有授信额度，申请贷款时再采集农户信息、在使用贷款中积累信用记录，这样不仅有利于培养和增强农民的金融意识、金融素养、信用习惯和金融能力，而且有利于积累金融机构的金融大数据。农户信息采集和更新更具针对性，信息采集成本更低，大部分农户首次有了自己的电子信用档案。

（四）普惠金融服务站（中心）与党政群服务中心协同办公机制有效破解了普惠金融服务末梢成本高和服务不规范的难题

截至 2018 年 6 月，试验区已在党群服务中心建成服务站 365 个，其中两个数字服务站，办理现金存取款业务 95426 笔，金额 5923 万元，金融消费权益保护业务 17845 笔，向企业、农户推荐贷款业务 15825 笔，还款提醒业务 25033 笔，协助银行入户调查业务 16965 笔，协助银行贷后管理业务 9522 笔。

服务站通过普惠金融服务与便民政务服务高效结合，增进了基层组织与银行的协同，降低了农村普惠金融基层服务成本，确保了服务的规范性和可持续性。

六 问题与不足

兰考普惠金融改革试验区尽管取得了令人瞩目的建设成绩，但毋庸讳言还存在一定的问题和不足，主要表现在以下几个方面：

一是受省会城市、地级市集聚更多的高收入人群和金融资源的影响，兰考县少部分指标的绝对水平还低于全省平均值，如每万人拥有的银行网点数、人均ATM机数、POS机终端数、保险密度、保险深度等。

二是现代金融体系建设仍有需要加强的部分。如资本市场发展水平不高，符合上市条件的企业数量较少，上市后备企业的规模小，竞争力弱，质量参差不齐。在沪深交易所尚没有一家上市公司。

三是人口净流出的状况说明兰考在聚集经济社会资源方面还有待加强。从常住人口来看，兰考县在2015年扭转了长期下降的趋势，增加了0.4万人，2015年、2016年、2017年分别增加了0.4万人、0.37万人、0.56万人，同期兰考县户籍人口分别增加了0.46万人、0.58万人、0.73万人，即同期兰考县净流出人口分别为0.06万人、0.21万人、0.17万人。人口净流出的情况说明，兰考县在集聚人力资源这一最具活力的经济社会资源方面还需要加强。

七 兰考普惠金融发展模式和路径的启示

总体来看，兰考普惠金融改革试验区建设已经取得突出成绩，主要表现在：一是形成了以数字普惠金融为核心的"一平台四体系五破解"的普惠金融发展模式和实践路径，破解了普惠金融"最后一公里"难题，破解了普惠授信过程中的风险管理难题，破解了农村融资难融资贵融资慢难题，破解了农民信用空白、信用意识弱及信用建设难题，破解了普惠金融服务末梢成本高和服务不规范的难题。二是实现了数字普惠金融、普惠金融、金融等主要指标的高速度增长，普惠金融发展指数在全省处于领先水平，现代金融体系初步形成，金融生态环境持续优化。三是试验区建设和金融业发展带动了兰考经济主要指标的快速高质量发展，促进了社会全面进步，在服务兰考脱贫攻坚中发挥了重要的支撑作用。

兰考普惠金融发展模式对我们的启示主要有以下几个方面：

（一）数字普惠是现代普惠金融发展的核心和龙头

"普惠通"是兰考开展普惠金融的平台，该平台实现线上与线下相结合，政府部门、金融监管、金融机构、技术公司、金融用户相结合，极大地提高了普惠金融的精准性、效率和覆盖面。从兰考经济、金融等指标的表现来看，其经济指标、金融指标、普惠金融指标、数字普惠金融指标的增速呈现梯次增加的态势。这说明，数字普惠金融在兰考的普惠金融体系中处于核心地位和引领作用，而普惠金融又在兰考的金融业发展中处于引领地位；同时，由于金融业在服务区域经济社会发展中存在时滞现象，表现在GDP等指标的增速滞后于金融业指标的增速，但可以预期的是，随着金融服务实体经济效果的显现，兰考经济社会的发展后劲有望增强，这也需要进一步跟踪研究。

（二）党委政府、金融监管、金融机构的协同联动在推进普惠金融中形成了合力

兰考县委、县政府对普惠金融改革试验非常重视，不仅经常与金融监管部门、金融机构保持密切沟通，而且经常深入田间地头，与广大农户深入交流，帮助解决他们在生产生活中遇到的实际问题。普惠金融服务站（中心）与党政群服务中心协同办公机制对防范普惠金融风险、增强普惠金融的有效性针对性、提升广大农民的金融素养和信用意识发挥了十分重要的作用。而"四位一体""分段分担"更是把政府、银行、保险等的责任连接捆绑在一起，成功地控制了金融风险。

（三）广大农民是普惠金融发展最受益的群体

在经济社会指标中，兰考农村居民人均可支配收入的增幅高于城镇居民人均可支配收入的增幅，这说明在普惠金融支持下，经济发展的成果正在更多地惠及农民这一弱势群体。在兰考，许多农民在发展规模种植、规模养殖等方面得到了低成本的信贷支持，为他们扩大生产提供了资金支持，许多农民在信贷支持下在城市购买了住房，实现了农民进城进得来、住得下、留得住。兰考在发展普惠金融中践行了习近平多次强调的让改革发展的成果更多更公平地惠及全体人民的要求，也达到了设立普惠金融改革试验区"普惠"的初衷和目的。

第四节 关于推动国内普惠金融发展的思考

为了更好地推动试验区建设、加快推广试验区建设的经验，服务后

扶贫时代全面建设社会主义现代化国家的新任务，把握数字经济和共享经济发展的趋势和规律，普惠金融也需要进一步创新发展。

一　系统完善以数字普惠为核心和引领的普惠金融发展模式

试验区经过探索已经初步形成了以数字普惠为核心和引领的普惠金融发展模式和实践路径。建议今后从以下几个方面继续深化和完善：一是扩大平台用户规模，培养和引导金融消费者的数字金融平台使用习惯，扩大积累用户数据。二是鼓励各金融机构、政府机构、社会服务机构、煤电水气等生活服务机构等合理合法有序规范开放共享数据，形成多维度、全方位、实时更新的大数据库。三是鼓励金融机构和有关机构研究开发基于大数据的针对中小微企业、农户、居民个人等的信用评价和风险管理模型及系统。

二　着力构建以普惠金融为核心的"普惠+绿色+科技"特色金融体系

兰考县是传统农业区的一个缩影。传统农业区在向工业化、现代化、信息化、城镇化发展过程中普遍面临金融排斥严重、资源消耗大、环境污染严重、发展质量不高、经济附加值低等问题。要从根本上系统解决这些问题，不仅需要普惠金融的服务，还需要绿色金融和金融科技的协同服务。同时，普惠金融、绿色金融和金融科技的协同还有助于克服普惠金融自身在发展过程中金融风险较大、商业可持续困难等问题，有助于形成取长补短、相互支持、良性共振的协同效应。建议以兰考普惠金融改革试验区为基础，在兰考县，甚至在开封市或者河南省申请成立"普惠+绿色+科技金融改革试验区"，开展"普惠+绿色+科技"的金融改革创新实验。即便不能或者不便申请"普惠+绿色+科技"金融改革试验区，也要在普惠金融改革试验区的建设过程中统筹普惠金融、绿色金融和金融科技的协同发展，构建"普惠+绿色+科技"特色金融体系。

三　积极探索以公平和共享为导向的"数字普惠—普惠金融—金融—经济—社会"协同发展和良性互动的发展模式

当前，兰考试验区已经初步形成数字普惠引领普惠金融、普惠金融助推金融、金融服务实体经济、实体经济支撑社会进步的动力传导机制；反过来，社会进步营造实体经济发展环境、实体经济发展环境反哺金融发展、金融发展营造良好普惠金融生态、普惠金融生态支持数字普惠创新的反向支撑体系也初具雏形。这种发展模式既带有"金字塔形"的稳定而持续的发展能力，又具有"网络型"结构相互渗透、相互交叉的灵活创新活力。建议对兰考试验区这种发展模式进行系统梳理研究，探寻其中的发展机理、运行规律、关键问题，在今后的创新实践中不断加以改进完善提升。

四 加快推广兰考普惠金融改革试验区建设的成功经验

一是在中原经济区加快推广试验区建设的成功经验。兰考是从传统农业区向现代经济转型发展的中原经济区的缩影和代表。中原经济区具有近1.7亿人口、30万平方公里的国土面积，在全国发展格局中处于十分重要的战略地位，该区域具有与兰考相似的发展阶段、经济社会结构、金融特征，因此，应加快在中原经济区推广试验区建设的成功经验。

二是在全国农牧业主产区和城镇化中期阶段的地区推广试验区建设的成功经验。全国有一半左右的国土面积和人口是属于农牧业主产区和农业人口，这些地区的经济社会和自然禀赋虽然千差万别、各具特色，但在人口结构、经济社会阶段等方面与兰考具有相似的特征，也完全可以结合各自特色参考借鉴试验区的成功做法。

三是在"一带一路"沿线国家和地区推广试验区的成功经验。普惠金融在全球的发展中面临与中国相似的困难和问题，"一带一路"沿线许多国家和地区具有与我国相似的发展历史和发展阶段，而我国在与这些国家和地区的合作中又面临金融风险较大、普惠金融需要发挥更大作用的形势，因此，在沿线国家和地区推广试验区的成功做法可以有效地规避金融风险，提高合作的成效。

五 强化深化以兰考试验区为样本的普惠金融理论研究

习近平在党的十九大报告中强调指出，"时代是思想之母，实践是理论之源"。兰考试验区已经在普惠金融的伟大探索和创新发展中初步形成了行之有效的发展模式和实践路径，解决了普惠金融长期发展中许多带有根本性的困难和问题，很多方面已经在全球处于领先位置。以兰考试验区为样本，强化细化普惠金融理论研究不仅迫在眉睫，而且具备了良好条件。建议从以下几个方面加强普惠金融的基本理论研究：一是普惠金融制度体系研究，重点研究具有中国特色的普惠金融法律制度。二是普惠金融基本理论研究，重点研究数字经济时代普惠金融发展的基本逻辑、基本特征、演进规律、创新路径、资源配置模式（市场决定作用和政府更好作用的协同）等。三是普惠金融商业可持续研究，重点研究基于大数据的普惠金融产品定价、风险控制模型和算法研究，同时还要研究财政对普惠金融的支持机制。四是从区域和金融机构两个维度对普惠金融的绩效评价研究，目前对区域普惠金融的绩效评价研究成果比较多，但对金融机构普惠金融的绩效评价还比较欠缺。五是在共享经济时代，普惠金融治理、经济治理、社会治理的协同创新研究，重点研究后扶贫时代普惠金融服务全面小康社会建设的治理创新。

第二章

普惠金融支持西南民族地区短期脱贫与长期发展的现状调查

本章在武陵山集中连片特困区选择了玉屏侗族自治县、印江土家族苗族自治县、沿河土家族自治县，在乌蒙山集中连片特困区选择了威宁彝族回族苗族自治县，在滇黔桂石漠化集中连片特困区选择了镇宁布依族苗族自治县，对普惠金融支持"三农"、支持中小微企业以及农村金融机构网格化管理创新、金融干部挂职驻村等进行了调查。

第一节　普惠金融支农支小调查
——以武陵山玉屏县为例

一　玉屏侗族自治县及其金融业发展基本情况

（一）玉屏侗族自治县基本情况

玉屏侗族自治县（以下简称玉屏县）地处武陵山集中连片特困区西南部，是贵州省铜仁市下辖县，总面积516.6平方公里，有侗族、彝族、傣族、白族、壮族、苗族、傈僳族、回族、纳西族、拉祜族、景颇族、佤族、瑶族、藏族、布朗族、阿昌族、布依族、普米族、哈尼族、怒族、锡伯族、蒙古族、基诺族、水族、德昂族、满族、独龙族27个少数民族。2018年年底玉屏县常住人口12.77万人，少数民族人口规模为9.06万人，比例为70.91%。

（二）玉屏县经济社会发展概况

2018年全县实现地区生产总值为84.29亿元，按可比价格计算，比 2017 年增长 8.0%，比贵州省增速低 1.1 个百分点，比全国增速高 1.4 个百分点。其中，第一产业、第二产业、第三产业增加值分别为 10.64 亿元、45.01 亿元、28.64 亿元，增幅分别为 7.1%、5.7%、14.2%，第三产业增长幅度最高，其次是第一产业，第二产业增幅最低。人均 GDP 达 63639 元（以年平均常住人口计算），比 2017 年增长 8.4%，人均 GDP 比全省平均水平高 54.3%。2018 年城镇居民人均可支配收入 30383 元，增长 9.1%，比贵州省城镇居民人均可支配收入低 1209 元，比全国城镇居民人均可支配收入低 8868 元；农村居民人均可支配收入 11598 元，增长 10.1%，比贵州农村居民人均可支配收入高 1882 元，比全国农村居民人均可支配收入低 3019 元。

（三）玉屏县金融业发展基本情况

截至 2018 年年末，玉屏县金融机构人民币各项存款余额 74.46 亿元，同比下降 6.3%，但住户存款 43.73 亿元，同比增长 16.8%，住户存款的增加表明当地居民有了更高水平的收入；年末全县金融机构人民币各项贷款余额 74.18 亿元，同比增长 17.3%，保持了较高水平的增长，但与贵州省相比，贷款余额增幅少了 0.8 个百分点，在贷款余额中，住户贷款 32.06 亿元，占金融机构人民币各项贷款余额的比重为 43.3%，所占比重上升了 0.4 个百分点。

玉屏县金融业发展迅速，在短短几年数家银行落地生根。截至 2018 年底，有中国工商银行（以下简称工行）、中国建设银行（以下简称建行）、中国邮政储蓄银行（以下简称邮储银行）、中国农业银行（以下简称农行）、中国农业发展银行（以下简称农发行）、贵阳银行、贵州银行、村镇银行、农信社 9 家金融机构，金融机构服务网点 25 个，同时有数家规模不等的投资公司和小贷公司、专业合作社和典当行。

二 玉屏县农信社信贷支持"三农"及小微企业发展调查

玉屏县农信社在玉屏县域金融机构中存贷款规模长期居首位，市场份额占比较高。截至 2018 年年底，玉屏县农信社存款余额占比为 39.58%，贷款余额占比为 39.13%，其中占 2018 年新增贷款的份额高达 84.88%，可以看出，玉屏县农信社已经成为当地存贷款市场的主体。

（一）玉屏县农信社涉农及小微贷款发展情况

2013—2018 年 9 月，玉屏县农信社累计发放贷款 81.06 亿元，其中累计发放涉农贷款 78.29 亿元，累计共支持涉农企业 36 家，支持农户 23328 户；累计发放小微企业贷款 57.68 亿元，支持小微企业和个体工商户 3215 家。随着经济不断发展，贷款投放持续增加。在扶持"三农"及小微企业的覆盖面稳步提升，服务便捷性显著增强。2013—2018 年 9 月，玉屏农信社信贷投放、涉农信贷投放、小微企业信贷投放规模，如图 2-1、图 2-2、图 2-3 所示。

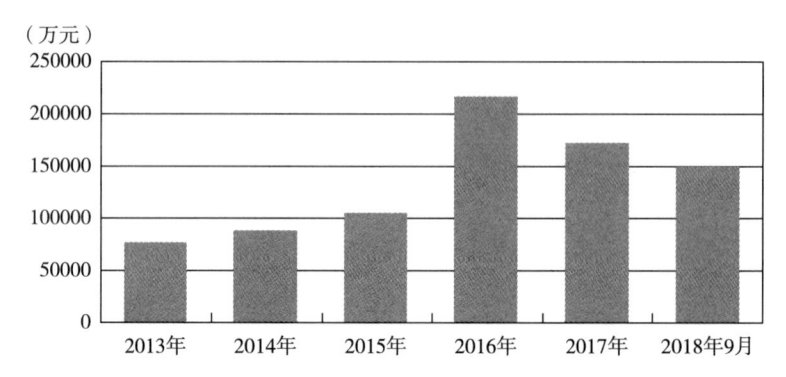

图 2-1 2013—2018 年 9 月玉屏县农信社信贷投放规模

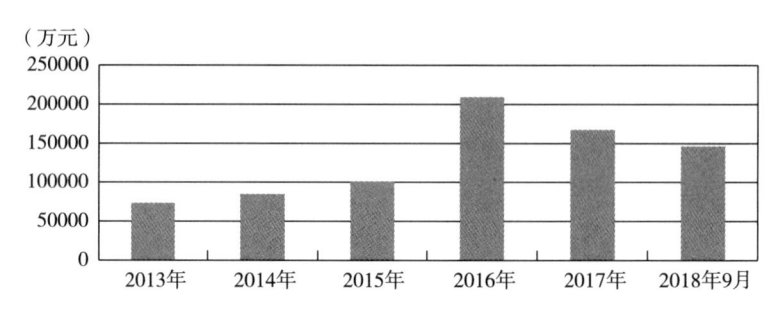

图 2-2 2013—2018 年 9 月玉屏涉农信贷投放规模

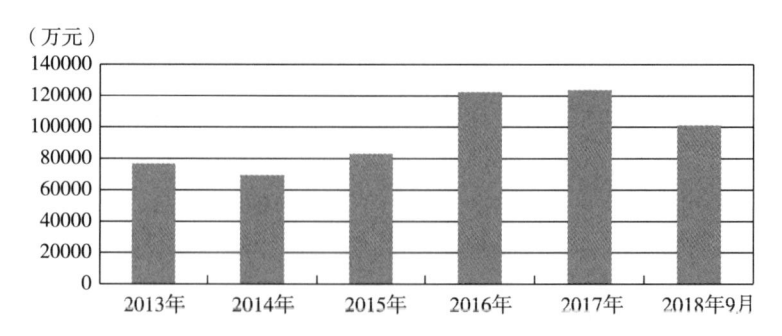

图 2-3 2013—2018 年 9 月玉屏小微企业信贷投放规模

（二）玉屏农信社支农支小的主要做法

1. 做实农村"信用工程"，提升农户信贷覆盖率、便捷性

信用工程是贵州农信系统推出的"五张名片"之一，在推进过程中实施的"阳光信贷限时服务"开辟了农户贷款"快车道"，真正实现小额农户贷款方便、快捷的优势。特别是2015年玉屏县成功创建了农村金融信用县，2017年实现了信用乡镇全覆盖，对农信社提升支农覆盖率和便捷性发挥了重要的支撑作用。

截至2018年10月末，玉屏县农信社农户建档评级面达到100%，农户贷款面达到60.93%，2013—2018年10月末，累计发放农户小额贷款42.14亿元，切实提升了农户信贷覆盖率、便捷性，稳固了农信社农村市场阵地。2013—2018年10月，玉屏县农户贷款面变化情况如图2-4所示。

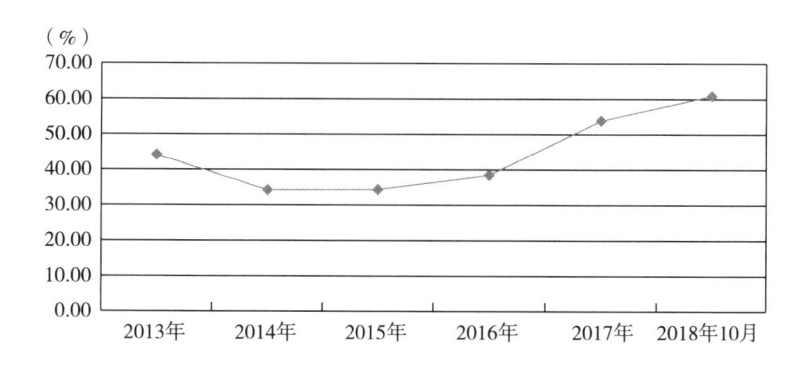

图2-4 2013—2018年10月玉屏农户贷款面变化情况

2. 多种金融产品和金融工具协同推进金融精准扶贫向纵深发展

一是"特惠贷"的投放进一步提高了支农支小的"覆盖率"和"渗透度"。自2015年10月以来累计发放"特惠贷"7201户35324万元，截至目前全县贫困户获贷面达93%，提升农户贷款面达23个百分点，拓展了支农支小渠道。

二是人民银行扶贫再贷款的注入。充分利用人民银行扶贫再贷款，创新"产扶贷"和"工扶贷"信贷产品，该信贷产品与建档立卡贫困户的利益联结机制，强化社会效益。玉屏县农信社利用扶贫再贷款支

的产业发展主体要承诺贷款期内带动一定数量建档立卡贫困户和其他低收入群众增收，原则上每50万元贷款至少带动1名建档立卡贫困人口就业或带动1户已脱贫建档立卡贫困户稳定脱贫。一方面通过实际在企业务工，解决贫困户增收；另一方面通过"企业+基地+农户"的生产经营模式，"造血"式扶贫。截至2018年10月末，累计发放产业扶贫贷款1.5亿余元。

三是"易扶贷"信贷产品进一步拓宽了支农支小覆盖率和渗透度。"易扶贷"是为解决从德江县搬来玉屏县辖区内居住的易地扶贫搬迁户生产发展、创业就业、消费等资金短缺的问题而创新的信贷产品。截至2018年10月末已发放"易扶贷"627笔5617万元，为帮助大德新区、德龙新区、龙江新区的搬迁户解决生产生活问题。

3. 通过创新小微信贷服务模式提升小微企业的信贷获得面

玉屏县是传统工业县，县辖飞凤产业园、双桥工业园、大龙北部工业园、石阡飞地产业园等产业园区，1000万元以上规模的企业200余家，玉屏县农信社近年来不断地深耕小微企业市场，不断地创新小微企业贷款产品，陆续推出了小微企业固定资产和机器设备抵押贷款、仓单及存货质押贷款、应收账款质押贷款、联保贷款、银行承兑汇票等信贷产品业务。同时在提升服务小微企业的覆盖率和便捷性方面，2012年成立了"小微企业服务中心"、2018年成立了"小微信贷服务中心"，不断夯实服务小微企业的成果。

4. 综合施策优化普惠金融的生态环境

一是电子银行方面。为发挥电子银行对柜台服务的分流作用，提高农村金融服务的便捷性，玉屏县农信社大力推广手机银行、网上银行的普及，实行交易手续费全免。截至2018年9月末，该社手机银行、网上银行客户数为2.2万户（见图2-5），与2013年相比增长了1.85万户，电子业务替代率达到87.33%，超过全省农信社平均值。

同时为满足农村客户的金融服务需求，2016年以来，玉屏农信社加快电子机具布置，在6个乡镇安装了ATM机达到42台，其中离行式ATM机8台，村村通自助终端机89台，商户POS机494台，开展助农脱贫流动服务1200余次。

(户)

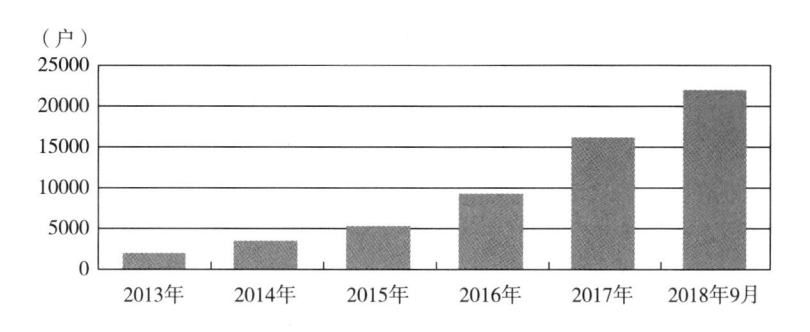

图 2-5　2013—2018 年 9 月玉屏手机银行、网上银行客户数

二是推广助农脱贫流动服务站。流动服务站具有机动灵活、方便快捷、成本低廉的特点。玉屏县农信社流动服务站实现了全县所有村寨的全覆盖,提高了老百姓享受金融服务的便捷性。

三是普惠金融知识的推广。近年来,玉屏县各乡镇农村群众对金融知识的了解都相对缺乏,金融诈骗、假币等现象时有发生。如何把金融财产安全、贷款申请、手机银行、水电费代扣等金融知识带给他们?玉屏县农信社针对这种情况,从 2014 年起,通过走千寨进万村在各村举办了一场又一场的"金融夜校",向广大的农民群众宣传金融政策、把假币识别、存贷款业务等送到群众家中,打通了惠民便利的金融服务桥梁。截至 2018 年 9 月末,累计开展金融知识宣传活动 4032 场,参训人数达到 44100 人次。

三　其他商业银行支农支小调查情况

(一) 国有大行支农支小信贷情况

国有大行具有品牌影响力大、吸储能力较强、资金成本低、产品定价较低等方面的竞争优势,但是也存在注重与大中型集团企业合作的倾向和市场定位、产品比较单一、对抵押担保要求严格、审批时间长等问题,因此在支农支小方面也存在"短板"。但农业银行针对性地对部分优质个体工商户开发相关信贷产品,且利率也比较低,有逐步延伸扩大的趋势。

截至 2018 年 9 月,工行在当地支农信贷余额占比为 2.46%,支小信贷余额占比为 1.98%;农行在当地支农信贷余额占比为 13.46%,支小信贷余额占比为 6.98%;中国银行(以下简称中行)在支农信贷余额占比为1.65%，支小信贷余额占比为1.47%；建行在当地支农信贷余额占比为2.78%，支小信贷余额占比为2.45%；邮储银行在支农信贷余额占比为4.78%，支小信贷余额占比为4.59%。整体来看，四大国有银行及邮储银行在当地支农支小的信贷投放比例还比较小。

（二）城市商业银行支农支小信贷情况

城市商业银行重点发展的企业用户是当地国有平台公司、大中型企业和中小型企业，居民用户是公务员、事业单位人员，对于小微企业贷款的定位还比较模糊，但在贵州省委、省政府政策的引领下，以贵州银行和贵阳银行为代表的本土城市商业银行也在加大对支农支小的信贷支持力度。

截至2018年9月，贵州银行在当地支农信贷余额占比为3.22%，支小信贷余额占比为2.65%；贵阳银行在当地支农信贷余额占比为3.46%，支小信贷余额占比为3.59%。

（三）村镇银行支农支小信贷情况

长征村镇银行是玉屏县域内新开业金融机构，发起人为贵州茅台农商银行，因此主要目标客户市场也是涉农及小微企业，且贷款利率较低，但因长征村镇银行针对小微客户的贷款审批额度为30万元，这一门槛对于小微企业还是有些偏高。而且因长征村镇银行开业较晚，故市场份额还比较低。截至2018年9月，长征村镇银行在当地支农信贷余额占比为1.72%，支小信贷余额占比为1.53%。

四 对当地涉农信贷和小微信贷用户的调查情况分析

2018年11月，对玉屏涉农信贷用户和小微企业信贷用户进行了问卷调查，调查的涉农对象主要是农户，调查的小微企业用户主要是年营业额在200万元左右的小微企业。

（一）对当地涉农信贷的调查情况分析

1. 农户金融知识

通过问卷调查分析，90.45%的用户对金融机构的存贷业务、手机银行、网上银行、POS机等业务都表示知晓，这说明农民的金融知识已经有了较为广泛的普及。在金融知识获取途径上，渠道较单一，35.32%的农户主要依靠亲戚朋友介绍获取，27.88%的用户通过农信社举办的"金融夜校"获取金融知识，21.23%的用户通过人民银行的金融志愿者服务活动获取金融知识，还有15.57%的农户是通过其他渠道获取金融知识。

2. 电子银行及网络支付使用情况

除传统的柜台转账业务外，被调查用户对其他电子银行业务使用率不高，仅占调查客户的13.47%；微信使用率为36.13%，支付宝使用率为39.39%，现金支付使用率为11.01%。支付宝、微信等移动支付的使用率远高于现金和电子银行的使用率。

3. 金融服务需求

在对最需要的金融服务需求调查项目中，选择银行贷款的农户占比为28.19%，选择银行存款的农户占比为19.26%，选择购买股票的农户占比为7.62%，选择购买基金、债券和理财产品的用户为3.35%，有31.28%的农户选择了其他金融服务，还有10.30%的用户选择了不需要金融服务。

4. 信贷服务调查

表示贷款能够满足需求的用户占比高达83.15%，信用贷款的农户占比高达93.21%，觉得利率偏高的用户占比55.24%，表示贷款期限比较合适的用户占比高达85.66%。在已经获得贷款的农户调查中，贷款金额在5万元以下的占比为68.47%，贷款金额在5万—10万元的占比为21.48%，贷款金额在10万元以上的占比为10.05%。

5. 不同民族的表现

在金融知识、网络支付及电子银行方面，少数民族与汉族之间的调查数据没有显示出明显的区别。但在金融需求和信贷服务方面还是呈现不同的特征。在最需要的金融需求方面，少数民族农户选择银行贷款的占比为25.10%，比全部样本数的占比低3.09个百分点，选择银行存款的农户占比为18.46%，比全部样本数的占比低了0.8个百分点，选择购买股票的农户占比为4.38%，比全部样本数的占比低了3.24个百分点，选择购买基金、债券和理财产品的用户为1.10%，比全部样本数的占比低了2.25个百分点，有36.28%的农户选择了其他金融服务，比全部样本的占比高了5.1个百分点，还有14.88%的用户选择了不需要金融服务，比全部样本的占比高了4.58个百分点。从贷款规模上看，少数民族农户贷款的平均规模为2.67万元，比全部样本的贷款规模低

23.58%。从少数民族与全部样本的差异可以看出，少数民族农户选择不需要金融服务的比例明显高于全部样本，贷款规模也明显小于全部样本，这说明少数民族农户对金融服务的需求明显低于汉族农户。

（二）对当地小微企业信贷用户调查情况分析

由于小微企业客户综合素质普遍较"三农"客户高，在日常金融服务过程中，主要存在"融资难、融资贵"的问题，所以本次问卷调查，主要针对其融资方面进行。现对调查问卷进行分析。

1. 信贷获得率

51%的被调研客户有过融资历史，其中成功申请到银行贷款的客户占申请总数的63.82%，未申请过贷款的占32.14%，申请且被拒绝的客户为4.04%，在实际获得贷款的银行分布中，玉屏县农信社的占比最高，达到70.35%，其次是邮政储蓄银行，占比9.24%，其他依次是农业银行、贵州银行、贵阳银行、村镇银行等。由此可以看出，农信社是满足当地小微企业信贷的主要金融机构。

2. 办贷便捷性

在调查银行金融服务现状时，客户普遍认为在银行贷款中办事手续繁杂、审批时间长是当前最亟须解决的问题。在过往的贷款经历中，其中办理期限3天（含）以内的仅占2%，3—7天之内办理的贷款占比为22%，7—15天（含）以内占比为27%，15—30天（含）占比为32%，期限在一个月以上的占比为17%。

另外，75%的客户可以接受贷款办理期限在15天以内，20%的调研客户可接受贷款办理期限在15—30天，只有5%的客户可接受银行30天以上的贷款办理期限。由此看出，客户对银行贷款审批期限的要求较高，集中在15天以内。因此，银行应该加快办理效率。

3. 信用保证方式

被调研客户在近两年的融资过程中，纯信用贷款比例最大，为49.14%。抽样数据分析，在未来融资中，客户能接受的担保方式中，可以接受不动产抵押占比为31.37%，第三方担保方式所占的比例为19.45%，其他担保方式的占比为49.18%。由此可以看出，客户需要担保方式灵活的信贷产品。

4. 贷款期限

在已经获得贷款的小微企业中，贷款期限在 1 年以内的占比为 65.28%，贷款期限在 1—3 年的占比为 31.53%，贷款期限在 3 年以上的占比为 3.19%。对用户希望的贷款期限调查中，希望贷款期限在 1 年以内的占比为 43.56%，贷款期限在 1—3 年的占比为 28.38%，贷款期限在 3 年以上的占比为 28.06%。由此看来，实际获得贷款的期限还明显短于客户的希望贷款期限。

5. 贷款利率

在已经获得贷款的小微企业中，贷款年利率在 7% 以下的占比为 13.28%，贷款年利率在 7%—10% 的占比为 71.25%，贷款年利率在 10% 以上的占比为 15.47%。有 15.76% 的用户表示对贷款利率表示满意，有 62.37% 的用户对贷款利率表示可以接受，有 19.94% 的用户表示贷款利率较高，还有 1.93% 的用户表示贷款利率不能接受。从调查结果可以看出，大多数用户对贷款利率表示满意或可以接受。

五　调研发现的问题

（一）信用工程建设系统性、全面性不够

信用工程是提升金融服务的基础性工程，对农村金融服务体系建设具有重大影响。2015 年，玉屏成功创建了"农村金融信用县"，2017 年实现了信用乡镇全覆盖，这些已经对当地建设信用体系起到了重要作用。

但玉屏县在建设信用体系中还存在以下问题：一是信用工程建设持续性不强，主要表现在对农户的评级授信结果无连续性，导致重新重复评级较多。二是农户、小微企业的信用信息不全，现在的农户信息多数是基本信息，如性别、年龄、家庭人口、房屋、承包地等，缺少财产信息和家庭经营信息。三是信息的更新速度慢，不能满足快速评级、快速房贷的需要。四是对信用信息的开发使用强度不够。这就导致信用信息体系建设的持续性不连续、市场深耕度较低，服务客户便捷性、渗透度受阻。

（二）用户获取金融知识提高金融素养的渠道还比较单一

近年来，人民银行组织金融志愿者服务活动，农信社组织金融夜校活动，对提高农民金融素养发挥了积极作用。金融夜校是贵州农信为让更多老百姓了解相关金融知识开展的一项惠民工程。但随着金融夜校的不断开展，金融知识的传播重复化、僵硬化及不贴合农村实际的情况有所出现，开展方式流于形式，渐渐失去政策及产品宣传的作用。

从调查中可以看出，用户主要通过亲戚朋友获取金融知识，这种渠道存在的缺陷是对金融知识的理解不一定正确、不一定准确，更谈不上系统，有时还存在被误导甚至被欺骗的可能。对金融服务需求的调查数据，农户选择其他金融服务和不需要金融服务的占比较高也从侧面说明农户金融知识的欠缺。因此，如何建立农民金融知识教育体系也是一个需要重视的基础工程。

（三）传统银行和惠农服务取款点使用率低

支付服务也是最基本的普惠金融服务。近年来，支付宝、微信在农村的市场占有率不断提高，应用场景不断丰富，超市、餐厅、农贸市场以及亲戚朋友之间资金往来等都在使用支付宝和微信，支付宝和微信操作简便快捷，不需要任何费用，极大地方便了各族群众的支付需要，正逐步成为人们支付场景应用的首选工具。

在数字普惠技术和使用越来越普及的今天，传统商业银行的网银和手机APP则存在界面老旧、交互不便甚至各种闪退等问题，转账汇款不便捷，一直是银行用户的痛点。而农村惠农取款服务网点因为手续复杂、办事效率不高、收费费率较高等原因，其使用率也存在下降的趋势。

（四）支农支小普惠金融产品结构单一

近年来，农村经济不断发展、农村居民生活水平不断提高。就目前农村经济发展情况来看，农村居民个人消费贷款、固定资产投资贷款需求日益增大，以农信社为主体的贷款产品已经无法满足这种需求。新成立的长征村镇银行，针对不同的客户群体，推出了丰富多样的贷款产品，如薪兴贷、农户乐、小微直通车、烟草贷、个贷乐等。邮储银行和村镇银行与玉屏农信社在市场定位有交叉重叠的地方，导致产品同质化严重。

总体上，金融机构还是以开发信贷产品为主，而缺乏丰富的能够满足农户和小微企业日益增加的需求的金融服务产品。如对农户投资理财方面的金融服务基本上是空白。

（五）小微企业融资担保方式有待丰富

从问卷调研结果上分析，农户贷款因为规模较小等原因，绝大多数为信用贷款。而农村合作经济组织、小微企业因为要扩大经营规模，往往需要较大规模的贷款，但是这些贷款用户往往缺少有效的不动产抵押，且第三方担保费率较高、手续烦琐，这就导致小微企业和农村合作经济组织存在贷款难、贷款贵的问题。

（六）少数民族农户金融服务的质量有待提高

在调查中发现，少数民族农户在金融服务中遇到的问题主要有：一是金融知识、金融意识欠缺。少数民族农户虽然获取金融知识的渠道与汉族农户没有什么区别，但是他们由于与市场、金融等接触的机会和场合偏少，因此在商业意识方面不是很强烈，这就导致主动获取金融知识的意识不强。二是金融需求不强。调查问卷分析结果表明，少数民族农户没有金融需求的比例明显高于汉族农户，这就说明少数民族农户对获取金融服务的意愿不强，这也与金融知识金融意识不强有很大的关系。三是金融服务的层次不高。少数民族农户平均贷款明显低于汉族农户的现状，说明少数民族农户得到的金融服务层次不高。

六　关于普惠金融进一步做好支农支小的思考

（一）利用大数据加快推进信用工程升级达标工作

一方面，要进一步优化信用乡镇指标，提升信用工程品牌效应，形成良好的诚信环境，进一步提升客户服务的渗透度、便捷性。另一方面，建议当地政府、金融机构与大数据平台公司协同推进，主动融入大数据和"互联网＋"，探索信息科技创新支农支小"大数据"模式，使农村金融服务更具效率、更有针对性、更为便利。

（二）建立现代农村金融知识教育体系

建议从以下几个方面建立农村金融知识教育体系：一是以人民银行为主体，继续深入推进金融志愿者服务活动，同时银保监局、证监局等其他金融监管部门也要结合自己的工作性质和特点开展金融知识下乡活动。二是以农信社系统为主体，联合基层乡镇及行政村党组织、行政领导等，继续深入开展金融夜校活动，同时动员邮储银行、村镇银行等金融组织开展丰富多彩的金融教育活动。三是开展金融知识进中小学课堂活动。金融知识普及和金融素养提升是百年大计，人民银行等已经编著了金融知识普及读本，建议各级教育部门把金融知识普及读本作为免费教材发放给中小学生，同时邀请金融从业人员在每学期开展金融知识讲座活动。

（三）探索建立更具效率的数字支付体系

一是商业银行要针对电子银行使用率低的问题，加大科技投入，提升用户界面友好程度，做好电子银行的科技服务，做实做优电子银行产品，提升客户体验感和满意度，扩大电子银行客户覆盖率和使用率。二是推进农村支付环境提升工程，对现有的农村惠农服务网点进行规范化管理，在办理现金支付服务的同时，延伸其他惠民金融服务，提升普惠金融的便利性。三是探索金融机构与大型数据平台公司、支付公司的合作模式和机制。特别是要针对少数民族地区群众支付服务的特征，推出数字支付服务的优惠政策。

（四）持续产品创新，丰富支农服务手段

长期以来，农村金融服务产品创新落后，存在产品创新成本高、风控能力不足的问题。产品创新要充分论证同业机构产品同质化问题，不但要使自身的金融产品具有鲜明的特色，也要具备多元化的创新以增强对客户的吸引力。要不断建立细分市场客户群体的整套服务机制，实现对县域全客户市场的覆盖和可操作性服务，深耕细分市场和客户群体，不断提升支农支小金融服务的渗透度。以增户扩面为切入点，实施"拖网式"营销，扎实推进"普惠金融工程"，健全服务网络，创新服务手段，提升服务水平，提高农村金融服务的广度、深度和密度。

（五）完善小微信贷服务模式

为了解决小微客户无抵押担保融资难的问题，建议利用大数据和人工智能建设"智慧微贷系统"，借助系统科学的信贷评级模型，优化信用贷款业务，防范粗放经营出现的信用风险。发展普惠金融，提升小微用户覆盖率，金融机构应该从供给端和需求端两个维度上统筹推进，供给端上，要提供可持续的且具有市场竞争力的普惠金融服务；需求端上，要求考虑个人与企业获得普惠金融的成本。

"着力破解小微企业融资难、融资贵等金融服务瓶颈"，以市场需求为导向，深入探索分行业、分区域的精细化金融服务模式。以"网格化"营销为抓手，做实做精小微企业金融服务。

（六）着力打造农村金融机构体系，提高管理队伍专业化水平

一方面要以农信社为主体，以邮储银行、村镇银行为辅助，涵盖农发行、国家开发银行（以下简称国开行）、四大国有商业银行、城市商业银行、担保公司、小贷公司等的金融机构体系。二是采取"走出去、引进来"方式，让基层金融机构管理者和员工有机会多参加各种形式的培训，了解国际国内普惠金融发展的前沿及趋势，学习国内其他地区先进的银行经营管理经验，掌握最新的资产负债管理技术和风险控制技术，把先进的银行管理经验用在实践中去创新业务、开拓业务。

（七）探索针对少数民族群众有差别的普惠金融服务模式和路径

少数民族群众在享有金融服务中是弱势群体，也是普惠金融需要重点关注的群体。建议采取以下措施探索普惠金融模式和路径创新：一是开展针对少数民族地区的金融知识普及教育活动。要针对少数民族群众的现状和特点，加大金融教育方面的资金、教师、教材、场地等投入力度，开展丰富多彩、形式多样、富有成效的教育活动。二是加大对少数民族群众金融服务的财政支持力度。建议中央、省、市、县四级政府拨出专款用于对少数民族信贷的贴息，同时政府出资担保机构要为少数民族信贷提供担保服务。三是创新针对少数民族地区的金融服务产品。中国人民银行加大对少数民族地区企业和农户再贷款规模，商业银行、政策性银行开发针对少数民族特色经营企业的信贷支持产品，金融监管部门对少数民族有关的贷款实施更宽松的风险容忍政策。

第二节 普惠金融支农支小渗透度、覆盖率和便捷性调查

——以乌蒙山威宁县农信社为例

威宁彝族回族苗族自治县（以下简称威宁县）位于乌蒙山集中连片特困区，是贵州省海拔最高、人口最多、面积最大的县，总面积6296.3平方公里，平均海拔2200米，全县辖35个乡（镇）、4个街道办事处、614个行政村（居委会），是国家级深度贫困县。2018年年底常住人口129.18万人，居住着彝族、回族、苗族、藏族、羌族、仡佬族、白族、蒙古族、土家族、瑶族等19个少数民族，少数民族人口占

比23.7%。

威宁农信社为威宁县最大的金融机构,坚持"服务三农、服务社区、服务中小微企业"的市场定位,在支农支小方面做了大量工作,已经取得了一定的成效。

为了发挥普惠金融在支持西南民族特困区短期脱贫与长期发展中的作用,本次调查选择威宁县,就威宁农信社在支农支小渗透度、覆盖率和便捷性方面的情况进行座谈讨论、实地考察、个别访谈、问卷调查,在分析金融机构在支农支小方面取得成绩、存在问题的基础上,提出改进的建议。

调研共发放问卷500份,收回有效问卷455份,回收率为91.00%。其中:发放农户问卷300份,收回有效问卷255份,回收率为85.00%;小微问卷发放50份,网点员工问卷发放50份,机关人员和网点负责人发放问卷100份,收回率和有效率均为100%。

一 威宁农信社提高支农支小渗透度、覆盖率、便捷性的主要做法和成效

通过与当地人民银行、发改局、经信局、农业局、金融办、威宁农信社等单位的座谈访谈,了解到威宁农信社坚持"服务三农、服务社区、服务中小微企业"的市场定位,以贵州农信"五张"名片为抓手,坚持"做面与做量相结合,抓基础与扩市场相结合,扶贫与扶智相结合,普惠金融与创新驱动相结合"的基本思路,在提高支农支小的渗透度、覆盖率和便捷性方面采取了一系列措施,取得了突出成效。

(一)坚持广度与深度相结合,加强支农支小业务渗透度

加大农户小额信用贷款推广力度,实施"特惠贷"帮助贫困户脱贫致富,贷款余额和贷款户比例持续增加。2015—2017年威宁农信社农户小额信用贷款如表2-1所示。截至2017年年末,按照县扶贫部门提供的建档立卡贫困户75757户,已完成74271户建档立卡贫困户的建档,建档面达98%,评级授信72767户,授信总金额33.42亿元;向32263户建档立卡贫困户提供了贷款支持,累计放贷金额14.48亿元,其中有贷款余额25002户,贷款余额8.82亿元。其中,"特惠贷"获得率42.58%,较2016年提高16.68个百分点,受益人口达16万余人。

表 2 – 1　　　　2015—2017 年农户小额信用贷款情况

年份	农户小额信用贷款余额户数（户）	贷款余额（亿元）	贷款面（%；按农户贷款余额户数计算）
2015	81120	28.9	29.82
2016	87783	35.5	32.27
2017	99262	47.12	36.54

积极支持县域小微企业发展。县域小微企业是普惠金融重点服务的群体。威宁农信社把服务的重点聚焦在比较优势相对突出、扶贫带动作用相对较强、市场前景相对较好的当地特色产业领域的小微企业，2015—2017 年小微企业贷款情况如表 2 – 2 所示。

表 2 – 2　　　　2015—2017 年小微企业贷款情况

年份	小微企业贷款余额户数（个）	贷款余额（亿元）
2015	415	3.84
2016	351	4.03
2017	453	4.81

创新信贷产品，支持地方产业发展。根据不同客户群体及产业发展需求，积极与卫生、人社、教育等部门对接，创新推出"小额信贷＋农机""小额信贷＋金土豆""小额信贷＋甜心果"及"群星贷"等信贷产品，切实解决不同客户群体信贷需求，为产业发展主体提供资金保障。

（二）加大网点建设和人员投入，实现乡镇网点全覆盖

为更好地落实支农支小战略定位，威宁农信社进一步加大网点建设和人员投入，覆盖率迅速提高。一方面，进一步加强网点建设，固定网点和涉农乡镇网点数量不断增加，其中涉农乡镇网点覆盖率达 100%。另一方面，针对服务区域面积大、人员相对不足的情况，加强人员队伍建设。随着在职员工数量的递增，人均服务面积和人均服务农户数量逐年递减，客户服务质量得以提高，2015—2017 年涉农网点及服务有关情况如表 2 – 3 所示。

表2–3　　2015—2017年涉农网点及服务有关情况

年份	固定网点数（个）	乡镇涉农网点数（个）	涉农网点乡镇覆盖率（%）	在职员工数（人）	人均服务面积（平方公里）	人均服务农户数（户）
2015	40	37	94.87	431	14.6	631
2016	43	39	100	448	14.1	607
2017	43	39	100	457	13.8	595

以信用工程建设为抓手，实现信用农户评定的覆盖面和授信规模"双提升"。威宁县农信社按照"政府主导、农信社主抓、村支'两委'配合、广大农户参与"的工作机制，广泛开展了以"信用农户、信用村组、信用乡镇"为主要内容的信用工程创建活动，既破解了农民"贷款难"，又推动了"诚信农民建设"，同时，还改善了农村金融生态环境、提升了农村金融服务水平，2015—2017年农户信用评定及授信情况如表2–4所示。

表2–4　　2015—2017年农户信用评定及授信情况

年份	评定信用农户数（户）	信用农户评定面（%）	授信金额（亿元）	评定信用组数（个）	评定信用村数（个）	评定信用乡镇数（个）
2015	201832	74.20	89.6	1792	330	15
2016	215294	79.15	95.3	2203	388	18
2017	230357	84.69	102.6	2887	502	24

(三) 践行普惠金融服务理念，努力提升支农支小便捷性

进一步加大电子业务的推广力度，以支付计算业务为重点提高金融服务的便捷性。截至2018年年底，威宁县农信社共安装POS机终端131台、ATM机179台、"村村通"金融服务网点663个，覆盖了全部614个行政村。构建了由固定营业网点、流动服务网点、自助设备、网上及移动支付组成的全覆盖的立体金融服务体系，破解了边远区域农民享受金融服务的难题。

大力推广"黔农e贷"信贷产品，逐步将线下贷款向网上迁移，实现线下线上协同办理贷款，能够满足全天候不间断信贷服务需求，降

低其融资成本，真正实现老百姓"存取款不出村、贷款不出门"的梦想。截至 2017 年年末，全辖区实现"黔农 e 贷"线上签约 35870 户，线上放款 31057 户，贷款金额 14.22 亿元。

设立流动金融服务站，把金融服务网点下沉前移，提高金融服务的便捷性。截至 2017 年年末，威宁县农信社共设立助农脱贫流动服务站 16 个，在县域行政村开展助农脱贫流动服务 1062 次，办理业务 12963 笔，惠及贫困人口 43570 人。

积极履行社会责任，让利惠民。根据威宁农信社普惠金融建设情况，实现让利主要体现在两个方面：一是实行优惠利率。目前利率平均优惠 5%，按照 2017 年年末农户小额信用贷款余额 47.12 亿元计算，1 年内可实现让利 2866 万元；二是开展电子渠道业务。通过村村通、黔农 e 贷、手机银行、助农脱贫流动服务等方式，减少老百姓金融服务成本，按照每办理 1 笔电子渠道业务平均可节约 20 元的综合成本计算，让利 60 多万元。

二 支农支小渗透度、覆盖率和便捷性方面存在问题及其原因分析

近年来，虽然威宁农信社的支农支小工作在渗透度、覆盖率和便捷性方面取得了明显成效，但通过自身查找、实地访谈、问卷调查等多种形式的调查研究发现，威宁县农信社的支农支小工作仍然存在一些亟待解决的问题。归纳起来，可以分为非业务层面和业务层面两大类。

（一）非业务层面

1. 市场竞争加剧导致农信社支农支小优势弱化

线上市场方面，腾讯、阿里巴巴等线上金融服务机构对包括农信社在内的银行类金融机构产生明显冲击。线下市场方面，国有大型银行、城商行、村镇银行、小额贷款公司等带来的竞争日趋激烈。客户问卷调查结果显示，38.67% 的农户在村镇银行、邮储银行等有较多存款，71.85% 的小微客户在农行、工行、建行等银行有较多存款；29.39% 的农户和 59.01% 的小微客户办理过贵州农信以外的其他银行贷款；参与匿名问卷调查的员工中，33.81% 的网点员工认为与其他银行相比支农支小优势不明显。

2. 组织架构和管理体系不能完全适应支农支小工作需要

随着农信社改革的深入以及当前支农支小工作的推进，当前农信社的组织架构和管理体系的问题越发突出。对农信社机关人员和网点负责人的问卷调查结果显示，56.8%的人员认为当前的组织架构和管理体系，对支农支小工作有一定的影响；37.40%的人员认为组织架构和岗位设置僵化，不能适时调整，缺乏创新机制；35.77%的人员认为组织架构不够精干、高效，各级权限未明确划分，部门及岗位职责边界不清；26.02%的人员认为组织架构没有基于目标和业务流程设计，部门之间协调难度大，本位主义现象严重；19.51%的人员认为管理流程不畅，工作效率低。

3. 员工队伍建设和管理有待加强

一是员工的业务技能需要提高，一线员工培训不足。参与调研的管理人员中，53.23%的人员认为一线员工对支农支小金融产品和服务只能达到基本熟悉；77.24%的人员认为一线员工缺少相关培训；35.77%的人员认为业务指标压力大，员工没时间学习；20.33%的人员认为员工素质不够，更有47.15%的人员认为员工本身不够努力是主要原因。二是员工的绩效考核与激励约束体系不够完善。61.79%的机关人员及网点负责人认为需要优化和加强员工的绩效考核与激励；37.81%的网点员工认为员工绩效考核方式不合理。三是部分员工的服务意识欠缺，服务水平不高，影响了支农支小的柜面营销业务。

（二）业务层面

1. 贷款产品和客户管理渗透度不足，支农支小的金融创新有待加强

贷款渗透度不足突出表现在以下几个方面：一是贷款产品和利率较为单一、固定，91.69%的农户和89.88%的小微客户贷款为信用贷款和担保贷款。二是贷款用途方面，主要发放农户的农业生产和建房贷款，小微客户的企业生产贷款、抵押等其他贷款占比少。三是贷款期限以一年期为主，难以满足客户中长期资金需求。根据调查，农户和小微客户的贷款额度与实际贷款需求的额度满足度分别为75.43%和69.47%。38.16%的网点一线员工认为客户获得的贷款额度与希望获得的贷款额度之比在80%及以下，客户所需的贷款额度未得到有效满足。

支农支小的金融创新有待加强。根据调研结果，有67.21%的农户和43%的小微客户认为经济状况达不到要求是贷款难的最主要原因；其次认为缺少抵押物的有11.87%的农户和29.01%的小微客户；找不到第三方担保的有13.98%的农户和25.49%的小微客户。问卷结果显示，14.99%的农户和20.22%的小微客户认为贷款利率过高。出现这些状况的部分原因是，未能针对农户和小微客户的实际情况，加大金融创新，推出更多适合支农支小需求的金融产品和服务。

2. 支农支小金融产品和金融服务的覆盖率不足

虽然威宁农信社已经提供存贷款、银行卡、手机银行、贵金属投资等主要服务。但随着小微客户理财意识日趋增强，目前提供的金融产品和服务已不足以满足客户需求。有20.32%参与调研的农户和37%的小微客户认为农信社的金融产品种类太少。67.14%的参与调研的网点一线员工认为当前的支农支小金融产品只能满足客户基本需求，有6.01%的员工认为不能满足；61.13%的网点一线员工认为，当前农信社金融产品体系中的存款产品、贷款产品、投资产品、理财产品、中间业务产品都需要进一步完善。从调查问卷统计中，54.61%的农户迫切需要网上银行、手机银行、投资理财、农业保险、信用卡等金融服务；39.51%的小微客户需要多功能金融服务终端、47.41%的小微客户需要网上银行、手机银行、信用卡，31.60%的小微客户需要投资理财；60%以上的网点员工认为存贷款产品、投资理财产品需要完善，投资理财主要为定期存款、利率较为固定、存款产品较为单一，金融产品种类还不够丰富。

基层金融服务覆盖面和服务对象覆盖率仍有提升空间。目前，虽然威宁农信社的网点已经实现了全县乡镇的全覆盖，但每个乡镇仅有一家综合营业网点。参与调研的客户中，仍有24.88%的农户和12.4%的小微客户认为农信社的网点数量太少。客观原因是威宁乡村地域面积广、村落分布散，以及农信社员工数量限制，无法实现组组通。营业收入和成本的综合考量，也是影响组组通的重要因素。同时，农户贷款的建档、评级、授信未充分达到村组，较为偏远的村落贷款的建档、评级、授信时间较长。此外，参与问卷调查的客户中，72.47%的农村客户为中老年，63.95%的小微客户为中老年，农信社服务客户群体"老龄化"现象较为严重。农信社的产品和服务对中老年客户覆盖不足,导致部分客户流失。

3. 部分客户办理业务时间成本较高,电子产品便捷性有待提升

金融服务网点布局和服务问题,导致部分客户办理业务的时间成本较高。参与调研的农户,17.76%的农户到达邻近的农信网点所需时间在一个小时以上,其中2.58%的农户所需时间超过2个小时;39.10%的农户到达最近的"村村通"便民金融服务站所需时间在半个小时以上,其中超过1个小时的有9.79%。25.06%的小微客户到达邻近网点需半个小时以上,其中2.21%的客户需要1个小时以上。客户在获取金融服务的路程上所需时间较长,便捷性受到很大影响。不仅如此,部分客户还反映存在网点办理业务等待时间较长的问题。8.36%的农户和10.07%的小微客户在网点办理业务所需时间超过半个小时。

贷款管理审批等原因,导致客户的便捷性感受不足。参与调研的11.8%的农户、14.73%的小微客户认为贷款手续烦琐。7.42%的农户和70.23%的小微客户办理贷款需要一周及以上;贷款的建档、评级、授信流程所需时间较长,需要简化、高效。大多数的机关人员及网点负责人也认为贷款业务条件、审批与规范、业务操作,风险管理与控制,信贷管理系统需要优化与加强,在面对不同的客户需求时,能够有效、快捷地为客户提供和解决资金支持。

网上银行、手机银行等电子产品开发、推广及使用有待优化。"黔农e贷"的手机贷款平台未得到有效推广使用,功能需要开发创新。"黔农e付"快捷支付、扫码支付产品使用不足。根据小微企业和商户的反映,"黔农e付"使用过程中仍存在收单不及时、卡顿等问题,POS机终端的智能水平不高和功能单一,影响了客户使用体验。外出务工人员存在资金转移的高手续费和便捷性问题。

三 提升支农支小渗透度、覆盖率、便捷性的思考

(一)关于威宁县农信社提升支农支小渗透度、覆盖率、便捷性的思考

威宁县农信社作为贵州省农信社下属的独立法人,在少数民族自治、多民族集聚的威宁县开展支农支小工作,在提高渗透度、覆盖面和便捷性方面还有很大的改进空间。

1. 渗透度方面

要加强贷款管理和制度设计，创新贷款模式，促进支农支小贷款业务向纵深发展。依托黔农 e 贷纵向深入，建立对新兴信贷产品的贷后管理机制，并加强管理和防范风险。以新型、特色和品牌农业户为重点，加大贷款流程、制度设计，优化重点贷款客户跟踪服务。创新银保增信、产业增信、产品抵押等增信模式，挖掘和满足优质客户的潜在贷款需求，提高农户和小微企业的贷款获得率。

要推进融合多种方式，加强渠道渗透。一方面，加强电子银行类产品宣传营销管理，做到"应开尽开，尽开尽用，尽用尽好"。营销是关键，维护是保障，真正实现贵州农信产品和服务的有力渗透。另一方面，加快建设"营业网点 + 村村通 + 自助设备 + 电子银行"的多元渠道体系的有机融合，达到"1 + 1 > 2"的效果，有效解决服务渠道渗透不足的问题。

要着眼支农支小发展的需要，加强员工培训，提高员工整体素质。瞄准农村金融发展前沿，通过网络培训、集中学习、轮流培训等多种方式，加强员工的理论和业务技能培训，提高员工支农支小的业务水平。大力推行"网格化管理"和"客户经理制"，进一步有效优化员工绩效考核和激励机制，激发员工的自觉性，提高支农支小的能力。

2. 覆盖率方面

要进一步加强村村通管理，在部分偏远村组努力推进组组通。一方面，不断升级村村通的硬件和服务功能，加强管理和监督，提升服务质量。着力满足农户的小额存取款、贷款、结算、缴费、公用事业代理等多元化需求，探索具有实效的村村通管理监督方案，充分发挥村村通的作用。另一方面，针对部分偏远农户到达最近的营业网点及村村通所需时间较长的问题，下一步将在充分调研的基础上，对农户数量较多、金融服务需求较大的村组，逐步开设组组通，为广大偏远基层农户提供更好的金融服务。

要加大多元化金融产品自主创新能力，满足农户和小微客户的理财、消费、投资等多元化金融产品和服务需求。产品方面，根据客户收入水平提高、消费升级的大趋势，逐步推广贵金属、个人理财产品、基金等业务，助力客户资产增长。推进农户消费信贷业务，助力提升农民生活水平。服务方面,通过推广多功能服务终端、优化电子渠道、创新金融服务等方式,全面提高客户服务体验。

继续深入推进信用工程建设,全面提升建档评级面。针对农户贷款的建档、评级、授信未充分达到村组、户户全覆盖,较为偏远的村落贷款的建档、评级、授信时间较长的情况,下一步将加大对农户的建档和授信力度,以村组为单位批量化进行建档、评级、授信,并加大对单位职工、个体工商户的建档评级力度。

3. 便捷性方面

要进一步完善制度设计,优化组织管理,提升支农支小的管理便捷性。制度方面,根据省联社有关要求,结合威宁县域特点,形成产品办法、操作规程和尽职免责规定在内的较为完善的制度体系,为支农支小业务规范发展提供强有力的制度支撑。管理方面,从纵向条线管理、横向部门协作的组织体系架构入手,进一步梳理明确部门职责范围,做好各项业务流程梳理设计,缩短决策周期,提高管理效能,切实提升支农支小的便捷性。

要加强电子渠道整合推广,提升线上客户服务的便捷性。随着移动互联网普及,线上、移动端将成为客户办理金融业务的重要渠道。一方面,将主动借助金融夜校、农信微喇叭及微信公众号等媒介渠道,宣传答疑、指导客户使用农信社电子渠道及产品,将更多的农户和小微客户引入线上。另一方面,在省联社的支持和帮助下,持续优化现有的电子产品和黔农云平台等,加快建立更加有效的科技管贷系统,让广大客户享受更便捷的金融产品和服务。

践行普惠金融理念,努力提供更加便捷的综合金融服务。以支农支小为重要突破点,围绕县域经济发展,针对不同区域、产业和客户特点,努力探索更多小农户与大市场的对接方式和渠道,加大对产业链、供应链的支持。比如,积极发展优质农户、小微企业、农资经销商、产品收购商等上下游客户账户营销开立,提供结算、资金管理等服务。围绕深化农村集体产权制度改革,顺应农村"三变"(资源变股权、资金变股金、农民变股东)改革方向,探索为农村"三变"提供便捷金融支持的路径。

同时政府和监管部门对信贷支农支小给予更多政策倾斜。可以根据支农支小贡献度制定支农支小金融机构监管结果激励制度，适当放宽支农支小再贷款的准入门槛，同时根据金融机构支农支小的贡献度制定相关评级的加减分标准，作为金融机构支农支小的激励依据。

（二）对贵州省农信社提升支农支小渗透度、覆盖率、便捷性的思考

支农支小是金融系统贯彻落实普惠金融发展的重点领域。贵州省农信社作为西南地区有代表性的金融机构和贵州省最大的金融机构，也是威宁农信社的上级机构，需要从全局和战略高度进行统筹布局。

1. 渗透度方面

负债业务、中间业务、电子银行类业务方面要"走出去"。威宁农信社在负债业务、中间业务、电子银行类业务方面缺乏创新内生动力，与金融科学技术之间的差距明显，需要组建专业团队向发达地区学习。只要负债业务、中间业务、电子银行类业务在同类产品中有同样的金融技术支撑供客户在同一平台选择，贵州农信就可以发挥人多点多的优势，提高客户黏性，获取更多的战略合作资源。

资产业务方面要"沉下去"。目前主要的生息资产是小额农户信用贷款，使用小额农户信用贷款既有大量身处偏远山区的贫困农户，也有即将脱贫奔小康的百姓。从提升支农支小的角度出发，贵州农信的资产业务创新都需要"沉下去"，充分听取基层的声音，做出真正能服务好广大百姓的金融产品。

在加大金融创新的同时，引进前沿互联网风控技术，做好风控保障。贵州农信的信贷规模在逐渐扩大的同时，对于金融创新和存量规模管理都提出了更高的要求。风险是动态的，随着内外部环境的不断变化而变化，建议省联社在做金融创新的同时，可以尝试引进先进的互联网风控技术，为新业务的开展保驾护航，为客户体验新兴金融服务提供条件，同时也保证支农支小的渗透度、覆盖率和便捷性。

坚定不移推行"客户经理制"和"网格化管理"。2018年省联社先后下发"网格化管理"和"客户经理制"相关规范文件，这也是适应精细化管理和提升员工业务积极性的重要举措。

2. 覆盖率方面

可以将"信合村村通"升级为"信合组组通"。

"信合村村通"作为贵州农信五张名片其中一张，在普惠金融服务中做出了巨大贡献。出于提升贵州农信支农支小覆盖率的考虑，在享受不到物理网点服务的村组实现"组组通"金融服务，将是贵州农信名片的重要升级和战略调整。特别是作为地域面积较大的县区，偏远山区的百姓获取金融服务用在路上的时间较长，出于提升支农支小便捷性的考量，"信合村村通"的升级打造还是有必要的。在升级打造的过程中，可挑选相对有代表性的行社进行试点，切实根据百姓金融服务需求进行升级具体设计和调整，真正将无死角服务做到实处，做到百姓心里。

可以建立省级"理财业务集中学习中心"。通过对存在问题的分析发现，无论是产品的渗透度还是客户的覆盖率，还是客户的理财意识苏醒，都对行社开展理财业务提出了要求。对于已改制成功、未改制成功的行社均具有不同程度的开展理财业务的需求，在此需求之上，部分行社面临的是"无人懂理财、无人学理财"的尴尬境地。对于开展一项对行社发展具有战略转型意义的业务来说，提前准备尤为重要。而在准备工作中，通过建立省级理财业务学习中心以加强相关人才培养，以及对各家行社进行规范性和常态化的指导更为重要。这也是解决贵州农信客户老龄化的重要措施，在丰富行社业务的基础上，集中管理并培养热衷理财业务的专业型人才，为吸收更多中低龄客户成为贵州农信忠实客户打好基础。

将贵州农信客户管理分析模块专项纳入省联社战略范畴。在调研中发现，威宁农信社的中老年客户占比很大。而客户群体结构、客户年龄结构、客户知识结构、客户消费习惯，以及对贵州农信金融服务需求程度等方面的分析缺位明显，战略规划难以实现"对症下药"。建议省联社考虑通过利用"大数据"技术或者和第三方公司合作的方式来实现贵州农信客户管理分析，然后针对黔农 e 付、黔农 e 贷、村村通、手机银行、网上银行等业务进行决策性指导，真正做到对贵州农信支农支小业务指导"对症下药，药到病除"。

持续推进农村信用工程建设，打造"信用工程升级版"，通过将农村信用工程建设延伸到信用单位、信用社区、信用商圈，有效推动社会诚信体系建设。建议省联社加强信用工程建设规范化管理，指导县级机构做好信用工程三年升级达标工作，助力乡村振兴。

3. 便捷性方面

要加快科技创新，实现智能自助终端办理业务和移动办公，打造"挎包银行"。科技是第一生产力，贵州农信老一辈发挥"挎包精神"将农信社一步步做大，但是在新的形势下，发挥科技创新力量，实现网点机构智能自助终端办理业务和移动办公，特别是信贷系统前置，并将其维护好，真正实现"挎包银行"，将是贵州农信的一项重大改革，也是提升支农支小便捷性的核心所在。

要建立完善柜面、信贷业务集中作业中心流程机制，从内到外优化支农支小流程。在实行客户经理制和柜面人员由"业务型"向"营销型"人员转变的背景下，网点营销人员走向基层农村市场，内部办理业务流程优化是大势所趋。同时，做好纸质化业务办理资料向电子化、无纸化方向转变，在降低农信社成本的同时简化为客户办理业务的流程。

第三节　普惠金融支持中小微企业发展调查
——以武陵山印江县农信社为例

一　印江土家族苗族自治县及其金融业发展基本情况

（一）印江土家族苗族自治县概况

印江土家族苗族自治县（以下简称印江县）位于武陵山集中连片特困区西部，是贵州铜仁市下辖县，县域总面积1969平方公里。2018年年底，印江县常住人口总数为27.79万人，县内居住着土家族、苗族、蒙古族、藏族、回族、彝族、独龙族、珞巴族等25个少数民族。常住少数民族人口规模为18.63万人，占比为67.04%。

（二）印江县经济社会发展概况

2018年印江县实现地区生产总值101.42亿元，比2017年增长6.34%，比全省增速低3个百分点，比全国增速低3.35个百分点。其中第一产业实现增加值30.29亿元，增长7.0%；第二产业实现增加值19.54亿元，增长9.3%；第三产业实现增加值51.59亿元，增长12.8%。人均GDP 35895元（以常住人口计算），比贵州省人均GDP低12.97%，比全国人均GDP低44.47%。2018年实现农林牧渔及服务业增加值18.79亿元，按可比价格计算，比上年增长7.0%。城镇居民人均可支配收入 28478 元，增长 9.4%，比贵州省城镇居民人均可支配收入低 3114 元，比全国城镇居民人均可支配收入低 10773 元；农村居民人均可支配收入 8888 元，增长 10.3%，比贵州省农村居民人均可支配收入低 828 元，比全国农村居民人均可支配收入低 5729 元。

（三）印江县金融业发展概况

2018 年年末，印江县金融机构存款余额 142.67 亿元，比 2017 年年末增长 12.6%，增速排全市第 1 位，在全省人民币存款增速下滑严重、只有 1.5% 的情况下，印江县金融机构存款余额保持了高速增长。在存款结构中，住户存款余额 79.06 亿元，增速高达 19.0%，这也显示了当地居民有了较快的收入增长和金融资产的增长。2018 年年末，印江县金融机构贷款余额 119.53 亿元，比 2017 年年末增长 21.9%，增速比贵州省高 3.6 个百分点，比全国高 9.3 个百分点。

二　对印江县农信社服务中小微企业的调查分析

本次调查是通过对印江县农信社的实地调查，并与印江县金融办、人民银行印江支行等单位座谈实现的。

（一）印江县农信社基本情况

印江县农信社成立于 2004 年 9 月，既是贵州省农村信用联社下属的独立法人，也是印江县最大的金融机构和历史最悠久的合作制金融机构之一。

印江县农信社一直坚持"服务三农"的经营思路，通过持续努力和审慎经营，现已成为一家实力雄厚、品种多元、经营稳健的合作制金融企业，在服务经济、服务"三农"的同时，综合实力不断增强，在县域存贷款市场占有率居首位，大约在 40% 以上。

截至 2018 年 9 月 30 日，印江县农信社设有营业网点 26 个，包括联社营业部 1 家、信用社 17 家、分社 8 家，各项存款余额 58.63 亿元，占全县存款余额的比例为 40.60%，各项贷款余额 47.88 亿元，占全县贷款余额的比例为 41.0%，其中小微企业贷款余额 13.12 亿元，占农信社各项贷款余额的比例为 27.41%。

（二）印江县农信社对中小企业信贷服务的调查分析

作为县域最有影响力的金融机构，印江县农信社高度重视本土中小企业融资难的问题，并在针对中小企业的贷款业务方面一直有着自己独特的思路和支持措施。与人民银行印江县支行积极探索利用支农再贷款支持高效农业和特色农业的新模式,支持企业140多家、专业合作社26家,累计投放贷款达30亿元。下面是针对中小企业融资现状的调研分析。

1. 贷款规模及其发展趋势

印江县农信社坚持其作为扎根印江的地方性金融机构,始终以支持地方经济发展为己任,积极创新各项金融服务,把大力支持中小企业发展作为自己的重要任务和历史使命,确保实体经济的资金需求的理念,逐步加强了对中小微企业的融资倾斜力度。

截至2018年9月末,印江县农信社对中小企业贷款余额达13.12亿元,比2017年年末增加3.22亿元,增速为32.23%,高于各项贷款平均增速,受益中小企业高达160户,比上年年末增加36户。印江县农信社中小微贷款的余额占各项贷款余额比例高达27.41%,比2017年的比例提升了1.27个百分点。

2. 贷款中小微企业的行业分析

印江县农信社中小企业贷款主要投放于农产品生产和深加工、轻工制造业、批发和零售业、建筑业、交通运输业与商业服务业,上述行业投放贷款规模占印江农信社贷款总额的比例为19.84%,占印江农信社中小微贷款总额的比例为72.38%。

3. 贷款审批标准分析

以贵州银行、贵阳银行为参照物,进行对比分析。首先从小额贷款开办要求标准来看,印江农信社的开办门槛明显低于贵州银行、贵阳银行。贵州银行、贵阳银行在开办时企业必须提供的报告种类繁多。这对中小微企业来说,在企业规模不大的情况下,要准备其要求的相关贷款资料用时长,且工作繁复,不适合中小企业资金需求小、频、急的特点。而印江农信社仅要求企业出示银行所需的基本贷款资料,省去了企业其他繁复资料的准备。其他的开办要求也仅是普通银行的最基本要求。只要满足上述要求印江农信社就能马上受理中小企业的融资贷款申请。

4. 印江农信社服务中小微信贷的其他特点

对有贷款特殊需求的中小微企业,印江农信社开通了贷款申请、贷款审批的"绿色通道",以更简洁、快速的贷款程序适应中小企业贷款需求小、频、急的特点。印江县农信社针对中小微企业信贷业务的特点，制定了一套具有自身特色业务的管理方法。

三 对印江县中小微企业融资情况的调查分析

本次调研共向 100 家中小微企业发放《中小微企业融资情况调查问卷》，收回有效调查问卷 86 份。

（一）被调查企业基本情况分析

从调查对象行业分布来看，农业生产及加工类企业 42 家，商贸物流企业 21 家，建筑工程类企业 16 家，担保公司 1 家，其他行业企业 6 家。

从调查对象经营规模来看，年营业收入在 500 万元以上的企业 5 家；营业收入在 200 万—500 万元的企业 9 家；年营业收入在 100 万—200 万元的企业 27 家；年营业收入在 100 万元以下的企业 45 家。

从成立时间来看，5 年以上的企业家数为 8 家；3—5 年的企业家数为 11 家；3 年以内的企业家数为 67 家。

（二）调查问卷分析

1. 企业向银行融资增信方式分析

通过担保提供增信的企业 48 家，占比为 55.81%，信用贷款的企业 36 家，占比为 41.86%，抵押贷款的企业 2 家，占比为 2.33%。从以上数据可以看出，印江中小微企业多数还是通过担保来解决贷款增信问题，在没有增信措施下，当地农信社仍然为 41.86% 的企业提供了贷款，体现了农信社支持普惠金融发展的责任意识。

2. 企业贷款成本分析

担保贷款的用户中，其综合年费率在 8% 以下的 13 户；综合年费率在 8%—10% 的 8 户；综合年费率在 10%—15% 的 66 户；综合年费率在 15% 以上的 1 户。担保年费率为 0 的 6 户，担保年费率 1% 以下的 17 户，担保年费率在 1%—2% 的 29 户，担保年费率在 2%—2.5% 的 13 户，担保年费率在 2.5%—3% 的 15 户，担保年费率在 3% 以上的 6 户。在信用贷款 86 户企业中，其综合年费率在 8% 以下的 19 户；综合年费率在 8%—10% 的 35 户；综合年费率在 10%—15% 的 32 户。

3. 贷款资金自由使用比例

目前，中小微企业获得贷款后，贷款银行或者担保公司往往要求贷款企业在银行提供一定比例的存款，而导致贷款企业实际使用的资金低于贷款规模，这不仅影响了企业资金的使用，而且在无形中加大了企业融资的成本。在我们调查的 86 家企业中，可实际自由使用比例为 100% 的企业 80 家，使用比例为 90% 的 6 家。上述 6 家企业之所以出现 10% 的信贷资金不能使用，主要是因为提供担保的公司要求贷款企业承担保证金。

4. 对金融机构信贷满意度分析

在全部 86 家被调查企业中，对农信社十分满意的企业有 23 家，对农信社比较满意的企业有 51 家，对农信社基本满意的企业有 9 家，不满意的有 3 家。在 48 家有担保的被调查企业中，对担保公司十分满意的企业有 5 家，对担保公司比较满意的有 15 家，对担保公司基本满意的有 20 家，不满意的有 8 家。总体来看，对农信社的满意度较好，对担保公司的满意度要明显低于农信社。

5. 对贷款期限的情况分析

在 86 家获得贷款的被调查企业中，贷款期限在 1 年以下的有 35 家，贷款期限在 1—3 年的有 39 家，贷款期限在 3—5 年的有 8 家，贷款期限在 5 年以上的有 4 家。整体来看，1—3 年的中期贷款占比最大，其次是 1 年以下的短期贷款，贷款期限在 5 年以上的长期贷款占比最低。

6. 其他融资方式的情况分析

在对 86 家被调查企业除贷款以外的首选融资方式现状调查中，发现从企业主亲戚处借款的家数最多，为 43 家，从企业主朋友处借款的家数次之，为 31 家，从民间高利贷筹资的有 6 家，从其他渠道借款的有 6 家。关于其他融资方式的融资成本，从亲戚处借款的成本绝大多数为零，只有 3 家企业在规划借款时按照大约年利率 10% 的成本支付了费用；从朋友处借款的融资成本则要复杂得多，其中 14 家按照年利率 10% 向朋友支付了成本，有 7 家按照年利率 12% 向朋友支付了成本，有 3 家按照 15% 的年利率向朋友支付了成本，还有 7 家没有向朋友支付资金成本。民间高利贷借款成本均超过年利率 15%，其中 1 家为 15%，3 家为 18%，2 家为 20%，还有 1 家为 25%。

7. 对银行贷款最希望改进的事项分析

在对银行在办理贷款中最希望改进的事项调查中，33 家企业选择了"手续太烦琐复杂"，22 家企业选择了"审批周期长"，18 家企业选择了"贷款利率高",9家企业选择了"担保费用高",还有4家企业选择了"其他"。

四　印江县中小微企业融资中存在的问题分析

通过现场座谈、问卷调查、实地调研等方式,发现印江县中小微企业在融资中主要存在以下几个方面的问题。

(一) 大量中小微企业信用度不高,无法提供有效抵押担保

印江县企业多数是中小微企业,主要以农业、商贸和农产品加工经营企业为主。该类企业普遍存在注册资本少、负债担保能力弱、难以为自身融资提供可靠的资信证明等特点,还缺乏可用于抵押担保的财产。从增信角度来看,当地中小微企业在融资增信方面一般依靠土地抵押、无形资产质押、生物资产抵押、担保公司担保等方式增信,但由于可抵押资产的资产规模较小、变现能力较弱,以及担保额度不足、担保成本较高等原因,中小微企业普遍存在贷款融资难度大且融资效果不佳的问题。

(二) 中小微企业经营状况的不稳定导致获取贷款的标准不断提高

一是受宏观经济下行压力较大和经济周期波动的影响,中小微企业在经营中就更容易出现大的风险。二是大型国有银行服务的重点往往是大型企业、龙头企业和政府平台企业,中小微企业不是其提供信贷服务的目标客户群体。三是中小微企业虽然是农信社、邮储银行、村镇银行信贷服务的重点,但金融机构在降杠杆、控风险的严格监管环境下,也在不断提高贷款申请的条件和准入门槛。

(三) 中小微企业融资渠道、途径、方式比较单一

目前,印江中小企业融资渠道主要是向银行申请贷款的间接融资。但对绝大部分的中小微企业来说,它们难以具备条件,主要原因有:一是没有完善的财务制度,不能编制符合银行要求的财务报表;二是不能提供符合银行要求的担保;三是缺乏有效的抵质押资产。尽管印江党委政府正积极帮扶与鼓励符合条件的企业采取多种方式筹资,但向银行间接融资依赖度高这一现象估计在未来5年仍会继续占据主流趋势。由于县域内商业银行分支机构权限较小,信贷偏好支持大型项目、大型工程和国有企业,县域中小微企业贷款主要来源于印江县农信社,但印江县农信社受信贷规模、存贷比高、贷款空间小、放贷压力大的影响,不仅

降低不了中小微企业融资的成本,而且也满足不了融资的需求。

因此,中小微企业只有通过自有资金,或者通过亲戚朋友借款,甚至通过高利贷融资来筹建发展资金。

(四) 中小微企业经营管理中存在较多的局限性,加剧了融资难、融资贵的问题

中小微企业普遍存在财务管理不规范、财务会计信息可信度不高、财务人员素质不高、制度体系和内控机制不完善等问题,银行对中小微企业的财务报表信任程度较低,这种信用信息的不对称无疑又增加了中小微企业融资的难度。金融机构无法对部分企业所提供的财务信息的真实度进行认定,增加农信社对企业贷款的风险。还有部分中小微企业信用观念淡薄,法律意识不强,资金使用混乱,监控难度大,挤占挪用严重,导致银行无法按时足额收回,贷款逾期和欠息情况时有发生,这也严重挫伤了银行放贷的积极性。

五 关于改善中小微企业融资状况对策建议的思考

(一) 改革和完善信用评价方式

现有的中小微企业信用评价标准过于注重对企业财务经营指标的评价,但实际上,由于各种各样的主客观原因,中小微企业的财务经营指标的真实性、客观性、准确性并不高,往往不能反映企业的真实经营状况,特别是小微企业,因为多数处于初创期和成长期,真实的经营财务状况也不能准确揭示企业的信用和风险等级。

为了改革和完善中小微企业的信用评价体系,建议采取以下措施:一是把中小微企业的信用评级与中小微企业的控股股东、实际控制人、企业经营者的信用评级结合起来。由于中小微企业多采取有限公司的组织方式,但这种组织方式的缺陷是企业控制人容易利用企业及其股东的有限责任逃避企业债务,因此,为了增强企业的信用等级,防范对中小微企业的信贷风险,可以通过担保、质押等方式将中小微企业的信用与企业主和经营负责人的信用合并评价。二是在企业信用评价中把企业经营财务数据与企业的其他数据结合起来评价。除企业经营财务数据外,企业的用电、用水、用气、用工等方面的数据以及公检法等方面的信息往往更能揭示企业的经营状况,也就是说要建立企业信用评价的多维度大数据体系。三是建立针对不同类型企业的信用评价模型。要根据企业

所处行业的特征、生命周期的不同阶段、企业规模、市场结构、管理者素质等情况，结合经营财务数据及多维度大数据，构建适合中小微企业特征的信用评价模型。

（二）强化农信社服务中小微企业的市场定位，加大信贷支持力度

农信社在县域金融发展中居于龙头地位，在服务中小微企业信贷需求方面居于主体地位，县域中小微企业的健康可持续发展对于农信社的发展也起到极大的支持作用，可以说两者是"一荣俱荣、一损俱损"的关系。因此，农信社要更加明确自身市场定位，了解自身优势，结合自身特点，在为中小微企业提供信贷服务时，不能一味地同商业银行一样进行同质化竞争和同样的申贷政策，而是要对中小微企业采取"区别对待"的态度，同时利用自身在当地的网点优势、人脉优势、资金优势、信息优势，创造对中小微企业的信贷服务和综合金融服务优势，强化农信社与当地中小微企业发展的正关联，积极利用自身优势支持中小微企业的发展，同时为自身扶持培育一批有潜力的优质客户，实现双方的协同良性发展。

（三）创新业务品种，实现差别化信贷利率定价政策和审批流程

目前，在县域金融服务中，为中小微企业提供的金融产品总体上还比较少，而且同质化严重，创新性不强。因此，要针对县域中小微企业的融资需求和资信特征，开发切实可行的金融产品，并实行灵活可靠的风险管控措施。比如可以将中小微企业的信用与企业主的信用一起评价、一同授信和增信。要针对不同中小微企业的信用状况、资金需求规模和周期特征，实施灵活的贷款利率，在基准利率基础上上浮不同比例的贷款利率。

同时改善信贷审批流程，在有抵押物的情况下，可在不解除抵押的情况下，一次授信、一次审批、循环使用、随借随还。在中小微企业不能提供担保、抵押、质押的情况下，可以采用大数据等技术手段，提高信用管理水平和风险管理水平，争取为中小微企业提供更多的信用贷款支持。

（四）中小微企业要规范管理，提高对接金融服务的水平

中小微企业经营管理不规范也是导致融资难、融资贵的重要原因。为了提高中小微企业对接金融服务的水平和成效，建议从以下几个方面

采取措施：一是加强资金财务管理，提高财务报表的可信度。中小微企业要严格按照企业会计制度规范财务管理，特别是要规范资金管理，要真实反映企业的经营状况，提高财务报表的规范性和可信度。二是要加强经营管理，提高企业可持续发展能力。中小微企业在经营中面临更多的不确定性，因此要加强市场营销管理、人力资源管理、生产组织管理、产品质量管理，不断增强抵御风险的能力，同时也要增强金融机构对企业发展的信心。三是要加强信用管理，提高对接金融服务的能力。中小微企业要增加信用意识，要明白企业经营是有风险的，企业经营是要有自有资金的，企业借钱是要还的。要珍惜企业自身以及企业主、经营者的信用。只有加强了信用管理，才能较好地获得金融机构的信贷及其他方面的金融服务。

第四节　沿河县农信社实施网格化管理提升普惠金融服务水平的调查

党的十八届三中全会提出要"创新社会治理体制，以网格化管理、社会化服务为方向，健全基层综合服务管理平台"。网格化管理是中央创新社会治理体制、健全基层综合服务管理平台的重要战略抓手。

沿河县农信社将社会治理中的网格化管理的理念和模式运用到普惠金融发展中，通过规范金融服务网格划分，明确网格金融服务的责任主体、工作内容和目标任务，健全网格金融服务与支撑体系，形成以点带面、纵向到底、横向到边、层次分明、边界清晰、任务精准、运作高效的普惠金融网格管理体系，极大地提高了普惠金融的覆盖面、渗透率、可得性。

一　沿河土家族自治县及其金融业发展基本情况

（一）沿河土家族自治县基本情况

沿河土家族自治县（以下简称沿河县）地处武陵山集中连片特困区，是贵州省铜仁市下辖的土家族民族自治县，县域面积2483.51平方公里，2018年常住人口44.96万人。居住有土家族、苗族、侗族、仡佬族、回族、藏族、彝族、壮族、布依族、满族、白族、傣族、蒙古族、水族共14个少数民族,少数民族人口比例为74.6%。

2018年,沿河县实现地区生产总值110.18亿元,按可比价计算,同比增长9.8%,比贵州省增速高0.7个百分点,比全国增速高3.2个百分点。其中,第一产业增加值31.46亿元,比2017年增长6.6%;第二产业增加值20.42亿元,比2017年下降0.2%;第三产业增加值58.30亿元,比2017年增长14.7%。城镇居民人均可支配收入28184元,比2017年增长9.1%,比贵州省增速高0.46个百分点,比全国增速高1.48个百分点;农村居民人均可支配收入8802元,增长9.8%,比贵州省增速高0.25个百分点,比全国增速高0.98个百分点。

(二)沿河县金融业发展基本情况

沿河县金融业运行情况整体良好。2018年年末,全县金融机构存款余额149.84亿元,比上年年末增加5.87亿元,增长4.1%,其中,住户存款余额91.81亿元,占金融机构人民币各项存款余额的比重为61.3%,住户存款的高速增长及所占比例的提升显示沿河县城乡居民有了更多可以支配的金融资产。

2018年年末,全县金融机构各项贷款余额108.79亿元,比2017年年末增加28.97亿元,增幅高达36.3%。其中,住户贷款50.79亿元,占金融机构人民币各项贷款余额的比重为46.6%;非金融企业及机关团体贷款58.10亿元,所占比重为53.4%。

保险事业快速发展。2018年全年全县保费收入15.45亿元,比2017年增长13.6%;赔款支出0.79亿元,同比增长46.7%。

二 沿河县农信社基本情况

沿河县农信社是沿河县最大的金融机构。截至2019年6月末,资产总额82.19亿元,负债总额77.33亿元。各项存款余额69.86亿元,同比增加3.52亿元,完成半年任务的150.26%,其中储蓄存款市场份额57.92%。各项贷款余额52.37亿元,完成半年任务的218.38%,累计发放各类贷款25.98亿元,同比多发放4.2亿元。存贷款市场份额继续领跑全县金融机构。2019年1—6月,各项收入2.14亿元,同比多增0.22亿元,利息收入1.95亿元,完成半年任务的104.03%,利润总额3981.37万元,较上年同期上升1591.61万元。不良贷款率2.88%,

持续控制在5%以内；资本充足率10.90%，同比上升1.02个百分点，核心一级资本充足率9.82%，一级资本充足率9.82%；拨备覆盖率191.77%，同比上升34.87个百分点，较年初上升6.28个百分点；拨贷比5.54%，同比上升0.04个百分点；成本收入比37%，同比上升4.09个百分点；资产利润率0.73%，同比上升0.09个百分点；资本利润率12.48%，同比下降0.13个百分点。

三 沿河县农信社推行网格化管理的背景

（一）沿河县农信社面临其他商业银行的激烈竞争

历经十余年的快速发展，沿河县农信社虽然由默默无闻的"草根"变成引人注目的"大树"，但是其在县域范围内"一家独大"的局面正在受到前所未有的冲击。随着贵州银行、贵阳银行、邮储银行、村镇银行等纷纷进入农村市场，农信社正面临前所未有的激烈市场竞争局面。

（二）沿河县农信社面临利率市场化的强烈冲击

2013年7月20日，以中国人民银行决定全面放开金融机构贷款利率管制为标志，从贷款利率市场化开启了利率市场化的进程。2015年5月11日，以中国人民银行决定将金融机构存款利率浮动区间的上限由原来的存款基准利率的1.3倍扩大为1.5倍为标志，存款利率市场化也拉开了序幕。自2015年8月26日，中国人民银行决定放开一年期以上（不含一年期）定期存款的利率浮动上限，这是存款利率市场化改革的重要步骤。自2015年10月24日起，中国人民银行对商业银行和农村合作金融机构不再设置存款利率浮动上限的决定标志着存款利率市场化和贷款利率市场化的全部完成。

沿河县农信社主要依赖存贷业务，面向客户单一，定价能力不强，个体规模又小，收入单一，整体无法形成合力，依靠传统存贷利差的收入来源受到重大冲击。

（三）沿河县农信社面临互联网金融、大数据金融等新兴金融业态的强大冲击

与传统的金融服务模式相比，在互联网金融、大数据金融、人工智能金融服务中，客户的需求和体验更受到尊重，消费者能够自主选择金融产品和服务。金融机构能够精准营销、精准设计金融产品、精准风险管理，客户追求个性化的服务要求和便捷的体验诉求得到满足。新金融

业态强调服务产品的灵活性，对银行的传统服务模式提出了很大挑战。

（四）沿河县农信社在县域金融发展中具有实施网格化管理的基础条件

网格化普惠金融管理体系需要相应的资源配置能力。其他金融机构在县域金融服务中缺少这样的服务网点和人力资源条件。而沿河县农信社在金融服务网点设置、人力资源布局、与城乡经济社会融合度等方面具有天然的优势，具有开展网格化管理的扎实基础和良好条件。

四　沿河县农信社推行网格化管理的主要做法

（一）网格化管理的目的

1. 提升营销管理水平，增强普惠金融可持续发展能力

网格化管理工作旨在推进普惠金融服务精细化营销和精细化管理，使金融营销工作更贴近客户，实现对金融市场的精耕细作和快速化反应能力，提升客户感知，扩大专业化营销队伍，调动员工工作积极性，提升营销队伍素质。

2. 提供综合金融服务，增强普惠金融服务客户的获得感和满意度

通过网格化管理，树立"以客户为中心"的普惠金融经营理念。客户经理、柜员争当客户的金融管家，不仅关注客户的融资需求，还关注客户的储蓄、结算、支付、理财、代缴、保险、投资等综合金融需求，为客户提供便捷、优质、实惠的综合金融管家服务，深挖客户价值，增加获客渠道，提升客户忠诚度和满意度。

3. 推动农信社转型发展，增强自身服务县域普惠金融发展的能力

通过网格化管理，培养员工如何建立和维护好客户关系，积极推介各类产品，努力开发潜在新客户，提升农信社市场竞争力，加快农信业务转型发展。为沿河县农信社正式实行客户经理等级制、柜员等级考核提供决策依据。

（二）网格化管理的实施方案

网格化管理的实施方案包括网格划分、网格职能、制度配套、考核体系、数据支撑五个部分。

1. 网格划分

（1）一居一格：按照"一居（村、园、区）一格"的模式，以行政区划为基础，由各网点以社区、行政村、产业园等为单位划设普惠金

融服务网格。

（2）一格一员：按照"一格一员"方式，在每个普惠金融服务网格配备至少1名网格员。原则上，网格员从网点负责人、客户经理中产生。

（3）一员多格：按照"一员多格"方式，由各网点负责人担任网格管理员，一名网格员可以管理多个普惠金融服务网格。网格员负责统筹推动辖内普惠金融服务网格化管理各项工作，负责管理、监督、考核、调度辖区内网格员和网格联络员。

2. 网格职能

（1）客户营销维护：①负责市场调研。及时掌握网格内行业动态和市场环境，提出应对策略和建议，定期撰写市场调研报告，及时向上级反馈。②负责客户调查。全面摸清网格内普惠金融客户资源，定期编制与更新网格客户资源概览。目标客户包括但不限于农户、城镇居民、个体工商户、行政企事业单位职工、外出务工人员、小微企业、农业新型经营主体等。③负责建立档案。落实网格内"信用工程"建设，完成网格内客户档案的建立等相关工作。④负责客户细分与需求分析。根据客户的自然属性和行为属性进行群体划分，定期编制目标客户群细分与需求分析表，并及时向上级反馈。⑤负责制订营销策略与计划。贯彻批量营销、综合金融服务理念，结合网格实际定期制定网格营销方法、策略和计划书。⑥负责落实营销计划。实行上门营销，每周至少保证有2天以上的时间"走出去"营销，并编制营销台账。⑦负责定期回访客户。及时发现产品与服务问题，收集客户意见和建议，帮助客户解决问题和困难，提升客户信任感与忠诚度，并定期编制客户回访计划与执行台账，及时向上级反馈。

（2）普惠金融服务：①负责开展好网格内的金融夜校，采取搭建微信群、开展网格主题活动等各种形式，普及金融知识。②负责办好网格内的村村通、便民服务点，用好管好助农脱贫流动服务站、自助银行等机具设备，提供便利化金融服务。③负责推广信合卡、黔农e贷、手机银行、扫码支付等电子化服务渠道以及代理业务、中间业务等。④负责管好用好宣传栏、宣传墙、宣传牌等设施，做好金融产品与服务的宣传。⑤负责加强与网格内地方党政的工作汇报与联系，将金融服务与政务服务联动，发挥协同效应。⑥负责协助地方党政做好防范非法集资和电信诈骗、促进创业就业和扶贫救助等各类民生工程，树立良好的社会责任形象。⑦负责落实银商合作，结合扫码支付、消费信贷、信用卡分期等业务，为客户提供丰富、便捷、实惠的生活服务。

3. 制度配套

与网格化管理配套的制度体系主要包括"三定方案""薪酬分配""任务分配""绩效考核""费用管理"五项主要制度。

（1）三定方案：三定是基础。按照"划分等级（合理确定客户经理等级，适当体现客户经理之间的能力差距）、动态管理（对客户经理按年评定级别，当年客户经理绩效工资按助理级客户经理待遇预发，待次年初评定等级后对上年绩效工资清算再多退少补）、以级定酬（核定等级与绩效薪酬挂钩）"的框架体系，实行定人、定员、定岗管理。

（2）薪酬分配：薪酬是保障。将薪酬划分为基本薪酬、绩效薪酬、奖励薪酬，其中基本薪酬是员工完成网格化管理基本职能应得的薪酬，绩效薪酬是根据员工在网格化管理中做出的绩效而给予的薪酬，奖励薪酬是根据员工超额完成任务、做出突出贡献的情况而给予的奖励。通过基本薪酬、绩效薪酬、奖励薪酬分配制度的完善，真正发挥绩效考核激励作用。

（3）任务分配：任务是目标。要根据市场特点和业务性质，对各项任务分类进行分解，匹配各类薪酬总额，确保年度目标的顺利实现。

（4）绩效考核：考核是核心。薪酬的分配和任务的完成，通过考核来实现，而绩效考核中各类业务的价格计算则通过薪酬和任务来测算。其中重点是各类业务的考核规则。

（5）费用管理：费用是基础。结合网点的各类业务发展情况，合理确定各项营销费用，保障市场营销人员的拓展费用。

4. 考核体系

考核原则按照"绩效向一线倾斜、费用向业务倾斜"的原则建立考核体系。

绩效向一线倾斜：就是以"基本薪酬保生活、绩效薪酬促发展"为导向，在年初制订薪酬分配方案时，调减高管人员和管理部门人员的薪酬总额，调增营业网点一线人员的薪酬总额；减少"旱涝保收"的基本薪酬，提高绩效薪酬总额占比。

费用向业务倾斜：就是以"控制管理层级费用，增加业务发展费用"为导向，尽量减少不必要的费用开支，保障一线业务发展的费用需求。费用管理的导向是绩效考核管理的补充和完善。

考核标准的确定：对不同类型业务按照性质进行分类，制定不同的绩效考核标准，网格员和网格负责人的考核标准和考核内容如下。

（1）网格员的考核：网格员的考评内容及评定标准如表 2 – 5 所示。

表 2 – 5　　　　　　网格员的考评内容及评定标准

岗位名称	绩效岗位系数	分值
一级网格员	1.5	60（含）分至75分
二级网格员	1.6	75（含）分至90分
三级网格员	1.8	90（含）分以上

考评内容	评定标准	分值
基本条件	1. 具有良好的职业道德、爱岗敬业、廉洁奉公；（0—1 分）2. 勤学肯做，能够认真学习贯彻会计法、柜面操作规范等相关规章制度；（0—1 分）3. 熟悉综合业务操作，能准确、迅速地独立处理每一笔业务；（0—2 分）4. 服从本网点工作安排、团结互助，积极协助完成本网点其他各项基础性工作（0—6 分）	10 分
业务量	1. 网格员本人月平均业务笔数与所在网点柜员月平均业务笔数之比在 80% 以下的计 17 分；2. 网格员本人月平均业务笔数与所在网点柜员月平均业务笔数之比在 80%（含）—90%（不含）的计 20 分；3. 网格员本人月平均业务笔数与所在网点柜员月平均业务笔数之比在 90%（含）—100%（不含）的计 23 分；4. 网格员本人月平均业务笔数与所在网点柜员月平均业务笔数之比在 100%（含）—110%（不含）的计 26 分；5. 网格员本人月平均业务笔数与所在网点柜员月平均业务笔数之比在 110%（含）—120%（不含）的计 29 分；6. 网格员本人月平均业务笔数与所在网点柜员月平均业务笔数之比在 120%（含）—130%（不含）的计 32 分；7. 网格员本人月平均业务笔数与所在网点柜员月平均业务笔数之比在 130%（含）以上的计 35 分	35 分

续表

考评内容	评定标准	分值
电子业务营销	1. 主要电子业务营销均完成本网点所分任务的90%（含）—110%的计9分；完成所分任务90%（不含）以下的不计分；2. 主要电子业务营销均完成本网点所分任务的110%（含）—130%（不含）的计12分；3. 主要电子业务营销均完成本网点所分任务的130%（含）以上的计15分	15分
业务差错	1. 主要电子业务营销均完成本网点所分任务的90%（含）—110%的计9分；完成所分任务90%（不含）以下的不计分；2. 主要电子业务营销均完成本网点所分任务的110%（含）—130%（不含）的计12分；3. 主要电子业务营销均完成本网点所分任务的130%（含）以上的计15分	15分
服务质量	事后监督部负责统计网格员差错量后下发各网点，由网点会计负责计分。网格员全年度无差错计15分，差错一笔扣1分，扣完为止	15
大客户维护	由网点会计负责统计并计分。以个人大额存款客户（全年日均存款余额）为维护对象，以每个网格员维护10户为任务，网格员所维护的个人大额存款客户10户计10分，少维护1户扣1分	10
加分项	1. 近三年获得省级、市级、县级表彰一次计1分，最高不超过2分；2. 通过相关资格考试并获得资格证书一个计1分，最高不超过3分	

（2）网格负责人的考核：网格负责人的考评内容及评定标准如表2-6所示。

表2-6　　　网格负责人等级绩效岗位系数及评定划分

岗位名称	绩效岗位系数
助理级网格负责人	1.5
初级网格负责人	1.6
中级网格负责人	1.8
高级网格负责人	2.0
资深级客户经理	2.2

续表

岗位名称	评定标准	备注
助理网格负责人	1. 完成本网点所分全年贷款投放任务80%（含）以上。2. 完成本网点所分不良贷款压降任务80%（含）以上。3. 当年本人新发放贷款不良率控制在2%（含）以下。4. 完成本网点所分贷款利息收入任务80%（含）以上。5. 服从本网点工作安排，团结互助，积极协助完成本网点其他各项基础性工作	凡同时符合4（含）项以上条件的均可评为助理级客户经理，但在当年有违规行为并受记大过（含）以上处分的不能参加当年客户经理等级评定
初级网格负责人	1. 完成本网点所分全年贷款投放任务90%（含）以上。2. 完成本网点所分不良贷款压降任务90%（含）以上。3. 当年本人新发放贷款不良率控制在1.8%（含）以下。4. 完成本网点所分贷款利息收入任务90%（含）以上。5. 服从本网点工作安排，团结互助，积极协助完成本网点其他各项基础性工作	凡同时符合4（含）项以上条件的均可评为初级客户经理，但在当年有违规行为并受记过（含）以上处分的不能评定为初级客户经理
中级网格负责人	1. 完成本网点所分全年贷款投放任务100%（含）以上。2. 完成本网点所分不良贷款压降任务100%（含）以上。3. 当年本人新发放贷款不良率控制在1.5%（含）以下。4. 完成本网点所分贷款利息收入任务100%（含）以上。5. 服从本网点工作安排，团结互助，积极协助完成本网点其他各项基础性工作	凡同时符合以上5项条件的均可评为中级客户经理，但在当年有违规行为并受警告（含）以上处分的不能评定为中级客户经理
高级网格负责人	1. 完成本网点所分全年贷款投放任务120%（含）以上。2. 完成本网点所分不良贷款压降任务120%（含）以上。3. 当年本人新发放贷款不良率控制在1.5%（含）以下。4. 完成本网点所分贷款利息收入任务120%（含）以上。5. 服从本网点工作安排，团结互助，积极协助完成本网点其他各项基础性工作	凡有4项同时符合以上条件且另1项符合中级客户经理条件的均可评为高级客户经理，但在当年有违规行为并受通报批评（含）以上处分的不能评定为高级客户经理
资深网格负责人	1. 完成本网点所分全年贷款投放任务150%（含）以上。2. 完成本网点所分不良贷款压降任务150%（含）以上。3. 当年本人新发放贷款不良率控制在1.5%（含）以下。4. 完成本网点所分贷款利息收入任务150%（含）以上。5. 服从本网点工作安排，团结互助，积极协助完成本网点其他各项基础性工作	凡有4项同时符合以上条件且另1项符合高级客户经理条件的均可评为资深级客户经理，但在当年有违规行为并受相关处分的不能评定为资深级客户经理

5. 数据支撑

长期以来，客户建档评级过程中数据的真实性、准确性、完整性缺失，为完成目标任务，工作过程中随意性大，甚至弄虚作假情况时有发生。根据网格化管理营销的网络划分、岗位职责，沿河县农信社对战略创新作了总体规划部署，全面实施"收集大数据、实施云计划"战略规划，建立了客户数据综合管理系统，以支撑各项业务快速稳健地发展，核心工作是客户数据的采集、分析和运用，最终实现综合管理，网格化营销。

采用基层一线操作性高、可控性强的客户数据综合管理系统工具，实现客户资源数据采集、客户信用等级评定以及客户数据的运用。客户基础信息的实时采集管理，创新"采集—审核—入库"工作流程，确保数据采集管理过程中真实性、准确性和完整性，有序开展建档评级授信工作。汇集各类数据进行综合汇总分析等，为各业务条线提供数据支撑，推动客户培育、市场拓展、业务发展。

在具体工作中，首先，基层网点客户经理进村入户利用"平板电脑"对农户信息数据进行采集，对客户经理是否进村入户工作和农户的资产等信息的真实性，以实时电子图片佐证。其次，客户经理通过系统自动评定农户的信用等级和授信额度，并将初评结果报"评定小组"，通过集体讨论后的数据，传输至县农信社管理部门。最后，县农信社审核审查岗对网点上传的每一户农户信息数据和真实性、完整性、有效性等方面进行专项审核，对符合规定并审核通过的，导入服务器存储；审核人员对各项数据有疑问的，将农户信息数据返回网点，客户经理完成整改后补报县农信社。

农户建档评级系统推行后，如果客户经理仍按以前的方式"闭门造车"、不深入村寨不进村入户进行建档评级，则不可能完成全流程工作，而系统通过数据化、标准化管理，全辖区的农户建档评级授信信息的真实性、完整性、有效性就得到了切实保障。

五　沿河县农信社推行网格化管理取得的主要成效

(一) 网格化管理极大地提升了普惠金融服务农民脱贫攻坚的成效

沿河县甘溪镇关联村是县农信社结对帮扶村，2016年县农信社将甘溪信用社管理该村的网格员任命为驻村第一书记。网格员经常进村入户了解，采集农户信息，了解产业结构，走访建档立卡贫困户，掌握不良贷款户动态，与村组干部进行座谈讨论发展致富问题，充分了解帮扶村的贫困状况，分析致贫原因，在充分分析当地气候、土壤、地形等条件后，最后商定由村委会成立合作社，吸引村民通过资金、土地、劳动力入股，提出产业发展的大致方向。县农信社扶贫事业部广泛咨询意见，最后聘请专家组进行现场综合评估决定方案，采取了"民心党建+信合+一村一品"、由县农信社定向帮扶、甘溪信用社对合作社每个成员授信10万元用于发展产业的帮扶方案，同时管片信贷员（驻村第一书记）通过金融夜校宣传农信社惠农政策。2019年，合作社猕猴桃丰收，实现每户年均收入3万余元，带动就业100余人。该村信用农户贷款户45户，而不良贷款只有1户，信用环境得到极大改善。

（二）网格化管理极大地提升了县农信社员工管理的绩效

县农信社城区网点第三储蓄所网格员田某某是一名业务能力相当强的员工，本已2018年申请好半年的产假，在家休假3个月后，得知该社另一名柜员等级考核定为三级柜员后，主动申请提前回到单位继续上班，参与下半年的定级考核，并取得了良好业绩。

中寨分社客户经理高某某，放弃春节与家人团聚的机会，利用春节外出务工人员返乡过节，在集镇、村里开展返乡农民工宣传，同时催收不良贷款，通过其不辞辛劳、兢兢业业的工作，该员工所领绩效工资创下所有同岗位客户经理的新高，在某一个月绩效工资就高达1万余元。

（三）网格化管理优化了县域普惠金融市场的生态

通过网格化管理营销，做实做好农村金融服务工作，对农户的建档评级工作质量全面扭转，授信额、贷款面持续提高，农户贷款不良率、不良面持续下降，金融服务满意度和知晓率持续提高。

县农信社城区河西分社有序开展网格划分、信息采集、客户营销等工作，重点突破客户信息采集，精准营销初见成效。一是科学划分，做好网格调研。按照"方便客户，便于管理"的原则，根据客户经理管户情况等把网格分配至客户经理、分理处负责人，达到"定格、定岗、定责"。之后对目标网格进行了深入的市场调查，尤其是新建的几个社区，对接当地村委会及物业管理人员，了解目标网格人口数量、年龄结构、收入水平、习惯偏好等信息，初步获得了社区内客户名单、身份信息、房产信息等资料。二是多措并举，做好信息采集。该网点把信息采集工作列入常规重点工作，把采集任务进行了初步划分，制订计划，让客户经理做到心中有数，让信息采集形成常态。要求客户经理记录到日志上、落实到行动上、体现在汇报中。每日晨会汇报近日采集计划，每天留出固定时间进行采集，次日汇报采集情况及遇到的问题及难点。三是精准发力，做好客户营销。根据前期调研及充分讨论，对网格内客户需求进行了总结，拟定出有针对性的营销策略及产品组合，让采集人员带着产品上门，增强沟通有效性、营销成功率。如在陶瓷市场针对经营多年的熟户推广"智能POS机终端+信用贷款"的产品组合，在花卉、农贸市场推广"定期存款+免费残损币兑换+聚合支付"产品组合等，近期重点开展零售类贷款营销及存款利率上浮宣传，增强网格内客户黏性，改善了当地普惠金融市场的生态环境。

第五节　镇宁县金融驻村干部扶贫调查

金融机构委派挂职驻村干部到贫困地区是金融机构践行普惠金融发展理念、贯彻落实中央普惠金融发展战略的一项重要举措，也是我国发挥党的集中统一领导政治优势、金融机构人力资源优势，在普惠金融发展模式和路径上的重大创新。

镇宁布依族苗族自治县（以下简称镇宁县）位于滇黔桂石漠化集中连片特困区，县域面积1713.3平方公里，2018年年底常住人口28.72万人，居住着汉族、布依族、苗族、仡佬族、土家族、瑶族、彝族、回族、蒙古族、白族等23个民族，少数民族人口占比为36.8%。贫困人口从2017年年底的3.82万人降至2018年年底的0.63万人，贫困发生率从10.77%降至1.78%。

在镇宁县脱贫攻坚的历史进程中，金融系统挂职驻村干部发挥了独特作用。2015年以来，一支骨干力量活跃在广大农村，发挥着重要作用，尤其是在党组织软弱涣散村、建档立卡贫困村，成为村党组织的"顶梁柱"，成为带领村民共同致富、建设新农村的"主心骨"，是农村基层党组织带头人队伍的重要组成部分。这支力量就是金融系统驻村第一书记。

本调研以镇宁县农信社在镇宁挂职驻村干部为调研对象，了解他们的工作和生活状态，分析他们在驻村扶贫中取得的成效，发现存在的问题，并提出改进的建议。

一 金融干部挂职驻村的背景

2015年2月，镇宁县所在的安顺市全面启动创建全国首家"农村金融信用市"工程。在创建全国第一家"农村金融信用市"的背景下，镇宁县委、县政府深感基层干部队伍思路不开阔、素质不高、干劲不足、资源不广、办法不多的问题比较突出。而金融机构则集聚了一大批政治素质高、专业能力强、资源优势突出、年轻有活力的干部队伍。特别是镇宁县农信社作为当地最大的金融机构，不仅在干部队伍上有着与其他金融机构一样的优势，而且还具有熟悉当地风土人情、长期扎根基层、服务报效家乡发展情怀重的优势。

因此，镇宁县探索地方和农信社互派干部挂职交流机制，不仅能够促进普惠金融服务地方脱贫攻坚和长期发展，而且能够培养一批既懂经济、金融、经营，又懂管理的复合型干部，对镇宁脱贫攻坚任务的完成和长期可持续发展态势的形成，对农信社践行普惠金融发展理念都具有重要的意义。

2015年2月10日，中共镇宁县委发文，决定从镇宁县农村信用社选派干部到乡（镇）、村等部门挂职驻村，启动了金融系统挂职驻村工作。根据镇宁县委的相关要求，镇宁县农信社选派员工、中层领导干部共计64名到全县各个局办、乡镇挂职，到若干行政村担任第一书记。

二 金融挂职驻村干部的岗位安排与工作职责

（一）金融挂职干部的岗位安排与工作职责

金融挂职干部主要在相关局办、政府平台公司、乡镇担任行政副职。其主要负责招商引资、金融发展、扶贫、"三农"等工作，主要工作内容包括充分利用金融知识为政府部门和企业服务，加强对政府部门干部金融知识的学习和培训，特别是在争取信贷支持上发挥了牵线搭桥勇当"红娘"的作用，配合所挂职乡镇做好项目策划、招商引资、信贷融资、金融服务等工作。

（二）驻村第一书记的岗位安排与工作职责

2013年以前，安顺市共有1794个行政村。为了适应农村发展的形势需要，2013年年初，安顺市通过精简合并，把行政村的数量压缩至1007个。为了加强基层党组织建设、充实领导力量、提高领导素质，安顺市选派了市县机关、事业单位"业务骨干"到1007个行政村挂任村第一书记。2015年5月，安顺市按照中央部署，又从同步小康驻村工作组成员中选派优秀干部担任1007个行政村的第一书记，原来的第一书记转任帮村书记。第一书记和帮村书记的"双书记"模式是安顺市强化农村基层党组织建设的一项创新工作。

镇宁县信用社积极响应省、市、县党委，省联社党委以及安顺审计中心党工委的号召，充分发挥金融助力精准扶贫、脱贫攻坚的作用，认真总结银政互派积累的经验，主动参与选派机关优秀干部到村任第一书记工作。于2017年选派联社党委书记曾某某同志担任镇宁县丁旗街道办事处庆和村帮扶书记，王某某同志到该村挂职担任驻村第一书记。两位同志上任以后，快速转变角色，脚踏实地，全力投入庆和村经济建设、脱贫攻坚各项工作中。

三 挂职干部工作情况调查

2015年9月，镇宁县农信社选派罗某某同志到镇宁县简嘎乡担任副乡长，主要负责融资、扶贫等工作。2019年年初，我们对简嘎乡挂职干部工作情况及其成效进行了调研。

（一）简嘎乡情况简介

简嘎乡位于镇宁县最南端，总面积138.3平方公里，距县城106公里，2017年年底总人口1.2万人，其中少数民族人口占98.3%，布依族占全部人口的95%以上，其他少数民族还有仡佬族、苗族等。下辖8个行政村，38个自然寨，52个村民小组。简嘎乡耕地面积6234.9亩，人均耕地面积略高于0.5亩；林地面积2640余亩，人均林地面积只有0.23亩，其中用材林1650亩，经果林990亩；荒山草坡面积10余万亩。

（二）挂职干部的主要做法及成效

1. 坚持强化党建工作，引领各项事业健康发展

根据《关于进一步做好结对帮扶简嘎乡金融党建精准扶贫示范点工作的指导意见》（安农信党发〔2018〕14号）文件镇宁县农信社，于2018年3月成立安顺农信帮扶简嘎乡临时党支部，为基层党组织活

动提供了战斗阵地。临时党支部成立后，镇宁县农信社按照省联社《党支部标准化建设工作手册》标准化活动室示意图，为临时党支部开展"三会一课"、各类学习活动提供了有力保障。临时党支部由各县（区）行社结对帮扶派驻人员6人组成，党支部建立了每月两次的党支部会议制度，会议主要讨论和交流帮扶推进情况，分析存在的困难和问题，研究解决办法和具体措施。

党支部深入基层了解村情民意，充分摸清简嘎乡磨德村、翁元村、翁解村工作开展过程中的实际困难，采取了一系列卓有成效的措施。

首先是"打基础"。辅助完善村级基层党组织建设工作，分别为结对帮扶的村支"两委"改善基层党组织工作条件，购置了沙发、办公桌椅、电脑、打印机、空调及办公用品，同时将党的制度、党建工作栏、党支部宣传公开栏等上墙，增强党组织凝聚力，总计耗资14万元。

其次是"强宣传"。在各村设立结对帮扶责任牌，落实并强化各社责任担当，收集整理各村情况、帮扶措施、工作图片等制作展板，积极向上级领导、投资企业和人民群众宣传金融助推脱贫攻坚正能量，激发村民参与生产发展的内生动力。

最后是"扶志向"。积极结合党的十九大精神到各村召集农户开展宣讲活动，将党的十九大精神传递到贫困地区的村寨和群众中去，将国家发展、民族强大、经济振兴、精准扶贫等信息通过通俗易懂的农民语言有效传递，发动村内农户积极投身产业发展，依托政策倾斜、金融支持、辛勤努力实现自己脱贫致富、村组脱贫出列、乡镇脱贫"摘帽"。

2. 访民情、理思路，帮助当地农村做好村域发展规划

挂职干部不是高高挂起，而是要用铁钩子与当地脱贫致富和长期发展紧紧挂在一起、紧密结合在一起。原来的挂职干部往往存在人选不对路、不胜任、作用发挥不足、"两头不管"等问题。镇宁县农信社利用深耕农村几十年发展的优势，不仅与当地政府合作建立了挂职干部的定期考核机制，而且要求挂职干部深入群众、了解群众，与村干部和农户打成一片，工作生活在一起，才能掌握第一手资料，才能为村集体发展定策打好基础。镇宁县农信社在简嘎乡挂职干部不仅推动试点、龙头、大户工作，而且把重点放在走访基层党员干部、村组致富带头人、困难群众、五保老人、留守儿童、信访户等人群，真正做到了全面了解群众

所需所盼，摸清村情民情，为全面发展打牢基础。同时走访过程中与农信社农村信用工程建设紧密结合起来，为信贷资金支持村集体经济发展扫清道路，不仅把信贷有效地落实在发展需要的每一个环节，还保障了资金安全。

挂职干部利用自身的专业优势和信息优势，帮助厘清乡、村集体发展思路，结合农信社农村金融支持地方发展特色经济，厘清农信社优势，助推精准扶贫，助力脱贫攻坚要做、能做、比做的工作思路。一是要协助村支"两委"制订村域发展规划，根据发展规划制订驻村工作计划，列出具体的帮促项目，并抓好落实。二是要计划好农信社信贷资金支持的规模和力度，全力保障村域发展规划顺利实施。三是要利用农信社资源优势，结合"千企帮千村"等项目，引导优质客户资源对口开展产业帮扶，以强带弱促发展，增强贫困户"造血"功能，提升村集体经济自主发展能力。

3. 树形象、送知识、增信心，激发农民脱贫内生动力

挂职干部在帮扶过程中，以"铁脚杆"的精神，不惧山高路远，充分发挥人缘地熟优势，翻山越岭、走村串寨为贫困农户送来了党和政府的关心、送来了脱贫致富的金点子、送来了农信社支持的真银子，展现和提升了农信社及挂职干部的良好形象，积极承担并履行了社会责任，用一言一行刻画了农信社"支农主力军"和"扶贫攻坚手"的具体形象。

挂职干部还充分发挥自身优势，采取组织开展金融夜校、村民小组会、座谈会等群众易于接受、喜闻乐见的形式，向群众宣传党的方针政策、支农惠农政策以及普及农村金融知识等。随着经济社会的发展，农户的金融需求不再局限于如何识别假币、如何存取钱、如何贷到款等浅层次。金融驻村干部要紧扣时代发展特色，围绕新时代多渠道发展致富、互联网高效快捷金融业务、理财增值服务等多元化需求，全方位深入开展政策、法律、法规以及金融知识宣传普及。同时与各级政府专业技术部门联合开展新型农业技术技能、生态环保产业发展技术等知识宣传培训，强化农村健康可持续产业发展观念的教育，既要帮助农户脱贫致富，又要杜绝"竭泽而渔""寅吃卯粮"等不合理现象的发生。

在挂职干部看得见、摸得着的实际行动影响下，在致富带头人良好示范带动下，广大当地农民，特别是贫困户增强了脱贫攻坚的决心和信

心，克服了传统的"等靠要"思想，树立了依靠勤劳致富的志气，带动参与其中的贫困户不再"等靠要"，开始积极主动通过付出辛勤劳动来获取收入。现在不仅原来村里的留守老人积极参加种植养殖生产，而且有一批外出务工人员也加入了回乡发展的大潮中，这些外出务工人员又成为当地更好更快脱贫攻坚的新生力量。

挂职干部还积极帮助当地农户改变传统经营思维，从过去的"养殖产仔"模式转变为现在的"养殖育肥"模式，拓宽了经济收入获取渠道，提升了人力、物力、财力及时间成本的投入效率，极大地提升了经营效益。

4. 坚持以产业帮扶为重点，增强长期可持续发展能力

挂职干部认真分析当地的产业优势和薄弱环节，并主要抓了积极走访和动员致富带头人、帮助养殖扶贫示范点的选址论证、解决发展资金不足、发动贫困户参与产业发展等工作。

2018年2月帮助9个养殖扶贫示范点确定了选址，分布在简嘎乡磨德村、翁元村、翁解村，共筹集建设资金177万元投入基础设施建设。9个养殖扶贫示范点于2018年3月全部竣工，占地面积达2240平方米，并于2018年4—6月投入生产经营，现养殖规模为400头，由9名致富带头人带动18户贫困户进行养殖产业发展，预计年销售能达1000余头，实现净利润80余万元，人均增加净收入3万元。

除了结对帮扶村通过打造养殖扶贫示范点的方式带动贫困农户脱贫致富以外，挂职干部还结合当地党委政府的产业规划积极投入信贷资金支持村级产业加速发展，截至2018年6月末，在简嘎乡8个行政村分别发展了如下产业项目：一是肉鸡、蛋鸡养殖总规模10万羽，涉及5个行政村，已投入信贷资金154万元进行支持。二是生猪养殖计划建设50个家庭农场，每个家庭农场占地5亩，容纳800—1000头育肥猪，遍布所有行政村，目前已投入信贷资金120万元进行支持。三是在磨上村落地的冷水鱼养殖项目，已投入信贷资金34万元进行支持。四是生态鹅养殖总规模5万羽，涉及3个行政村，已投入信贷资金344万元进行支持。

在金融助推脱贫攻坚期间，借助信贷资金力量支持各村发展多元化、科学化、规模化养殖产业，同时也对特色种植业给予有力扶持。在

挂职干部的协调下，镇宁县农信社简嘎分社累计投放信贷资金2100余万元用于支持简嘎乡发展"蜂糖李"种植，通过扩大种植规模、扩大贫困户覆盖面来带动老百姓投身产业发展。

四 驻村书记工作情况调查

2017年，镇宁县农信社先后选派曾某某和王某某到镇宁县丁旗街道办事处庆和村担任驻村书记。

（一）镇宁县丁旗街道办事处庆和村简介

丁旗街道办事处庆和村坐落于丁旗镇人民政府所在地西南面，由原营盘村、马寨村合并而成，距离街道办事处所在地2公里，全村由箐口寨、营盘寨、马寨、关口寨4个自然村寨组成，共11个组，耕地面积1860亩，2017年年底总人口1790人，农户共448户，民族构成有汉族、蒙古族、黎族、布依族，其中精准扶贫户67户259人。村支"两委"成员4人，全村党员44人。大部分村民经济来源以经商或者外出打工为主，留守村民主要从事生姜、工业辣椒、时令蔬菜、水稻、芋头、草莓、清脆李种植等，以及猪、牛、鹅、鸡等养殖。

（二）驻村书记在引领发展中的主要做法及成效

1. 提高站位强化基层组织建设

俗话说"火车跑得快，全靠车头带"。脱贫攻坚，必须强化基层党组织建设，打造农村脱贫致富在火车头。曾某某和王某某同志上任后，在村支部书记张某某、村主任廖某某等同志的协助下，采取了一系列措施强化和完善基层组织建设。

一是传递思想，当好党的十九大精神的宣讲员。作为共产党员，同时又是该村的帮扶书记和第一书记，为把党的十九大精神和富民惠民政策深入宣传到人民群众心中，组织开展"新时代农民讲习所"活动，为该村村民详细介绍党的十九大召开的历史背景、重大意义并对党的十九大报告中关于经济、金融部分进行解读。宣讲过程中，通过谈政策、讲故事、举例子等方式，深入浅出地阐述了党的十九大报告，使参会人员在通俗易懂的话语中对党的十九大精神和习近平总书记系列重要讲话精神有了重新的认识和了解，这既是一次宣讲，又带给身处贫困地区的群众决胜脱贫攻坚的决心和勇气。

二是加强组织领导和党员队伍建设。在第一书记带领下，重新梳理了党支部会议制度、学习制度、工作制度，明确了支部成员的岗位职责和分工范围，同时定期召开党员大会，把全体党员团结在党支部周围，让他们在农村生产、扶贫攻坚和移风易俗中发挥先进带头作用。

三是抓好党费收缴管理工作。庆和村根据上级党委要求，组织党员认真学习党费收缴的政策规定，认真开展了党费收缴核查工作，健全专人管、足额收、及时缴、定期查的工作机制。通过党费收缴，教育引导党员强化党员意识、增强党性观念、严守组织纪律。

2. 深入群众摸清家底实情

为了掌握庆和村在组织建设、群众思想状况、精准扶贫、群众经济收入以及道路、水利等基础设施建设方面的具体状况，"双书记"主要采取了以下三种方法，摸清村情。

一是同村干部座谈，探讨庆和村经济发展规划、土地流转、农民增收措施、精准扶贫，村容整治等。

二是深入农户家中走访了解，主要了解经济收入、外出务工、掌握技术情况以及养老医疗等状况。

三是实地查看，看村庄规划、农民生产经营状况以及环境综合整治等状况。通过深入群众了解实情，为以后精准扶贫、精准脱贫工作的顺利开展奠定坚实的基础。

3. 助力脱贫促发展，成效斐然

"双书记"到庆和村帮扶、驻村以来，本着实事求是的原则，全面推进了庆和村帮扶工作，取得了显著成效。

一是改善村委办公环境树形象。积极协调街道办、农信社，新建村委会办公楼，农信社还帮扶14.5万元资金硬化新建的村活动室公路100米及院坝1000平方米。同时增加了功放机1台、高音喇叭3个、打印复印一体机1台、电脑1台、沙发两套，购置茶几、办公桌椅、铁皮文件柜、洗衣机、床、炊具等工作生活设施，完善宣传工具和解决村干部的后勤保障。

二是强化沟通化解矛盾。"双书记"常驻村里，每天都到群众家里、田间地头，加强与农民的沟通，增进双方的了解互信，同时针对村民之间因为宅基地、自留地、承包地以及其他琐碎小事引起的纠纷，"双书记"通过耐心细致的思想工作，及时解决群众纠纷和矛盾12起，同时用心帮助群众排忧解难，从根本上消除了矛盾的诱因。

三是着力扶贫谋发展。"双书记"用精准施策帮助贫困户脱贫，通过努力仅用一年时间就完成脱贫 23 户 89 人，易地扶贫搬迁 4 户 20 人，危房改造 10 户，助学救助 25 人，推荐就业 8 人，并在 2018 年年底实现全村减贫摘帽。同时协调信贷资金支持，解决了农户生产经营资金困难。截至 2018 年 9 月 30 日，贷款户数 104 户，贷款户数占总户数的 23.21%，贷款金额 678.7 万元，余额 657.3 万元，其中精准扶贫户的贷款户数 28 户，扶贫贷款户数占总扶贫户数的 58.33%，贷款金额 117.5 万元，余额 112.8 万元。因地制宜实施乡村振兴战略，按"三权"促"三变"改革的思路，组织实施小黄姜种植、工业辣椒种植、食用菌种植、蔬菜种植、建草莓大棚 45 个 28 亩，让土地承包经营权成为农民的资产权，做到脱真贫、真脱贫。

四是狠抓农村信用工程，促进诚信环境建设。庆和村自 2015 年 3 月评定为信用村以来，村支"两委"坚持推进农村信用工程建设，"双书记"上任后，更加注重诚信环境建设。截至 2018 年 9 月 30 日，为全村 11 个组、448 户建立了经济档案，建档面为 100%，剔除长期外出、超龄和其他不能参与评级的 6 户，应评级 442 户，占总农户数的 98.67%，已评级 442 户，评级面达 100%，评上信用等级的农户 371 户，信用农户占比 100%，授信金额达 1824 万元。"双书记"带领村支"两委"引导农户配合农信社维护信用村荣誉，各项指标均符合信用工程"回头看"达标升级要求。

五是助"龙头"，以强带弱促发展。致富带头人王朝宇，兴办镇宁江宇种养殖农民专业合作社，从事草莓种植项目，占地面积 32 亩，45 个草莓大棚，草莓基地建设及生产投入共计约 108 万元。村支"两委"大力协调土地流转支持建设，"双书记"协调农信社信贷资金 54 万元扶持发展，并引导合作社社员入股和用工时优先考虑贫困户。合作社成员共 11 人，其中贫困户 5 人，长期工 7 人（其中精准扶贫户 4 人），每年季节性招工 480 余人，均优先聘用贫困户做工。短短一年多的时间，王朝宇创业就业得到发展，不仅带动精准贫困户就业脱贫，还帮助丁旗信用社盘活了信贷不良资产 1 笔，约 11 万元。

五 结语

镇宁县农信社在选派挂职驻村干部帮助当地脱贫攻坚和长期发展中已经取得了令人瞩目的成绩。在调研中也发现，挂职驻村干部绝大多数是 35 岁左右的中青年骨干，他们上有老、下有小，事业上也处于爬坡过坎的关键阶段；他们舍小家顾大家，长期坚守在脱贫攻坚的第一线，付出了艰苦的努力，甚至付出了令人难以置信的牺牲。为了把金融机构干部挂职驻村这一做法变成可以固化、可以复制推广的模式，还需要地方政府和金融机构之间协同发力，在事业发展上给挂职驻村干部以更多的机会，在个人家庭生活上给挂职驻村干部以更多的关心，在薪酬待遇上给挂职驻村干部以更大的激励。

第六节 西南民族特困区创新普惠金融产品与服务调研

普惠金融产品与服务创新既是普惠金融创新的基础，也是与用户对接金融服务的主阵地。

一 普惠金融产品创新

普惠金融产品创新主要分为基于技术创新的普惠金融产品、基于管理创新的普惠金融产品和基于综合创新的普惠金融产品。

（一）基于技术创新的普惠金融产品

在互联网、大数据、云计算、人工智能等新技术快速发展、应用场景不断丰富的背景下，传统普惠金融产品与这些技术的结合极大地推动了普惠金融产品的创新。云南、贵州、四川等西南地区的金融机构成功开发了一系列基于新技术的普惠金融产品。

1. 建行云南省分行"快贷"系列产品

建行云南省分行开发的"快贷"系列产品包括"快 e 贷""车 e 贷""质押贷"三个产品，主要应用互联网和大数据技术，对小微企业和个人客户的资产、负债和信用信息数据进行深度模型分析和授信评价，全部通过网上自助办理借贷业务。经过产品设计和业务流程的重构，用户实现了网上办理贷款申请、网上放款、网上监督用款、网上还款。用户归还贷款时既可提前还款，也可按期还款；既可全部还款，也可部分还款,不需要预约和审批,还款后额度自动恢复,实现了借款的"额度循环、随借随还"。

从2015年2月上线,短短两个月的时间,建行云南省分行"快贷"产品就发放了近1100万元,有效地满足了小微企业和个人的信贷需求。"快贷"系列产品的推出极大地增强了建行云南省分行对小微企业和个人用户的放款规模。截至2018年年底,个人贷款用户数量达到53.7万人,贷款规模达到1100亿元以上,申贷获得率达到87%,不良率只有0.3%;小微企业用户数量达到2.5万户以上,贷款规模近300亿元,申贷获得率超过90%,不良率只有0.8%。

2. 农行四川省分行"惠农e贷"系列产品

农行四川省分行为了服务乡村振兴战略,于2018年年初推出了"惠农e贷"系列产品。该系列产品包括"姜农e贷""茶农e贷""果农e贷""烟农e贷""农家乐e贷""扶贫e贷",能够根据农户金融资产、家庭财产、历史信用记录、生产经营等多维数据,运用互联网和大数据技术分析筛选客户并建立信贷模型,实现网上系统自动申请和自动审批,农户快捷使用贷款。

截至2018年10月底,四川农行已经有139个县域支行发放了"惠农e贷",贷款余额达20亿元,支持农户3.65万户。

阿坝藏族羌族自治州是国家级深度贫困地区,当地旅游资源丰富,正在创建全域旅游示范区。农行阿坝分行抓住乡村旅游蓬勃发展的历史机遇,以支农惠农为己任,通过"惠农e贷"帮助当地农民发展农家乐特色产业,针对当地重点旅游乡镇、特色乡村,实行"农家乐"贷款名单制管理。张登云夫妇是阿坝藏族羌族自治州卧龙地区知名的致富带头人,2018年3月农行阿坝分行通过"惠农e贷"向其发放农家乐贷款90万元,支持其农家乐经营,截至2018年10月底,短短7个月实现营业收入80万元,利润30多万元。

凉山彝族自治州也是国家深度贫困地区。农行凉山分行针对凉山州烟叶特色产业,在"惠农e贷"产品中开发了"烟农e贷"产品。该产品不仅免抵押、免担保,而且通过央行再贷款支持给予利率优惠,对当地烟草产业发展起到了实实在在的支持作用。截至2018年10月底,农行凉山分行通过"烟农e贷"产品向461户烟农发放贷款1059万元。

(二) 基于管理创新的普惠金融产品

1. 建行贵州省分行"新租贷"产品

"新租贷"是建设银行贵州省分行针对承担公租房建设和管理的地方政府平台公司拥有大量公租房但负债率较高、负债成本较高、短期现金流紧张而长期现金流持续增长的特征，于 2018 年 1 月创新推出的一款新型借贷产品。"新租贷"产品期限最长 25 年，年利率只有 4.9%。截至 2019 年 6 月末，该行累计投放"新租贷"5.37 亿元，支持各类公租房项目 6 个，盘活房源 10000 余套，解决近 2 万人需求。同时，该行持续加大对全省公租房排查力度，已调查房源 58.58 万套，储备项目 10 余个，涉及信贷金额 16.8 亿元。

为了更好地推进"公租贷"产品的落地，建行贵州省分行还协助地方政府制定完善公租房管理办法，推动公租房资产划转至国有平台公司市场化运营，规避新增政府隐性债务。另外，为加强房源管理，建行贵州省分行还与地方政府共建房源线上管理系统，实现房源信息公开透明，同时通过引入人脸识别等技术搭建公租房智慧社区，提升公租房社区品质，提升政府、企业管理公租房能力，这有助于构建诚信体系，而且缓解了租金定价低收缴难等公租房管理难题。

2. 国开行贵州省分行"扶贫中期票据"产品

为支持贵州省基础设施建设，国开行贵州省分行于 2017 年 9 月针对贵州省高速公路集团设计和发行了"扶贫中期票据"。

2018 年 6 月，中国银行间市场交易商协会紧抓国家资本市场扶贫政策窗口期，推出了发行扶贫债融资工具的政策，扶贫债募集资金用于贫困地区基础设施建设、易地扶贫搬迁或产业扶贫项目，是具有专项标识的债务融资工具产品。

国开行贵州省分行积极响应中国人民银行、交易商协会号召开发创新产品和服务脱贫攻坚战略，于 2017 年 9 月成功注册贵州高速集团 100 亿元专项扶贫债券，并首期发行 15 亿元，成为全国首单募集资金全部用于扶贫用途的专项扶贫中期票据，同时也是目前市场上注册金额最大的扶贫债务融资工具。

截至 2019 年 4 月，国开行贵州省分行"全国首单专项扶贫中期票据"已累计发行 6 期，累计募集资金达 65 亿元，占全国同类型产品募集资金的比例高达35%，发行票据募集的资金全部用于支持贵州省遵义、毕节、黔东南、黔南、黔西南等地的公路项目建设，覆盖贵州省31个国家级贫困县，240万建档立卡贫困人口因此受益。

3. 基于综合创新的普惠金融产品

（1）云南省"保险+信贷"的银保合作产品。2014年8月，在云南省保监局、云南省金融办、云南省财政厅的推动下，云南创设了针对小微企业融资的"保险+信贷"的银保合作产品。2014—2018年，云南省财政每年拿出4000万元资金支持小微企业贷款，其中1000万元用于小微企业贷款增量风险补偿奖励，3000万元用于风险补偿资金，参与的保险公司有诚泰、大地、国寿财险以及太平洋财险，这4家保险公司组成共保体，云南省农信社、富滇银行以及工行云南省分行、中行云南省分行、光大银行昆明分行、华夏银行昆明分行等18家银行参与贷款试点。省级相关部门出台配套扶持政策，初步建立严控资金专款专用、风险共担机制和政府超赔基金、借款人失信惩戒机制、贷款风险叫停机制、欠款追讨机制等5道贷款风险防线。

2014—2018年，共有6700多户小微企业、农村各类生产经营性合作组织、农业种植养殖大户获得信用贷款，贷款总金额达到11.9亿元，不良贷款率保持在1%以下，带动12.3万贫困人口脱贫，实现了保险公司、商业银行、贷款户的合作共赢。

（2）云南省富宁县"保险+期货"普惠金融产品。云南省富宁县是国家级贫困县，境内居住着壮族、汉族、瑶族、苗族、彝族、仡佬族6个民族，其中壮族人口比例超过30%，少数民族人口超过75%。富宁县是郑州商品期货交易所定点扶贫县。郑州商品期货交易所经与当地县委、县政府深入探讨，在保险公司和期货公司的积极参与下，设计了"保险+期货"普惠金融产品。

"保险+期货"是针对当地白糖、橡胶等大宗优势产品设计的普惠金融产品。当地白糖、橡胶种植企业购买保险公司的白糖、橡胶价格保险产品，然后保险公司将保费收入在期货公司购买白糖、橡胶期货产品进行套期保值，将价格波动风险转移给市场。同时当地县政府拿出一定的财政资金补贴给保险公司，保险公司出售的保险实行价格优惠。2018年5月，富宁县陆章林等378户甘蔗种植大户不仅按照保险约定的兜底价 420 元/吨结算甘蔗款，还通过加入"保险+期货"领到了 135 万元的期货风险赔付金。

（3）贵州银行"土地复垦普惠+绿色贷款"。西南民族特困区在实施乡村振兴过程中面临建设用地指标不足和农民宅基地闲置两大相互关联的问题。一方面，国家严格控制建设用地指标、建设强度，面临建设用地严重不足的问题；另一方面，大量农民长期在外务工，加之移民搬迁外迁的农民数量增加，导致农村大量宅基地闲置不用，有的还成了危房。金融支持盘活农民闲置土地、帮助农民增收并扩大用地建设指标，就成了迫切需要解决的问题。为此，作者向贵州省人民政府提出了综合运用国家部委政策发行扶贫债的建议，得到了省长谌贻琴、常务副省长李再勇、副省长吴强等领导的肯定性批示。贵州银行推出的"土地复垦普惠绿色贷款"正是根据省领导批示要求而开展的普惠金融产品创新。

贵州银行推出的"土地复垦普惠绿色贷款"是金融机构落实国土开发保护制度、发展"普惠金融+绿色金融"的创新性尝试，是贯彻落实贵州省委、省政府"用好城乡建设用地增减挂钩等政策，多渠道筹集资金"的要求，破解贵州"耕地量少、建设用地量增加"结构性矛盾，践行"生态美、百姓富"发展理念的普惠金融产品创新的典型案例。

"土地复垦普惠绿色贷款"首先选择了滇黔桂石漠化集中连片特困区的紫云苗族布依族自治县、三都水族自治县，乌蒙山集中连片特困区的威宁彝族回族苗族自治县，武陵山集中连片特困区的沿河土家族自治县进行试点，之所以选择这四个县进行试点，是因为它们都是深度贫困县，建设用地指标可以跨省向对口支援的发达地区出售。

该产品操作模式是：贵州银行向县政府城投公司提供贷款，城投公司将贷款专门用于补充农民宅基地收购的补偿和复垦整理，通过宅基地复垦增加的建设用地指标跨地区出售给需要建设用地的地区，出售建设用地所得款项除用于归还贷款外，还可以统筹当地城乡融合发展。

贵州银行通过定制度、定方案、定产品，明确业务申报条件、尽职调查内容、审查审批要点、贷后管理要求及风险防控措施等，围绕"报、借、用、管、还"各个环节建立了工作机制。

截至 2019 年 3 月底，贵州银行已审批贷款 52.09 亿元，实现投放 31.99 亿元，覆盖贵州省 37 个县，县域覆盖率达 50%，整理土地 31.66 万亩，预计形成土地指标 17.13 万亩，受益农户达到 11.5 万元，带动脱贫人口 9.2 万人，促进了国家耕地保护制度的落实和土地的集约化有效利用，得到相关部门的肯定和赞许。

二　普惠金融服务创新

普惠金融服务创新对提升普惠金融发展水平、改善普惠金融生态环境具有重要影响。在地方政府、金融监管机构和金融机构的共同努力下，西南民族贫困地区普惠金融服务创新也取得了突出成绩。

（一）中国人民银行贵阳中心支行"蒲公英"金融志愿服务活动实现了辖区少数民族地区的全覆盖

为切实履行社会责任，以打通金融消费维权和金融知识精准普及"最后一公里"为目标，中国人民银行贵阳中心支行自 2015 年起组建"蒲公英"金融志愿服务队，持续深入推动"蒲公英"金融志愿服务行动，2017 年着力打造"蒲公英"精品品牌，全面提升"蒲公英"金融志愿服务的广度和深度，稳步推动贫困村实现"蒲公英"金融志愿服务对村帮扶全覆盖，即实现了以黔东南州苗族侗族自治州、黔南布依族苗族自治州、黔西南布依族苗族自治州为重点的人口数量较少民族贫困村 100% 全覆盖，实现了乌蒙山、武陵山、滇黔桂石漠化三个集中连片特困区少数民族自治县、少数民族自治乡（镇）100% 全覆盖，实现了 2760 个深度贫困村"蒲公英"金融志愿服务对村帮扶 100% 全覆盖。2017 年，在少数民族地区布放"蒲公英"金融志愿服务咨询投诉电话公示牌 10125 块，招募"蒲公英"金融服务志愿者达 7892 名，联络员 4064 名，联系帮扶贫困村 8763 个。

（二）金融知识进课堂活动提升了少数民族青少年的金融素养

为了阻断贫困的代际传承，中国人民银行贵阳中心支行还强化对少数民族贫困地区中小学生等特殊群体的金融知识普及。针对学生知识背景、年龄结构和兴趣爱好，编制了《简易金融知识入门（小学版）》、《征信知识读本（中小学版）》、《普惠金融知识读本（职高版）》和《金融知识手册（高校版）》等系列教材；组织开发了"蒲公英"金融故事会、"蒲公英"金融知识漫画、"蒲公英"金融知识简本和《"蒲公英"金融知识笔记本（校园版）》等普及宣传系列产品；充分运用新媒体手段，推出："蒲公英"金融广播——"老王家的金融故事"（13期）、《金融知识西游篇》动画片、《阿衣为您讲金融》系列动画视频（5期）、金融知识公益宣传系列微电影《你骗不了我》（3季），这些活动已经在乌蒙山、武陵山、滇黔桂石漠化三个集中连片特困区的26所小学、15所中学、6个职业学校进行了开展，这极大地提高了金融知识普及宣传的覆盖面和针对性。

（三）金融夜校成为西南少数民族农民普及金融知识的"大学"

黔南布依族苗族自治州位于滇黔桂集中连片特困区，是典型的少数民族集聚区，境内除汉族外，还居住着布依、苗、壮、水、侗等37个少数民族。农民获取金融知识渠道的欠缺导致金融知识的不足和金融素养的不高，这成了当地发展普惠金融的短板。

黔南州农信社为了破解农民金融知识不足这一难题，于2014年年初创新开展"金融夜校"活动。金融夜校针对农村群众日出而作、日落而息的作息习惯，由农信社抽调业务骨干利用晚上休息时间在农村开展金融知识普及推广活动。这一活动一经推出，不仅受到了广大农民的热烈欢迎，被当地群众称为"农民金融大学"，而且得到了贵州省委、省政府的高度重视，新华社、《人民日报》、中央电视台等媒体也进行了广泛报道。在贵州省农信社的统一组织领导下，制定了"贵州省农信社金融夜校与金融知识普及三年行动规划"，进一步完善了金融夜校活动机制。

"金融夜校"现在已经做到"三统一"和"三灵活"。所谓"三统一"就是夜校内容、培训和流程"三统一"：一是明确授课内容，包含金融基础知识、金融法律知识、诚实守信意识、金融常用技能等。二是培训组织和标识统一，全部由农信社负责组织，设计统一的形象标识。三是流程统一，由农信社制定统一的运作流程。所谓"三灵活"，就是活动形式灵活、师资队伍灵活、活动场地灵活：首先是形式灵活，可以采用集中讲座、知识竞赛、游戏等形式。其次是师资灵活，邀请的师资既有农信社的业务领导和骨干，也有金融监管部门的领导，还有高校的专家。最后是场地灵活，举办金融夜校的场地有村委会办公室、广场、田间地头等。

截至 2018 年年底，贵州省农信社举办金融夜校 21 万场次，培训人数达 492 万人次，对提高农民金融素养、增强金融意识、获取金融服务等方面发挥了重要作用。

（四）西南地区以移动支付为方向的支付服务创新走在全国前列

支付服务是最基本的金融服务，移动支付是支付创新的发展方向。贵州省在推动移动支付技术创新、管理创新和应用创新方面已经走在全国前列。贵阳市作为中国人民银行和国家发改委确定的移动电子商务科技服务创新试点城市和"移动支付便民示范工程示范城市"，2017 年出台了《贵阳市推动便捷支付工作实施方案》（筑府办函〔2017〕78 号）。目前，消费者通过使用"云闪付"APP，在绑定个人银行账户的基础上，可以实现Ⅱ/Ⅲ类账户开立、线上账户管理、手机 PAY、二维码支付、免密免签支付、收款转账、远程支付等移动金融功能。据蚂蚁金服旗下支付宝在 2018 年 1 月 3 日发布的 2017 年全民账单显示，贵州全省的移动支付占比高达 92%，位居全国第一，比全国平均水平高 10 个百分点。

第七节　西南民族地区普惠金融技术平台调研

现代普惠金融的发展离不开技术平台的支撑。世界银行于 2014 年发布的《世界普惠金融发展报告》认为非洲赞比亚等国家的偏远地区因为互联网技术平台的支持极大地提升了其金融服务的覆盖面、渗透率和质量。在金融监管部门和金融机构的共同努力下，我国西南民族地区在开发利用普惠金融技术平台方面进行了大量探索创新，取得了明显成效。本节以四川新网银行开发的"金融大数据技术与应用综合平台"和中国人民银行贵阳中心支行开发的"农村资源融资信息管理系统（区块链）"为例，对西南民族地区普惠金融技术平台创新进行研究。

一　四川新网银行"金融大数据技术与应用综合平台"

（一）四川新网银行简介

四川新网银行成立于 2016 年 12 月 28 日，注册在成都市高新区，由新希望集团、小米、红旗连锁等单位发起设立，既是全国第七家获批筹建的民营银行、第三家互联网银行，也是中西部第一家互联网银行。

2018年，新网银行实现营业收入13.35亿元，同时扭亏为盈，从2017年亏损1.69亿元到2018年实现净利润3.68亿元。新网银行还达到了较高的风险管理水平，2018年年底不良资产率仅为0.30%，不良贷款率只有0.39%，贷款拨备率达到了2.71%，拨备覆盖率高达693.03%。

2019年5月，该行获得科技部国家高新技术企业认定，是我国继微众银行之后第二家获得国家级高新技术企业认定的银行机构。

(二) 四川新网银行"金融大数据技术与应用综合平台"的构成及功能

"金融大数据技术与应用综合平台"是新网银行基于"数字普惠、开放连接"的特色化经营战略，"移动互联、普惠补位"的差异化定位，打造数字科技普惠银行的发展目标，践行普惠金融、支持实体经济、服务"三农"和小微的理念，而开发的金融大数据互联网采集、分布式存储、云计算和金融应用场景融合一体的开放式金融综合服务技术平台。

该平台主要由以下几个体系组成：

1. 互联网数据挖掘、存储架构体系

金融大数据是金融行业应用的基础。没有金融大数据，就不可能有金融应用的场景。互联网数据挖掘架构体系在坚持合规、可持续的原则基础上主要通过以下路径挖掘数据：一是选择与第一数据源合作，通过长期合作、规范运作、互利共享推进新网银行与合作方的数据合作，这种合作不仅有利于拓宽数据来源，而且有利于扩充数据维度。二是搭建数据挖掘平台体系，增强平台数据挖掘能力。平台是新网银行数据的重要蓄水池，为此新网银行构建了数据采集、处理、分析、赋能的平台体系，主要有互联网数据采集平台、第三方数据获取平台、离线数据计算平台、数据挖掘探索AI平台，同时在平台运作模式上进行开放式创新，允许、欢迎、吸引有关合作伙伴、研究机构、专业人士、银行用户使用平台，这不仅有利于扩大平台影响力，而且还实时积累多维数据，吸收社会各方的研究成果，形成银行、合作伙伴、用户以及社会各方的良性循环。三是打造大数据分布式存储和计算平台，将非结构化、半结构化、准结构化、结构化数据的集中采集、存储、加工、分析和应用统一到平台上来，从而实现丰富银行数据资源的目的。互联网数据挖掘架构体系如图2-6所示。

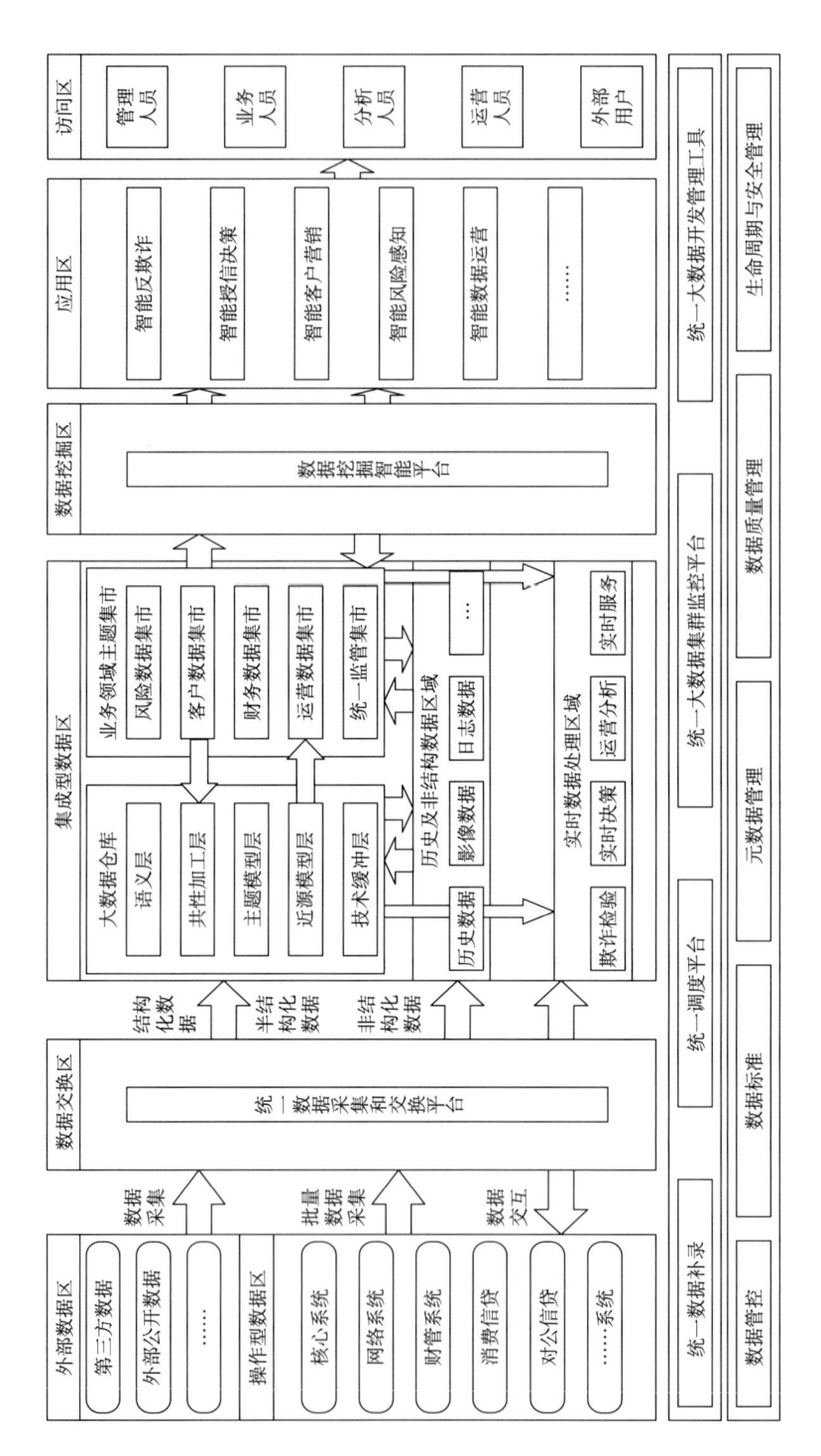

图 2-6 新网银行数据挖掘架构体系

2. 大数据智能运维架构体系

为保证平台运行质量，新网银行构建了大数据智能运维架构体系：一是构建了指标监控体系。在时序模型预测的基础上，对关机指标实现实时、全自动的监测。二是构建了应用性能智能分析体系。基于机器自学习技术和人工智能技术，对系统的关键应用性能进行实时分析，实现了数据与日志报错信息的自动化，对预警告警应用问题能够精准定位。三是建立了脚本库的自动修复体系。基于知识图谱技术和自动识别技术，能够厘清应用告警问题与修复措施之间的逻辑关系，从而不仅能够自动判断修复逻辑，而且能够对运行脚本进行自动修复。大数据智能运维架构体系如图 2-7 所示。

3. 大数据智能运营架构体系

大数据智能运营架构体系是平台的核心组成部分。新网银行的大数据智能运营架构体系主要包括以下部分：一是建立了统一运营的指标体系，包括实时数据和离线数据两大部分。二是构建了智能情绪感知系统。该系统能够及时发现和应对问题平台的负面风险。三是构建了数据可视化系统。通过分类聚类、情感分析、专题聚焦等技术手段和方法，对存管平台的互联网信息和数据进行综合分析，形成统计报告、图表等可视化分析结果，为提高运营效率提供决策支持。如图 2-8 所示。

4. 大数据智能风控体系

大数据智能风控极大地提升了普惠金融商业可持续能力。新网银行的大数据智能风控体系主要包括如下几个方面：①实时反欺诈系统。新网银行利用自己拥有的设备指纹、星网关联、生物探针等多项技术专利构建了实时反欺诈系统。②授信决策系统。新网银行建立了授信的指标、模型和决策树来支持授信决策。这些模型既有传统银行类风险模型，也有智能授信决策模型，特别是将机器学习信用模型应用到实时授信决策中，并通过深度学习、迁移学习、强化学习等前沿算法提升授信的精准性。③授信决策自升级系统。新网银行在参考 AB 测试框架的基础上，通过实时对比多组授信策略的表现，能够自动切换流量，实现授信策略快速迭代和自动升级。④用户贷后风险监测系统。在大数据实时跟踪的基础上，新网银行利用用户图谱技术，对用户进行精准贷后画像，可以对每一笔贷款的回收概率、回收风险、回收成本进行科学测

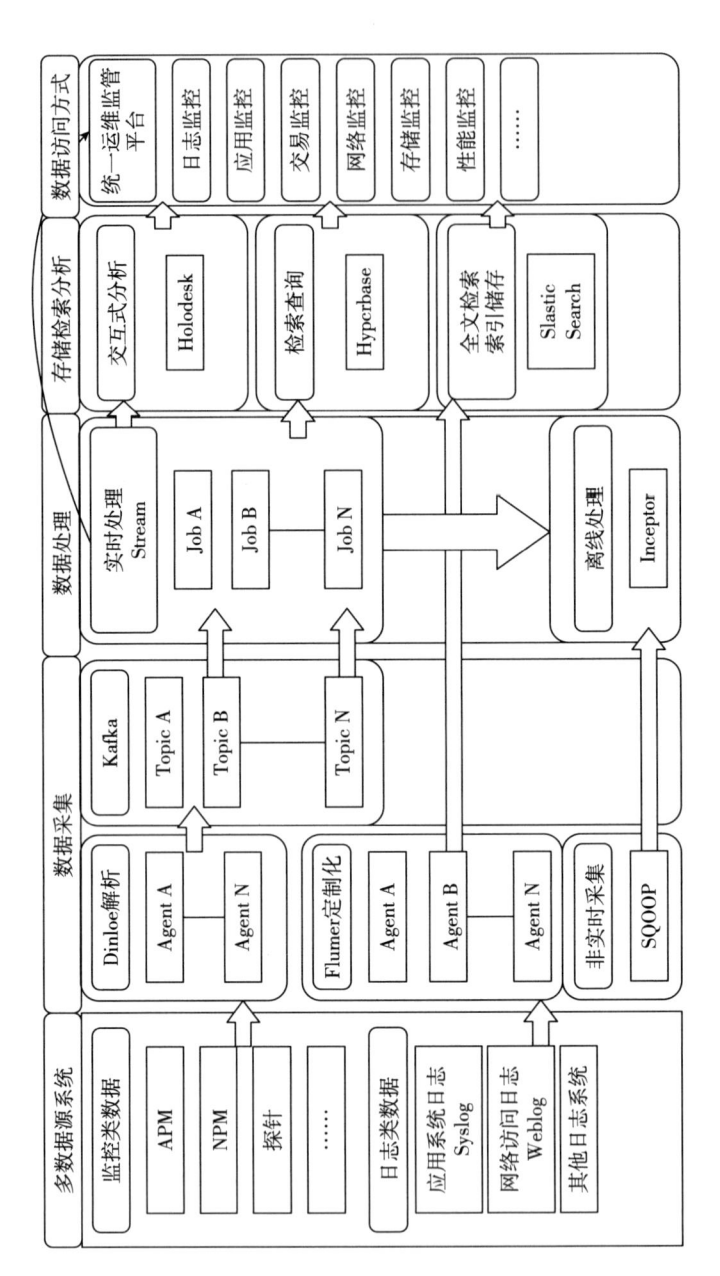

图 2-7 新网银行大数据智能运维架构体系

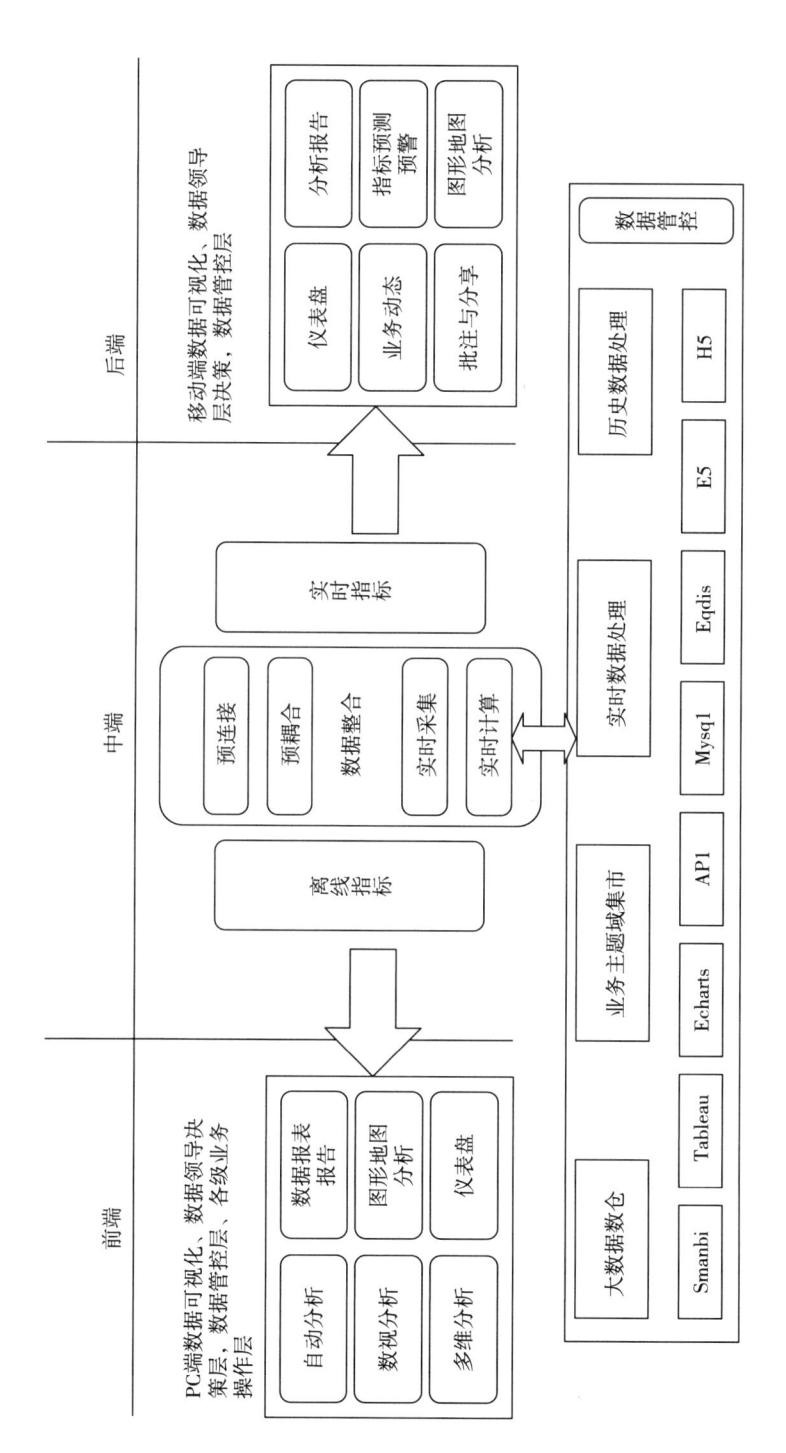

第二章 普惠金融支持西南民族地区短期脱贫与长期发展的现状调查

前端
PC端数据可视化、数据领导决策层、数据管控层、各级业务操作层
- 数据报表
  - 自动分析
  - 数视分析
  - 多维分析
- 图形地图分析
- 仪表盘

中端
- 离线指标
- 预连接
- 预耦合
- 数据整合
- 实时采集
- 实时计算
- 实时指标

后端
移动端数据可视化、数据领导决策层、数据管控层
- 分析报告
- 指标预测预警
- 图形地图分析
- 仪表盘
- 业务动态
- 批注与分享

大数据数仓 — 业务主题集市 — 实时数据处理 — 历史数据处理 — 数据管控

Smanbi | Tableau | Echarts | API | Mysql | Eqdis | E5 | H5

图 2 - 8 大数据智能运营架构体系

101

算，对于防范贷后风险起到了极大作用。反欺诈系统如图2-9所示，大数据授信决策系统如图2-10所示。

5. 大数据智能营销体系

大数据智能营销体系是新网银行秉承以用户为中心的理念，提升用户获得感、舒适度和黏性的重要技术支撑。为了在适合的时间向用户提供契合的服务，大数据智能营销体系能够360度实时分析用户在线行为，并且能够通过机器学习模型准确判断用户需要什么样的业务和服务，判断用户在享有服务和办理业务的过程中有什么样的困难，用户的商业价值有多大，用户的忠诚度有多高，在此基础上，可以通过网络、微信、电话甚至登门拜访等手段，进行精准营销、智能服务。大数据智能营销体系如图2-11所示。

（三）"金融大数据技术与应用综合平台"应用实践效果分析

新网银行"金融大数据技术与应用综合平台"在应用实践中取得了突出的成效。

1. 实现了从"场所驱动"到"场景驱动"的转变

"金融大数据技术与应用综合平台"使新网银行的业务管理和拓展彻底摆脱了传统的时间、空间限制，打破了传统银行对实体营业网点的依赖，网络触达的地方都成为新网银行的虚拟营业网点。

传统银行业务仍然处于以"场所驱动"为主的发展阶段，银行提供服务的切入点主要还是实体营业网点，每一个实体营业网点都是以附近的居民和企业为主要服务对象。

目前，新网银行只在成都高新区新网银行总部设立了全国唯一的线下体验厅，体验厅既没有传统的营业柜台，也没有柜员机等传统设备。体验厅有一块LED显示屏的数字在实时跳动，这是新网银行经营的实时数据。从LED显示屏可以看出，新网银行的业务不仅分布在长三角、珠三角、环渤海等发达地区，也触达到了西南民族边远地区、西北边疆地区。

新网银行完全实现了从"场所驱动"向"场景驱动"的转型升级，用户在新网银行办理业务已经完全摆脱了实体网点的制约，只要登录App，只要有网络，用户就可以实现24小时随时随地办理业务，真正实现了"秒申秒到、即用即走"。

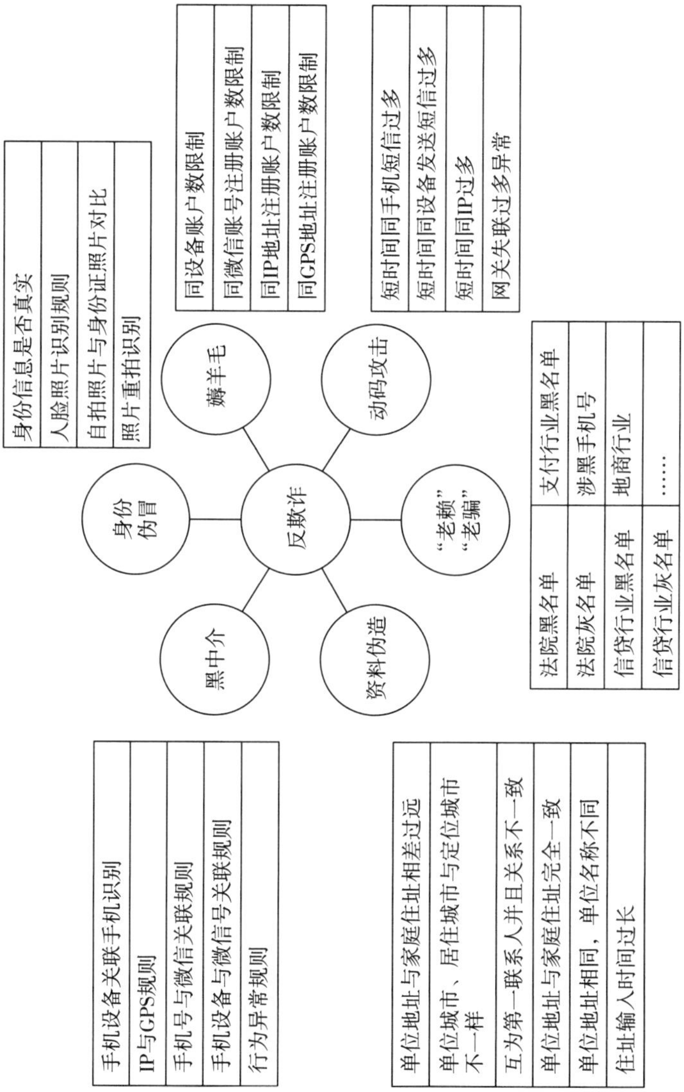

图 2-9 新网银行大数据反欺诈系统

反欺诈中心节点连接：身份伪冒、薅羊毛、动码攻击、"老赖""老骗"、资料伪造、黑中介

身份伪冒：
- 身份信息是否真实
- 人脸照片识别规则
- 自拍照片与身份证照片对比
- 照片重拍识别

薅羊毛：
- 同设备账户数限制
- 同微信账号注册账户数限制
- 同IP地址注册账户数限制
- 同GPS地址注册账户数限制

动码攻击：
- 短时间同手机短信过多
- 短时间同设备发送短信过多
- 短时间同IP过多
- 网关失联过多异常

"老赖""老骗"：
法院黑名单	支付行业黑名单
法院灰名单	涉黑手机号
信贷行业黑名单	地商行业
信贷行业灰名单	……

黑中介：
- 手机设备关联手机识别
- IP与GPS规则
- 手机号与微信关联规则
- 手机设备与微信号关联规则
- 行为异常规则

资料伪造：
- 单位地址与家庭住址相差过远
- 居住城市、居住城市与定位城市不一样
- 互为第一联系人并且家庭住址不完全一致
- 单位地址相同，家庭住址完全一致
- 单位地址相同，单位名称不同
- 住址输入时间过长

图 2-10 大数据授信决策系统

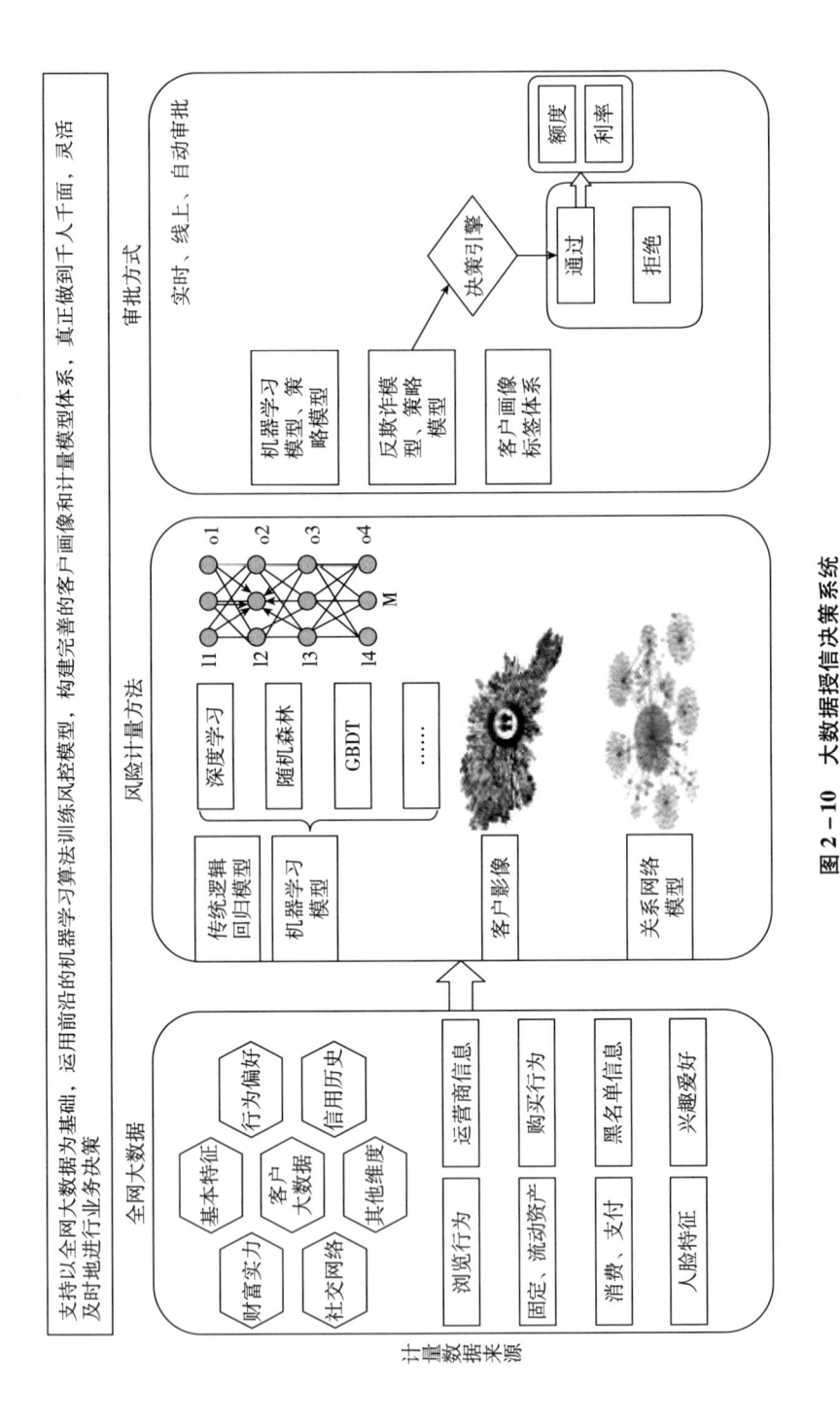

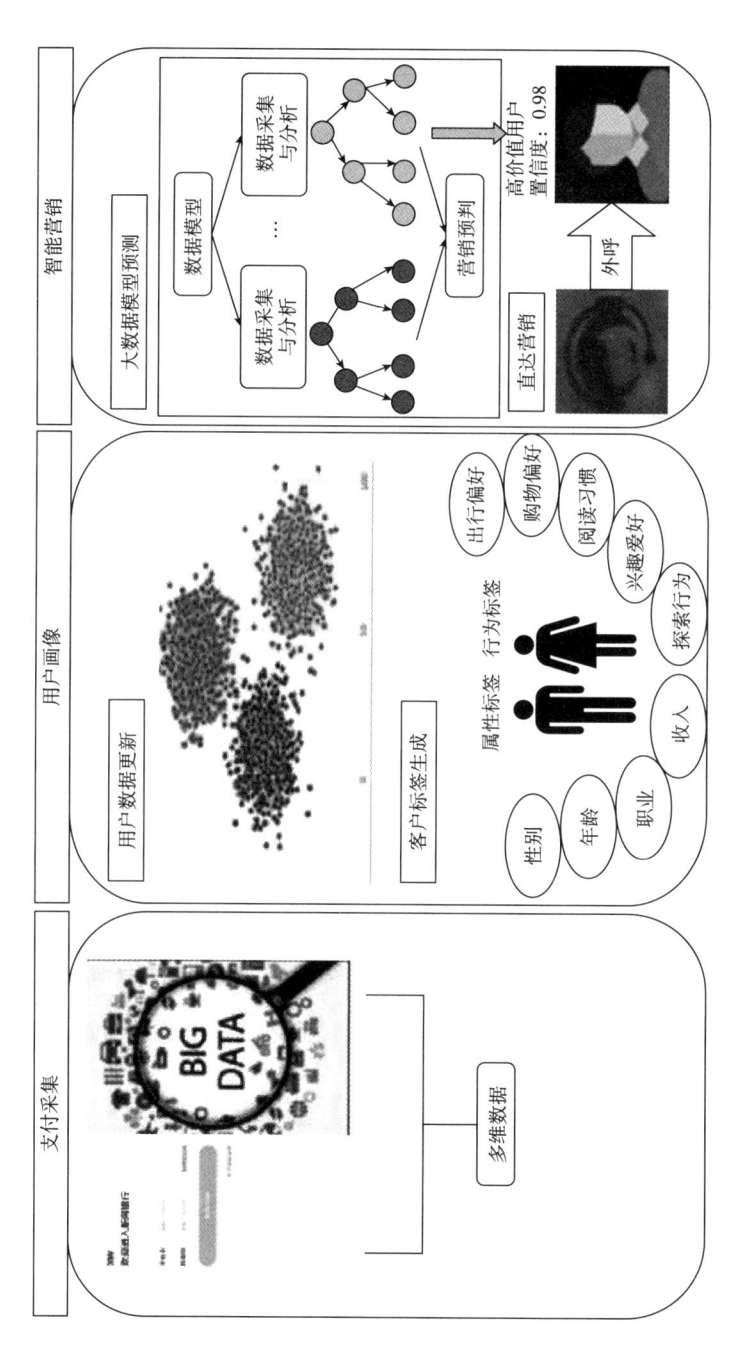

图 2-11 新网银行大数据智能营销体系

2. 实现了从"自证信用"到"数据征信"的转变

在传统银行办理业务，用户需要提供很多证明材料，特别是在办理贷款业务时，需要提交身份证明、在职证明、婚姻证明、收入证明、财产证明、银行流水等烦琐而庞杂的纸质材料，用于"自证信用"，有时还需要提供抵押担保等更复杂的材料和手续。但在新网银行，用户只要进行电子授权而不需要提供任何纸质证明材料。新网银行对用户身份识别和信用评价完全是基于生物识别技术和大数据分析技术，对用户身份识别达到"毫秒级"的响应速度，对信用评价可以达到"秒级"响应速度，还能够通过人工智能对用户"画像"，提高风险控制精准度。任何一位用户，均可通过新网银行的微信入口按照提示步骤进行操作后，在不到 1 分钟的时间内，用户的贷款额度、贷款利率就可以送达到用户手机，贷款可立即到达绑定的银行卡。

3. 实现了从线下人工到线上智能的转变

新网银行通过技术创新平台实现了业务流程的彻底再造：

一是业务办理入口从线下转到线上。信贷业务是新网银行的核心主业，用户信贷业务完全可以通过手机和网络办理，即使是在四川边远"三州"地区，少数民族农民也可顺利办理贷款业务。

二是业务审批从人工到智能。目前，新网银行 99.6% 的线上贷款是由平台智能审批完成的，需要人工干预的是大额信贷和可疑交易，比例只有 0.4%。智能审批极大地节约了成本、提高了效率。新网银行曾经创下单日审批贷款笔数 33 万笔的纪录。

三是业务运营流程数字化。新网银行对业务流程实现数字化管理，这就使营业成本大大降低。与传统银行单笔信贷 1000 元的平均成本相比，新网银行单笔信贷成本只有 20 元。

4. 实现了从"专家经验决策"到"智能模型决策"的转变

在传统银行，多依靠管理者的"专家经验"进行决策，为此，银行不得不成立名目繁多的决策委员会，不仅人工成本高，而且决策效率低，同时决策的质量也受到人为的影响。

新网银行则主要依靠"智能模型决策"，即用算法提升决策水平，实现了从"因果性决策"策略向"相关性决策"策略的升级。为了提升智能模型决策质量，新网银行从信用评分、履约能力、资金需求、消费倾向、恶意透支等多个方面建立智能决策模型系统。与上述转变相适应，新网银行的员工结构也发生了重大变化，其中60%以上的员工拥有计算机、大数据、统计、网络、管理科学与工程等工科技术背景。

5. 实现了从"金融排斥"向"普惠金融"转变

新网银行统计显示，截至2019年7月底，新网银行已经为全国3000多万用户提供了贷款服务，贷款规模已经超过2200亿元，每笔贷款周期大约为80天。"超小额、短周期贷款"将长期被传统金融排斥在外的用户纳入金融服务体系之内，具有明显的普惠效应，真正满足了"长尾客户群体"的信贷需求。

短短两年多的时间，新网银行向人行系统对接的征信数据已经超过四川省其他银行的总和，同时新网银行还开放了300多个API接口，实现了中国移动、蚂蚁金服、携程、优信、滴滴出行等多个商业机构和工商银行、华夏银行、天津银行、渤海银行等多家银行同业的深度合作，这是新网银行为普惠金融征信体系做出的又一贡献。

二 中国人民银行贵阳中心支行"农村产权资源融资信息服务平台"

（一）"农村产权资源融资信息服务平台"简介

为了推动普惠金融、绿色金融和大数据金融融合发展，2017年10月由人行湄潭县支行牵头、湄潭农村商业银行为主要承办单位开始启动"区块链数据技术"在"两权"抵押贷款试点中的推广运用工作，其间成功搭建了"农村产权资源融资信息管理平台"，并于2018年4月20日在湄潭农村商业银行黄家坝支行成功上线运行。该系统由中国人民银行系统负责技术开发和运营维护，商业银行负责使用，并且与县农业局、林业局、城建局、农村资源交易中心等单位实现实时对接，不仅可以汇集和记录农村、农民、涉农企业的基本信息、农权及其变动信息、融资抵押及其变动信息，还可以对农权及借贷主体进行价值和信用评估，而且可以网上实时办理借贷和还款手续。

（二）"农村产权资源融资信息服务平台"在商业银行抵押贷款试点工作中的应用情况

湄潭农商行是运用"农村产权资源融资信息服务平台"的主体。截至2018年12月31日，湄潭农商行运用"农村产权资源融资信息管理平台"共在线上办理农村"两权"抵押贷款967笔，金额20807.85万元，其中农民住房财产权抵押贷款52笔，金额1548万元，农村承包土地的经营权抵押贷款916笔，金额20376.95万元，占同期全县发放农村"两权"抵押贷款的80%以上，共920家农户和22家经营主体获得信贷支持，农民住房财产权贷款平均利率为6.91%，农村承包土地经营权贷款平均利率为6.87%。

建行、农行、贵州银行、贵阳银行等单位也开始重视运用该系统发放贷款。截至2018年年底，全县银行系统共通过该系统发放农民住房财产权贷款1558万元，平均贷款利率为6.91%，发放农村承包土地经营权贷款23168.75万元，平均贷款利率为6.322%。

通过在"农村产权资源融资信息管理平台"上办理农村"两权"抵押贷款登记手续为农民（新型经营主体）节约了大量人力、物力、财力，提升了广大农民群众、新型经营主体与金融机构的黏性，在服务湄潭脱贫攻坚、绿色发展、农民增收中发挥了重要作用。

（三）"农村产权资源融资信息管理平台"达到了"一平台四体系五破解"的效果

所谓"一平台四体系五破解"是指以"贵州省农村产权资源融资信息管理平台"为支撑，形成了信贷大数据共享体系、线下线上金融服务体系、信贷产品定价体系、信贷风险控制体系，有效破解了"普惠+绿色+大数据"特色金融融合发展的难题、农村金融信用管理的难题、农村金融融资难融资贵融资慢的难题、农村金融服务定价的难题、农村金融风险管理的难题。

一是"贵州省农村产权资源融资信息管理平台"为特色金融融合发展搭建了技术平台。在服务贵州"三大战略行动"的新形势下，人民银行贵阳中支积极探索、勇于创新，成功开发"贵州省农村产权资源融资信息管理平台"，将传统的线下业务办理模式通过依托"区块链数据技术"转为线上办理模式，为县域普惠金融发展提供了新平台。

二是以茶及茶旅等农村特色产业为重点服务对象破解了普惠金融与农村特色产业融合发展的难题。在贵州喀斯特地貌的自然条件下，传统农业的过度发展往往造成农业生产条件的恶化和生态环境的破坏。道真县利用自然资源利于茶产业发展的禀赋优势,将服务"三农"发展的普惠金融与服务绿色产业发展的绿色金融结合起来,以茶和茶旅一体化产业为金融服务的重点,并以大数据平台为支撑,实现了"普惠+绿色+大数据"的完美融合,探索形成了百姓富、生态美、可持续的发展模式。

三是以信贷大数据共享体系为支撑破解了农村信用管理的难题。一方面,"贵州省农村产权资源融资信息管理平台"汇集了农民和涉农企业的基本信息、农村土地产权、宅基地产权及经营状况、金融服务等多维度数据,并且通过与农业农村局、住建局、林业局、公安局、农村资源交易中心的联网,实现数据实时更新。另一方面,农民在享受金融服务的同时,还通过金融志愿者服务活动、金融夜校、普惠金融服务站等金融培训等增强了农村经营主体的信用意识,从而破解了农村信用管理的难题。

四是以线下线上金融服务体系为支撑破解了农村金融融资难融资贵融资慢的难题。平台上线前,距离湄潭县城较远的石莲镇的村民李四到县城产权中心办理一笔贷款抵押登记业务要往返两趟,需花费车费60元,就餐费约40元,缴纳登记费80元,共需花费180元左右,且中途还需等待3—5个工作日。以"区块链数据技术"为依托的"贵州省农村产权资源融资信息管理平台"上线后,李四要办理贷款抵押登记业务就不需要再亲自前来县城办理,当天就可在石莲镇农商行网点通过该平台办理完结所有抵押登记手续获得贷款,且不需要花费任何费用。人民银行贵阳中支还通过再贷款等工具的综合运用有效降低了农村经营主体的融资贵等问题。

五是以平台为支撑的信贷产品精准定价体系有效破解了农村金融服务定价的难题。普惠金融和绿色金融发展中面临的一个共同难题是金融产品和服务的定价。在平台支撑下,可以对贷款主体的信用状况进行科学评价,从而在风险可控的前提下实现信贷的精准定价,有效破解了农村金融服务定价的难题。

六是以平台为支撑的信贷风险控制体系有效破解了农村金融风险管理的难题。在平台支撑下,信贷风控体系主要由以下几个方面构成:一是贷款主体的信用信息实时更新,不仅能够在贷前进行风险评价,而且可以实时监测贷款主体的风险状况；二是探索出了"两权+N"的农村产权抵押模式，将林权、宅基地等农权抵押在商业银行，并且湄潭县成立了农村产权交易中心，抵押物可以流转；三是中国人民银行、金融机构对贷款主体的金融知识普及系列活动提升了贷款主体的金融素养，增强了风险意识。在信贷风险控制体系运作下，农村金融风险管理的难题得到了有效破解。

第八节 赤水市"普惠+绿色+大数据"特色金融融合发展模式调研

习近平总书记指出，贵州省是全国脱贫攻坚的主战场。2017年6月，国务院决定在贵州贵安新区设立绿色金融改革创新试验区。2016年3月，国家发改委等3个部委联合批复在贵州设立第一个国家级大数据试验区，2014年3月，国家发改委和人民银行联合批准把贵阳作为第一批移动电子商务金融科技服务创新试点城市。2017年4月，贵州省第十二次党代会提出了"大扶贫、大数据、大生态"的"三大战略行动"。因此，贵州具有发展普惠金融、绿色金融和大数据金融的坚实基础和独特优势。但"普惠+绿色+大数据"特色金融如何融合发展，如何协同服务三大战略行动，是一个具有重要理论价值和实践价值的问题。

赤水市作为乌蒙山集中连片特困区的贫困县之一，在探索"普惠+绿色+大数据"融合发展模式及服务三大战略行动中取得了成功的经验，形成了比较成熟和可复制可推广的模式。本节以赤水市为调研样本，就西南民族特困区"普惠金融+"特色金融发展模式创新进行研究。

一 赤水市经济社会及金融业发展概况

（一）赤水市经济社会发展概况

赤水市位于乌蒙山集中连片特困区，是贵州省遵义市下辖的县级市，总面积1852平方公里，2018年年底，常住人口24.41万人，居住着汉族、苗族、布依族、土家族、仡佬族等26个民族。2017年10月，赤水市通过国家考核验收正式退出贫困县，成为贵州省第一个摘掉贫困

"帽子"的县。2018年12月，被国家生态环境部命名为"绿水青山就是金山银山"实践创新基地，2019年5月，荣获中华环境保护基金会颁发的中华环境奖。

2018年，赤水市地区生产总值116.36亿元，增长10.4%，比贵州省增幅高1.3个百分点，比全国增幅高3.9个百分点；人均地区生产总值47465元，比贵州省人均地区生产总值高6221元，比全国人均国民生产总值低11179元，增速比贵州省高1.4个百分点，比全国高3.9个百分点；城镇居民人均可支配收入31381元，增长9.7%，比贵州省增幅高1.06个百分点，比全国增幅高1.86个百分点；农村居民人均可支配收入12303元，增长10.5%，比贵州省增幅高0.95个百分点，比全国增幅高1.68个百分点。

（二）赤水市金融业发展概况

2018年年末，金融机构存款余额151.04亿元，比2017年年末增长1.9%，人均存款余额61876.28元；金融机构贷款余额139.63亿元，比2017年年末增长18.8%，人均贷款余额57201.97元；精准扶贫贷款余额32.12亿元，比2017年年末增长125.09%。

2018年保费收入1.78亿元，比2017年增长了3.49%，保险深度1.53%，保险密度641.44元。

二 赤水市构建了"普惠+绿色+大数据"的特色金融体系

（一）普惠金融和绿色金融融合发展守住了发展和生态两条底线

赤水市是2014年中国人民银行确定的普惠金融指标体系建设试点县，在普惠金融发展中取得了突出的成绩。2014—2018年，赤水市金融机构贷款余额从69.81亿元增至139.63亿元，增幅高达100.01%，其中小微企业贷款余额从5.76亿元增至48.05亿元，增幅高达734.2%。普惠金融的发展极大地推动了当地城乡居民收入的增长。赤水市守住了发展的底线，成为贵州省第一个摘掉贫困县"帽子"的县。

同时，赤水市普惠金融与绿色金融实现了融合发展。在赤水，普惠信贷与绿色信贷高度重合，涉农信贷中63.5%的比例投向了与林业有关的领域，特别是投向了规模化竹种植与深加工领域。小微企业、个体工商户的信贷也有53.8%的比例投向了绿色种植、绿色加工、绿色物流等有关产业。

2018年赤水市新造林地2.9万亩，治理水土流失20平方公里，森林覆盖率达到82.77%，在全国名列前茅，被生态环境部确定为全国"绿水青山就是金山银山"实践创新基地。2018年3月，国家发改委联合国家有关部门对143个"全国生态保护与建设典型示范区"建设情况进行中期评估，赤水市在贵州省排名第一、在全国排名第四。

在"普惠＋绿色"信贷支持下，赤水市竹林面积不断扩大，达到133万亩，竹农人均竹林面积高达5亩以上，近年来每年竹林采伐600万根，竹笋干产量达到4500吨，实现产值超过12亿元以上，形成了"竹林确权—普惠金融＋绿色金融支持—竹产业壮大—生态环境优化"的具有自身特色的良性循环发展模式。

（二）"普惠金融＋绿色金融＋大数据"融合发展模式实现了普惠金融和绿色金融的商业可持续发展

普惠金融和绿色金融在发展过程中面临的共同问题是如何进行精准定价和风险防控。赤水市在运用大数据提高普惠金融和绿色金融的运行效率方面进行了成功的探索。

2012年年初，中国人民银行赤水市支行在人民银行贵阳中心支行和遵义中心支行的指导下，成功开发了"农村资源融资信息管理平台"并在2013年5月投入试运行；2015年，中国人民银行赤水市支行在2015年完成了对该平台的系统升级。商业银行运用该平台办理贷款手续时可以对借款人的林权进行抵押登记，在办理还款手续后再注销林权抵押手续，办理贷款的时间由原来至少需要一周压缩至一天。2018年1月，中国人民银行赤水支行联合赤水市农村信用社又将区块链技术运用到该平台，实现了平台的第二次升级，搭建了"农村资源融资信息管理平台（区块链）"。2018年1月24日，赤水市葫市镇林农郑文伦通过该平台向赤水市农信社申请贷款10万元，并将自己的竹林权50亩在线上抵押给农信社。从网上提交申请到10万元贷款到账仅用了10分钟。通过10万元贷款，郑文伦将自己的竹林种植面积扩大到80亩，并且开始了竹产品初级加工。2018年，郑文伦通过竹产业实现收入20万元，不仅自己致富奔小康，而且还通过雇工帮助附近3个村民实现了脱贫致富。

"农村资源融资信息管理平台（区块链）"以分布式数据库和人民

银行系统的金融城域网为依托,分别在赤水市农信社、贵州省农信社和人民银行贵阳中心支行搭建了分布式的独立服务器和数据库,将林农资产资源信息、抵押担保融资信息整合到数据库中,通过大数据和区块链技术解决了商业银行、人民银行、林业局、农户之间的信息不对称,避免了林权重复抵押风险。同时,农信社通过系统即能在线上为林农办理贷款申请、林权抵押登记、还款和注销抵押等手续,减少农户贷款办理的中间环节,缩短了业务办理时间。

截至2018年年底,该平台已累计采集赤水市24529家农户档案信息、278399条林权数据,向林户累计发放贷款2.93亿元,向涉农企业累计发放贷款1.76亿元,平均贷款年利率为6.8%,不良贷款率只有1.1%。在该平台的支持下,赤水市普惠金融和绿色金融可持续发展的能力得到明显提升。

三 "普惠金融+绿色金融+大数据"模式促进了赤水市经济社会可持续发展

在"普惠金融+绿色金融+大数据"模式的推动下,赤水市经济社会呈现出健康可持续发展的良好态势。

(一) 促进了县域普惠金融发展

在赤水市,体现普惠金融发展水平的重要指标都达到了较高水平。银行网点乡镇覆盖率达到了100%,服务终端实现了全部互通,金融消费投诉处理办结率、投诉处理满意率都达到了100%。2014—2018年,赤水市人均移动支付笔数、人均移动支付开通量、银行卡人均交易笔数等都实现了100%以上的增幅,小微企业申贷获得率从92.86%提升至97.79%,农户贷款申贷获得率一直保持在近100%,精准扶贫贷款余额占比从2015年的19.54%提升至2018年的23%,有贷款的农户数占比从14.60%提升至31.35%。

(二) 促进了县域金融业发展

2014—2018年,赤水市金融机构贷款余额从69.81亿元增至139.63亿元,增长100.01%,比贵州省增幅高0.18个百分点,比全国增幅高33.14个百分点;金融机构存款余额从89.30亿元增至151.04亿元,增长69.14%,比全国增幅高13.21个百分点;保费收入从1.06亿元增至1.78亿元,增长67.92%,比遵义市增幅高31.74个百分点,比全国增幅高41.72百分点。从以上数据的变化及其增幅与遵义市、贵州省和全国的比较可以看出，赤水市金融业发展总体呈现更加快速的态势，特别是贷款余额的高速增长对当地经济社会发展起到了极大的支持作用。

（三）促进了县域经济发展

2014—2018年，赤水市的地区生产总值从71.45亿元增至116.36亿元，增长62.86%，比遵义市增幅高2.79个百分点，比贵州省增幅高3.07个百分点，比全国增幅高22.47个百分点；人均地区生产总值从29693元增至47465元，增长59.85%，比遵义市增幅高2.62个百分点，比贵州省增幅高3.84个百分点，比全国增幅高22.32个百分点。

（四）促进了脱贫攻坚的胜利

2014—2018年，赤水市的城镇居民人均可支配收入从21722元增至31381元，增长44.47%，比遵义市增幅高2.3个百分点，比贵州省增幅高4.36个百分点，比全国增幅高8.39个百分点；农村居民人均可支配收入从8350元增至12303元，增长47.34%，比遵义市增幅高0.72个百分点，比贵州省增幅高1.7个百分点，比全国增幅高7.98个百分点；贫困人口从2.79万人降至0.23万人，贫困发生率从14.6%降至0.96%。

（五）促进了生态环境持续改善

2014—2018年，赤水市森林覆盖率从80.17%提升至82.77%。2018年森林覆盖率比遵义市高23.17个百分点，比贵州省高25.77个百分点，比全国高56.77个百分点，在全国2800多个县（市）名列前茅。2018年空气指数优良天数为334天，优良率为93.3%，远高于全国平均水平。

西南民族地区普遍存在森林覆盖率高、自然植被较好但生态环境脆弱、容易受到破坏的特征，在滇黔桂集中连片特困区还存在比较严重的石漠化问题。如何统筹发展和环境保护，如何协同发挥普惠金融和绿色金融的支持作用帮助守住发展和生态两条底线是西南民族地区普遍需要面对的问题。而赤水市探索形成的"普惠+绿色+大数据"特色金融体系发展模式不仅在西南地区，而且在全国都具有极大的借鉴和推广价值。当前，贵州在省委、省政府的统一领导下，在人民银行贵阳中心支行的组织推动下，在各金融机构的大力参与下，"普惠＋绿色＋大数据"特色金融体系发展模式正在贵州全省复制推动。建议在中国人民银行的统筹推动下，在全国推广赤水市的成功经验和发展模式。

第三章

普惠金融支持西南民族特困区短期脱贫与长期发展绩效评价

武陵山集中连片特困区、滇黔桂石漠化集中连片特困区、乌蒙山集中连片特困区在西南民族特困区中具有较强的代表性。本章选取武陵山集中连片特困区的铜仁市及其下辖的玉屏侗族自治县、印江土家族苗族自治县、沿河土家族自治县、松桃苗族自治县，遵义市及其下辖的道真仡佬族苗族自治县、务川仡佬族苗族自治县，滇黔桂石漠化集中连片特困区的安顺市及其下辖的镇宁布依族苗族自治县、关岭布依族苗族自治县、紫云苗族布依族自治县，黔南州及其下辖的三都水族自治县，乌蒙山集中连片特困区的毕节市及其下辖的威宁彝族回族自治县作为评价的样本。共计16个研究样本，其中包括4个地级市和1个民族自治州、11个民族自治县。

本章通过构建普惠金融评价指标体系、建立评价模型来计算样本地区的普惠金融指数，分析样本地区普惠金融指数及指标的水平及其变化趋势，再通过相关性分析评价普惠金融发展对当地脱贫攻坚、经济社会发展的影响。

第一节 西南民族样本地区普惠金融发展水平评价

本节是通过建立评价指标体系，在中国人民银行及相关政府部门公告数据的基础上，综合运用层次分析法和熵权法计算选取样本地区的普惠金融发展指数，用于测度评价其普惠金融发展水平。

一 普惠金融指标体系构建、数据采集与处理

（一）评价指标体系的构建

评价指标体系参考了中国人民银行《中国普惠金融指标体系（2018）》，并根据数据的可得性、重要性，构建了由账户及银行卡、支付、金融服务点、信贷占比、信贷障碍、保险、信用建设7个一级指标和个人银行结算账户人均拥有量等22个二级指标构成的评价指标体系。指标体系如表3-1所示。

表3-1　　　　　西南民族特困区普惠金融指标体系

一级指标	二级指标
账户及银行卡	个人银行结算账户人均拥有量
	企业法人单位银行结算账户平均拥有量
	银行卡人均持卡量
	信用卡人均持卡量
支付	人均移动支付笔数
	人均移动支付开通量
	人均网上支付笔数
	人均网上支付开通量
	银行卡助农取款服务人均支付业务笔数
金融服务点	每万人拥有的银行网点数
	每万人拥有的ATM机数
	每万人拥有的POS机终端数
信贷占比	个体工商户经营性贷款余额占比
	小微企业主经营性贷款余额占比
	农户生产经营贷款余额占比
	精准扶贫贷款余额占比
信贷障碍	小微企业信用贷款比例
	农户信用贷款比例
保险	保险深度
	保险密度
信用建设	个人信用档案建档率
	企业信用档案建档率

（二）指标数据采集

各研究的数据采集时间跨度为2014—2018年，样本数16个，数据共1760条。数据来源以中国人民银行系统现有统计数据为主，同时部分数据来自统计部门、银监部门、保险机构、地方政府金融办、扶贫办、金融机构和公众调查等。

（三）数据的标准化处理

普惠金融各级指标量纲不一致，部分指标之间数量级相差较大，所以需对原始数据进行标准化处理。同时，为凸显各地区同一指标间的差距，采用向量归一法对数据去量纲化标准处理。

设 x_{ij_n} 表示第 i 个指标第 j 个地区第 n 年的原始数据值。指标体系中有7个一级指标、22个二级指标，故 $i \leq 22$。由于研究涉及西南民族特困区少数民族自治县及其所属地级市共计16个样本，因此 $j_n \leq 16$，其中，式（3-1）中 $n \leq 5$。$n = 1$ 表示2014年，$n = 2$ 表示2015年，…，$n = 5$ 表示2018年。令 y_{ij_n} 为归一化后的数据，依据向量归一法，得到：

$$y_{ij_n} = \frac{X_{ij_n}}{\sqrt{\sum_{j=1}^{11}\sum_{n=1}^{5} X_{ij_n}^2}} \qquad (3-1)$$

显然，由式（3-1）得到归一化后的数据 y_{ij_n} 所形成的矩阵 Y 的列向量的模等于1，即 $\sum_{i=1}^{m} y_{ij_n}^2 = 1$。

二 基于层次分析法的各样本普惠金融指数研究

（一）层次分析法概述

层次分析法（The Analytic Hierarchy Process，AHP）是一种定性与定量相结合的决策分析方法。它是一种将决策者对复杂系统的决策思维过程模型化、数量化的过程。应用这种方法，决策者通过将复杂问题分解为若干层次和若干因素（见图3-1），在各因素之间进行简单的比较和计算，就可以得出不同方案的权重，为最佳方案的选择提供依据。

AHP的基本原理是依据具有递阶结构的目标、子目标（准则）、约束条件、部门等来评价方案，采用两两比较的方法确定判断矩阵，然后把判断矩阵的最大特征值相对应的特征向量分量作为相应的系数，最后综合给出各方案的权重（优先程度）。

AHP算法的基本过程，大体可以分为如下六个基本步骤（见图3-1）：

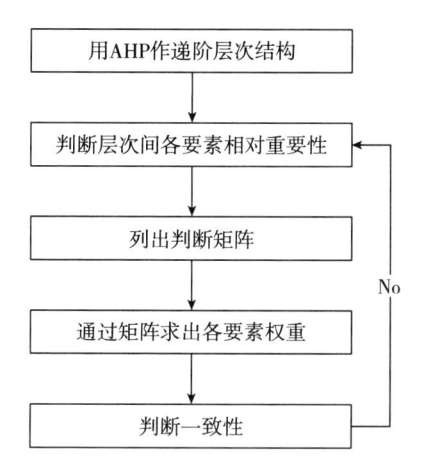

```
用AHP作递阶层次结构
        ↓
判断层次间各要素相对重要性 ←─┐
        ↓                    │
   列出判断矩阵              │
        ↓                    │
通过矩阵求出各要素权重       │
        ↓                    │
     判断一致性 ──No──────────┘
```

图3-1　AHP算法基本步骤

（二）AHP各级指标权重的确定

根据AHP，本书的一级指标、二级指标、三级指标采用专家打分法确定权重，打分准则如表3-2所示。

表3-2　　　　　　　　　　重要性标度含义

标度 a_{ij} （1—9标度）	标度 a_{ij} （$e^{0/5}$—$e^{8/5}$标度）	定义
1	$e^{0/5}$	i 元素与 j 元素相同重要
3	$e^{2/5}$	i 元素与 j 元素略重要
5	$e^{4/5}$	i 元素与 j 元素较重要
7	$e^{6/5}$	i 元素与 j 元素非常重要
9	$e^{8/5}$	i 元素与 j 元素绝对重要
2，4，6，8	$e^{1/5}$，$e^{3/5}$，$e^{5/5}$，$e^{7/5}$	为以上两元素判断之间的中间状态对应的标度值
倒数	倒数	若 i 元素与 j 元素比较，得到判断值为 $a_{ji}=1/a_{ij} a_{ij}=1$

本次研究邀请专家进行打分，专家主要来自高校和金融行业。专家打完分后，根据下列步骤对各指标打分矩阵求得指标权重并进行一致性检验：

（1）计算判断矩阵每行所有指标的几何平均值：

$$\overline{\omega}_i = \sqrt[n]{\sum_{j=1}^{n} a_{ij}} \quad i = 1, 2, \cdots, n \tag{3-2}$$

得到 $\overline{\omega} = (\overline{\omega}_1, \overline{\omega}_2, \cdots, \overline{\omega}_n)^T$

（2）将 $\overline{\omega}_1$ 归一化，即计算：

$$\omega_i = \frac{\overline{\omega}_i}{\sum_{i=1}^{n} \overline{\omega}_i} \quad i = 1, 2, \cdots, n \tag{3-3}$$

得到 $\omega = (\omega_1, \omega_2, \cdots, \omega_n)^T$，即为所求特征向量的近似值，这也是各指标的相对权重。

（3）计算判断矩阵的最大特征值 λ_{max}：

$$\lambda_{max} = \sum_{i=1}^{n} \frac{(A\overline{\omega})_i}{n\overline{\omega}_i} \tag{3-4}$$

其中，$(A\overline{\omega})_i$ 为向量 $A\omega$ 的第 i 个指标。

（4）计算判断矩阵一致性指标，检验其一致性。

以其平均值作为检验判断矩阵一致性指标。

$$C.I = \frac{\lambda_{max} - n}{n - 1} \tag{3-5}$$

当 $C.I = 0$ 时，为完全一致；$C.I$ 值越大，判断矩阵的完全一致性越差。

判断矩阵的维数 n 越大，判断的一致性将越差，故应放宽对高维判断矩阵一致性的要求。引入修正值 R.I，见表3-3，并取更为合理的 C.R 值为衡量判断矩阵一致性的指标。

$$C.R = \frac{C.I}{R.I} \tag{3-6}$$

当 $CR \leq 0.1$ 时，则认为判断矩阵的一致性可以接受；当 $CR > 0.1$ 时，则应对判断矩阵作适当的修正。通过汇总专家调查问卷，得到项目层和各子项目层的判断矩阵，并且计算每个判断矩阵的 CR 值。

表 3 –3　　　　　　　　　　矩阵一致性标准

维数	1	2	3	4	5	6	7	8	9
R.I	0.00	0.00	0.58	0.96	1.12	1.24	1.32	1.41	1.45

1. 一级指标权重

本书一级指标专家打分及赋权如表 4 –4 所示。中国人民银行提出的中国普惠金融指标体系中的一级指标包括七个方面：账户及银行卡、支付、金融服务点、信贷占比、信贷障碍、保险、信用建设，这七个要素在普惠金融发展评价中的重要性显著不同，详情如表 3 –4 所示。信贷占比指标的权重最高，为 30.65%，因为信贷占比能反映信贷的普及情况，事关金融服务对象的基本发展能力和基本权益保护等方面。支付指标的权重为 18.82%，支付对普惠金融构成强大的技术支撑，其中数字支付是支付领域发展的方向，金融科技与普惠金融的结合有助于打通普惠金融服务的"最后一公里"，是第二重要指标。账户及银行卡和金融服务点指标的权重均为 13.20%，是第三重要指标，这几个指标反映了账户及银行卡、金融基础服务的情况，是衡量普惠金融的基础性指标。保险、信贷障碍和信用建设指标权重均为 8.04%，是第四重要指标。

表 3 –4　　　　　　　　一级指标专家打分及赋权

普惠金融	权重
账户及银行卡	0.1320
支付	0.1882
金融服务点	0.1320
信贷占比	0.3065
信贷障碍	0.0804
保险	0.0804
信用建设	0.0804

2. 二级指标权重

（1）账户及银行卡二级指标专家打分及赋权结果分析。根据重要性比较和专家打分，账户及银行卡二级指标的权重如表 3 –5 所示。其中银行卡人均持卡量和企业法人单位银行结算账户平均拥有量的权重最高，均为35.12%，是第一重要指标，说明个人在一个银行办理多个银行卡或者办了银行卡而不经常使用的情况比较普遍，而企业单位享有的金融服务也具有非常重要的作用。信用卡人均持卡量权重为18.87%，是第二重要指标，说明信用卡办理条件严格，能够反映个人信用状况及信用借贷水平。个人银行结算账户人均拥有量权重为10.89%，该指标是衡量个人享有金融服务的重要指标，相对前述几个指标对普惠金融的影响较弱。

表3-5　　　　　　账户及银行卡二级指标专家打分及赋权

账户及银行卡	权重
个人银行结算账户人均拥有量	0.1089
企业法人单位银行结算账户平均拥有量	0.3512
银行卡人均持卡量	0.3512
信用卡人均持卡量	0.1887

（2）支付二级指标专家打分及赋权结果分析。根据重要性比较和专家打分，计算得出支付5个二级指标的权重，如表3-6所示。其中人均移动支付笔数的权重为32.50%，是第一重要指标，该指标是衡量数字支付最为基础的指标，在移动互联网时代显得尤为重要；人均移动支付开通量和人均网上支付笔数权重均为21.44%，是第二重要指标，其中人均移动支付开通量是衡量普惠金融渗透性的重要指标，人均网上支付笔数用于衡量人们网上支付使用频率，设计为同等重要。人均网上支付开通量和银行卡助农取款服务人均支付业务笔数权重均为12.31%，是第三重要指标，说明该两项指标相对于前述几个指标重要性明显偏低。

表3-6　　　　　　支付二级指标专家打分及赋权

支付	权重
人均移动支付笔数	0.3250

续表

支付	权重
人均移动支付开通量	0.2144
人均网上支付笔数	0.2144
人均网上支付开通量	0.1231
银行卡助农取款服务人均支付业务笔数	0.1231

（3）金融服务点二级指标专家打分及赋权结果分析。根据重要性比较和专家打分，得出金融服务点指标中3个二级指标的权重，如表3-7所示。其中每万人拥有的银行网点数的权重为50.00%，是第一重要指标，该指标反映了金融网点的覆盖情况，相对其他两个指标来说具有更强的普惠性。每万人拥有的POS机终端数和每万人拥有的ATM机数的权重均为25.00%，是第二重要指标，其中每万人拥有的POS机终端数说明人们消费观念与习惯的转变，加快了POS机终端的普及速度，每万人拥有的ATM机数说明该指标对于农村地区具有重要意义。

表3-7　　　　　金融服务点二级指标专家打分及赋权

金融服务点	权重
每万人拥有的银行网点数	0.5000
每万人拥有的ATM机数	0.2500
每万人拥有的POS机终端数	0.2500

（4）信贷占比二级指标专家打分及赋权结果分析。根据重要性比较和专家打分，得出信贷占比指标中4个二级指标的权重，如表3-8所示。由中国普惠金融指标体系可知，信贷占比的4个二级指标在信贷占比中的重要性明显不同。其中精准扶贫贷款余额占比的权重为45.50%，是第一重要指标，其服务对象作为普惠金融重点支持的核心群体，该指标相对于其他三个指标比较重要。农户生产经营贷款余额占比的权重为26.27%，是第二重要指标，该指标体现了信贷对"三农"贷款的支持力度。个体工商户经营性贷款余额占比和小微企业主经营性

贷款余额占比权重均为 14.11%，是第三重要指标，其中个体工商户经营性贷款余额占比体现了金融服务劳动者个体创业的支持程度，小微企业主经营性贷款余额占比对反映增强经济活力具有重要意义。

表 3-8　　　　　　　　信贷占比二级指标专家打分及赋权

信贷占比	权重
个体工商户经营性贷款余额占比	0.1411
小微企业主经营性贷款余额占比	0.1411
农户生产经营贷款余额占比	0.2627
精准扶贫贷款余额占比	0.4550

（5）信贷障碍二级指标专家打分及赋权结果分析。根据重要性比较和专家打分，得出信贷障碍指标中两个二级指标的权重，如表 3-9 所示。由中国普惠金融指标体系可知，信贷障碍的 2 个二级指标在信贷障碍中的重要性相同。在信贷障碍的二级指标中，小微企业信用贷款比例和农户信用贷款比例权重均为 50.00%，究其原因，这两个指标反映的是普惠金融重点服务的两个群体，在质押担保不足的情况下，信用贷款的比例能够较好地反映普惠金融的水平。

表 3-9　　　　　　　　信贷障碍二级指标专家打分及赋权

信贷障碍	权重
小微企业信用贷款比例	0.5000
农户信用贷款比例	0.5000

（6）保险二级指标专家打分及赋权结果分析。根据重要性比较和专家打分，得出保险指标中两个二级指标的权重，如表 3-10 所示。保险深度和保险密度权重均为 50.00%，说明这两个指标各有侧重，从不同角度反映了保险的普惠性。

表3-10　　　　　保险二级指标专家打分及赋权

保险	权重
保险深度	0.5000
保险密度	0.5000

（7）信用建设二级指标专家打分及赋权结果分析。根据重要性比较和专家打分，得出信用建设指标中两个二级指标的权重，如表3-11所示。其中个人信用档案建档率和企业信用档案建档率权重均为50.00%，两个指标各有侧重，其中个人信用建设是社会信用建设的基础，具有长期性、普遍性的特点；企业是经济生活中的主体和主要组织方式，其信用建设对优化普惠金融生态具有较大意义。

表3-11　　　　信用建设二级指标专家打分及赋权

信用建设	权重
个人信用档案建档率	0.5000
企业信用档案建档率	0.5000

（三）基于AHP的各样本普惠金融指数计算

依据上述计算，设 AHP 中一级指标的权重为 w_k^1，其中 $k \leq 3$，一级指标 k 下二级指标的个数为 K_k。二级指标的权重为 w_l^2，其中 $l \leq 21$，二级指标 l 下三级指标的个数为 K_l。三级指标的权重为 w_h^3，其中 $h \leq 51$。

根据归一化处理后的数据 y_{ijn}，得到第 j 个地区第 n 年第 l 个二级指标值为：

$$z_{ljn} = \sum_{h=1}^{K_l} (w_{hl}^3 y_{hjn}) \qquad (3-7)$$

根据二级指标值，得到第 j 个地区第 n 年第 k 个一级指标值为：

$$z_{kjn} = \sum_{l=1}^{K_k} (w_{lk}^2 z_{ljn}) \qquad (3-8)$$

根据一级指标值，得到第 j 个地区第 n 年普惠金融指数原始值为：

$$z_{jn} = \sum_{k=1}^{3} (w_k^1 z_{kjn}) \qquad (3-9)$$

依据上述模型得到 AHP 西南民族特困区各样本普惠金融指数原始结果如表 3-12 所示。

表 3-12　　　　基于 AHP 的各样本普惠金融指数原始结果

年份 地区	2014	2015	2016	2017	2018
遵义市	0.062946	0.078282	0.097954	0.118435	0.146451
道真县	0.072583	0.086444	0.081492	0.087591	0.096767
务川县	0.076740	0.077299	0.084410	0.086650	0.132112
安顺市	0.080567	0.085621	0.097220	0.120905	0.138790
镇宁县	0.069657	0.072158	0.094209	0.112484	0.129327
关岭县	0.078417	0.081583	0.082173	0.092865	0.102408
紫云县	0.067909	0.071555	0.072803	0.086645	0.086768
毕节市	0.063469	0.078321	0.085294	0.102242	0.114347
威宁县	0.041858	0.042527	0.057288	0.083876	0.089486
铜仁市	0.073150	0.078244	0.101017	0.133223	0.158414
玉屏县	0.076031	0.077909	0.107552	0.133577	0.137118
印江县	0.060020	0.067994	0.089512	0.132948	0.136043
沿河县	0.055267	0.058387	0.066468	0.072191	0.091950
松桃县	0.079199	0.083201	0.094194	0.108892	0.117976
黔南州	0.074939	0.084287	0.104027	0.127814	0.145608
三都县	0.075779	0.082374	0.099639	0.107210	0.129500

三　基于熵权法的各样本普惠金融指数研究

（一）熵权法概述

熵权法是一种客观赋权法，依据各指标值所包含的信息量的大小，确定指标权重。熵权法的基本思路是根据指标变异性的大小来确定客观权重。一般来说，若某个指标的信息熵越小，表明指标值的变异程度越大，提供的信息量越多，在综合评价中所能起到的作用也越大，其权重也就越大。相反，某个指标的信息熵越大，表明指标值的变异程度越小，提供的信息量也越少，在综合评价中所起到的作用也越小，其权重也就越小。

（二）熵权法指标权重的确定

熵权法是利用指标熵值来确定权重，由于熵权法的限制，本书利用熵权法计算各二级指标下三级指标的权重，一级指标与二级指标权重仍采用 AHP 所得权重。

熵权法计算步骤如下：

（1）根据归一化标准化处理的数据，首先进行如下处理：

$$p_{ij_n} = \frac{y_{ij_n}}{\sum_{j=1}^{16}\sum_{n=1}^{5} y_{ij_n}} \quad (3-10)$$

（2）计算第 h 个三级指标的熵值：

$$e_h = -k \sum_{j=1}^{16} p_{hj} \ln p_{hj} \quad (3-11)$$

其中，$k = \ln 16$，$e_h \geq 0$。

（3）计算第 h 个指标的差异系数。对于第 h 个指标，指标值的差异越大，对方案评价的作用越大，熵值就越小；反之，差异越小，对方案评价的作用越小，熵值就越大。因此，定义差异系数：

$$g_h = 1 - e_h \quad (3-12)$$

（4）确定三级指标权重。第 h 个指标权重为：

$$w_h^{3s} = \frac{g_h}{\sum_{h=1}^{K_l} g_h} \quad (3-13)$$

其中，K_l 为第 l 个二级指标下的三级指标个数，w_h^{3s} 表示熵权法三级指标 h 的权重。

（5）确定二级指标权重。根据式（3-13）计算结果，得到第 l 个二级指标在第 j 个地区第 n 年的指标值：

$$z_{lj_n}^{s} = \sum_{h=1}^{K_l} (w_{h_l}^{3s} y_{hj_j}) \quad (3-14)$$

将 $z_{lj_n}^{s}$ 代替式（3-10）中的 y_{ij_n}，按式（3-10）—式（3-13）再次计算，从而得到二级指标权重 w_l^{2s}。

（6）确定一级指标权重。根据式（3-14）的计算结果，得到第 k 个一级指标在第 j 个地区第 n 年的指标值：

$$z^s_{kj_n} = \sum_{l=1}^{K_k} (w^{2s}_l z^s_{lj_n}) \qquad (3-15)$$

将 $z^s_{kj_n}$ 代替式（3-10）中的 y_{ij_n}，按式（3-10）—式（3-13）再次计算，从而得到一级指标权重 w^{1s}_k。

熵权法是客观赋权法，根据原始数据之间的关系确定指标权重，在一定程度上避免了主观随意性。

（三）基于熵权法的各样本普惠金融指数

依据熵权法计算的三级指标权重得到的一级指标及二级指标的权重，根据归一化处理后的数据 y_{ij_n}，得到第 j 个地区第 n 年第 l 个二级指标值为：

$$z^s_{lj_n} = \sum_{h=1}^{K_l} (w^{3s}_{h_l} y_{hj_n}) \qquad (3-16)$$

根据二级指标值，得到第 j 个地区第 n 年第 k 个一级指标值为：

$$z^s_{kj_n} = \sum_{l=1}^{K_k} (w^{2s}_{l_k} z^s_{lj_n}) \qquad (3-17)$$

根据一级指标值，得到第 j 个地区第 n 年普惠金融指数原始值为：

$$z^s_{j_n} = \sum_{k=1}^{3} (w^{1s}_k z^s_{kj_n}) \qquad (3-18)$$

依据上述模型得到熵权法普惠金融指数原始结果如表3-13所示。

表3-13　　　　基于熵权法的各样本普惠金融原始指数

地区\年份	2014	2015	2016	2017	2018
遵义市	0.057640	0.072169	0.090022	0.109775	0.138691
道真县	0.043548	0.060471	0.068008	0.066023	0.075681
务川县	0.090882	0.089516	0.087047	0.081683	0.113014
安顺市	0.114245	0.094670	0.101052	0.103065	0.118540
镇宁县	0.060040	0.062300	0.105657	0.132373	0.149805
关岭县	0.038075	0.050347	0.050620	0.056860	0.065419
紫云县	0.053242	0.057189	0.047581	0.056398	0.050839
毕节市	0.056852	0.069290	0.056684	0.066874	0.083901
威宁县	0.070225	0.068834	0.057061	0.071722	0.073150

续表

年份 地区	2014	2015	2016	2017	2018
铜仁市	0.102176	0.107900	0.101003	0.119283	0.150038
玉屏县	0.102729	0.096910	0.133124	0.166791	0.144669
印江县	0.085508	0.087464	0.147916	0.262560	0.224993
沿河县	0.081363	0.082718	0.068334	0.048945	0.077093
松桃县	0.065766	0.078318	0.066112	0.077389	0.102936
黔南州	0.064135	0.071959	0.085840	0.100875	0.123949
三都县	0.038213	0.046297	0.063869	0.070338	0.095455

四 各样本普惠金融指数综合计算

由于指数原始值结果较小，为便于比较分析，对指数原始结果进行标准化处理。即遵义市 2014 年指数原始值 $z_{遵义市2014}$ 按 100 处理，即采用公式 $Z_{jn} = z_{jn} \times 100 / z_{遵义2014}$。对两种方法 16 个样本 5 年的普惠金融指数原始结果进行标准化指数换算，得到最终指数，如表 3 - 14 所示。

表 3 - 14　　　　　　　各样本普惠金融指数

地区	熵权法					层次分析法				
	2014 年	2015 年	2016 年	2017 年	2018 年	2014 年	2015 年	2016 年	2017 年	2018 年
遵义市	100.00	125.21	156.18	190.45	240.62	100.00	124.36	155.61	188.15	232.66
道真县	75.55	104.91	117.99	114.54	131.30	115.31	137.33	129.46	139.15	154.73
务川县	157.67	155.30	151.02	141.71	196.07	121.91	122.80	134.10	137.66	209.88
安顺市	198.20	164.24	175.32	178.81	205.66	127.99	136.02	154.45	192.08	220.49
镇宁县	104.16	108.08	183.31	229.48	259.90	110.66	114.63	149.66	178.70	205.45
关岭县	66.06	87.35	87.82	98.65	113.50	124.58	129.61	130.54	147.53	162.69
紫云县	92.37	99.22	82.55	97.84	88.20	107.88	113.68	115.66	137.65	137.84
毕节市	98.63	120.21	98.34	116.02	145.56	100.83	124.42	135.50	162.43	181.66
威宁县	121.83	119.42	99.00	124.43	126.91	66.50	67.56	91.01	133.25	142.16
铜仁市	177.27	187.20	175.23	206.95	260.30	116.21	124.30	160.48	211.64	251.66
玉屏县	178.23	168.13	230.96	289.37	250.99	120.79	123.77	170.86	212.21	217.83
印江县	148.35	151.74	256.62	455.52	390.34	95.35	108.02	142.20	211.21	216.13

续表

地区	熵权法					层次分析法				
	2014年	2015年	2016年	2017年	2018年	2014年	2015年	2016年	2017年	2018年
沿河县	141.16	143.51	118.55	84.92	133.75	87.80	92.76	105.60	114.69	146.08
松桃县	114.10	135.87	114.70	134.26	178.58	125.82	132.18	149.64	172.99	187.42
黔南州	111.27	124.84	148.92	175.01	215.04	119.05	133.90	165.26	203.05	231.32
三都县	66.30	80.32	110.81	122.03	165.61	120.39	130.86	158.29	170.32	205.73

AHP权重确定采用的是以专家打分为基础的主观方法，而熵权法权重确定采用的是以不同样本的指标差异幅度为基础的客观方法。因此，结合两种方法的优点，需要对两种方法的指数进行综合计算。为此，采用熵权法的基本思路，以AHP与熵权法计算的百分制指数方差为基数确定两种方法的指数权重，为使权重总体平稳，方差大的权重小，方差小的权重大，具体公式如下：

$$w(层次分析法) = \frac{\mathrm{var}(熵权法指数)}{\mathrm{var}(熵权法指数) + \mathrm{var}(层次分析法)} \quad (3-19)$$

$$w(熵权法) = \frac{\mathrm{var}(层次分析法指数)}{\mathrm{var}(熵权法指数) + \mathrm{var}(层次分析法)} \quad (3-20)$$

用 AHP 方法得出 2014—2018 年的方差分别为 273、211、204、287、239。用熵权法得出 2014—2018 年的方差分别为 1677、588、1047、2409、995。权重计算结果为：

$W_{层次分析法2014} = 0.860$，$W_{熵权法2014} = 0.140$

$W_{层次分析法2015} = 0.739$，$W_{熵权法2015} = 0.261$

$W_{层次分析法2016} = 0.838$，$W_{熵权法2016} = 0.162$

$W_{层次分析法2017} = 0.896$，$W_{熵权法2017} = 0.104$

$W_{层次分析法2018} = 0.816$，$W_{熵权法2018} = 0.184$

根据得到的指数权重、熵权法指数 $I_{熵权法}$ 与层次分析法指数 $I_{层次分析法}$，利用式（3-21）计算得到各样本的普惠金融综合指数，如表 3-15 所示。

$$普惠金融综合指数 = w_{层次分析法} \times I_{层次分析法} + w_{熵权法} \times I_{熵权法} \quad (3-21)$$

表 3-15　　　　　　　　各样本普惠金融综合指数

年份 地区	2014	2016	2017	2018
遵义市	100.00	155.38	189.07	233.25
道真县	109.31	127.18	136.86	148.68
务川县	127.31	136.76	138.60	206.29
安顺市	138.58	157.75	191.25	216.65
镇宁县	109.68	155.20	185.06	215.28
关岭县	115.75	122.82	142.52	152.35
紫云县	105.54	109.64	133.63	127.52
毕节市	100.50	128.74	157.75	173.81
威宁县	74.84	92.21	132.72	138.57
铜仁市	125.42	162.70	211.85	252.31
玉屏县	129.45	180.96	221.66	223.43
印江县	103.34	161.83	239.54	249.42
沿河县	95.85	107.62	111.72	143.05
松桃县	124.05	143.23	169.22	184.90
黔南州	117.88	162.06	200.59	227.16
三都县	112.23	149.68	165.46	196.99

第二节　11个少数民族自治县普惠金融指数分析

一　11个少数民族自治县的经济社会发展状况

国务院扶贫开发领导小组办公室于2014年12月23日公布的全国832个贫困县名单里，本书所选择的11个少数民族样本县均位列在内，其中玉屏县在2017年退出国家级贫困县名单，务川县、道真县、镇宁县及印江县在2018年退出国家级贫困县名单，而关岭县、紫云县、威宁县、沿河县、松桃县及三都县目前仍是国家级深度贫困县。11个少数民族自治县经济发展不平衡的问题突出，地区差异较大，2018年建档立卡贫困人口最少的是玉屏县，最多的是威宁县，威宁县是玉屏县的

53.33 倍；贫困发生率最低的是玉屏县，最高的是三都县，三都县是玉屏县的 7.99 倍；人均 GDP 最高的是玉屏县，最低的是威宁县，威宁县人均 GDP 只相当于玉屏县的 31.80%；人均一般公共预算收入最高的是玉屏县，最低的是威宁县，威宁县只相当于玉屏县的 24.91%；城镇居民人均可支配收入最高的是玉屏县，最低的是紫云县，紫云县相当于玉屏县的 87.67%；农村居民人均可支配收入最高的是玉屏县，最低的是紫云县，紫云县相当于玉屏县的 75.80%；人均固定资产投资最高的是玉屏县，最低的是威宁县，威宁县只相当于玉屏县的 19.57%；城镇化率最高的是玉屏县，最低的是紫云县，紫云县相当于玉屏县的 77.24%。详情见表 3-16、图 3-2—图 3-9。

二 11 个少数民族自治县普惠金融指数水平比较分析

从 11 个少数民族自治县普惠金融指数的横向比较来看，在 11 个少数民族自治县中，2018 年普惠金融指数最高的自治县是印江县，为 249.42，在 11 个少数民族自治县中排名第 1 位，与 2014 年相比，2018 年印江县普惠金融指数增长值为 146.07，排名从 2014 年的第 9 位上升至 2018 年的第 1 位。玉屏县 2018 年的普惠金融指数仅次于印江县，为 223.43，在 11 个少数民族自治县中排名第 2 位，2014—2016 年的普惠金融指数均排名第 1 位。2018 年普惠金融指数最低的自治县是紫云县，为 127.52。2014—2018 年 11 个自治县普惠金融指数及排名详情见表 3-17。

从 11 个少数民族自治县普惠金融指数的横向比较分析可以得出，各少数民族自治县普惠金融指数差距较大，呈现出发展不平衡的状况。

从自治县与所属市（州）的普惠金融指数比较来看，在 11 个少数民族自治县中，2014 年只有 3 个少数民族自治县的普惠金融指数高于所属市（州）的平均水平，为务川、道真、玉屏；2015 年只有 2 个少数民族自治县的普惠金融指数高于所属市（州）的平均水平，为务川、道真；2016 年全部少数民族自治县的普惠金融指数均低于各自所属市（州）的平均水平；2017 年只有 2 个少数民族自治县的普惠金融指数高于所属市（州）的平均水平，为印江、玉屏；2018 年全部少数民族自治县的普惠金融指数均低于各自所属市（州）的平均水平。从对各少数民族自治县普惠金融指数与所属市（州）比较分析可以得出，绝大

表3-16　西南民族特困区各少数民族自治县相关经济指标

经济指标	年份	道真	务川	镇宁	关岭	紫云	威宁	玉屏	印江	沿河	松桃	三都
建档立卡贫困人口（万人）	2014	5.02	7.89	7.91	8.63	9.08	23.91	2.24	7.93	14.165	12.85	10.62
	2015	3.59	5.72	6.77	6.63	7.26	19.15	1.65	5.95	10.50	9.59	8.15
	2016	2.29	3.34	5.17	5.17	6.43	15.31	1.59	4.29	8.15	6.59	5.99
	2017	1.32	2.98	3.68	3.58	6.3	13.44	0.19	3.33	7.03	5.81	5.90
	2018	0.53	0.69	0.63	2.63	4.15	9.60	0.18	0.76	4.52	3.45	3.92
贫困发生率（%）	2014	16.36	18.74	21.76	24.16	24.27	18.63	17.27	19.13	22.95	18.89	32.3
	2015	11.6	13.70	18.70	18.00	19.30	14.48	12.7	14.30	17.08	14.2	25.3
	2016	7.50	7.95	14.44	13.95	17.25	11.5	11.92	10.40	13.31	9.63	19.31
	2017	4.36	7.01	10.39	10.23	17.46	9.50	1.60	8.26	11.48	8.84	17.55
	2018	1.76	1.62	1.78	7.51	11.49	6.79	1.46	1.89	7.38	5.25	11.66

续表

地区 经济指标	年份	道真	务川	镇宁	关岭	紫云	威宁	玉屏	印江	沿河	松桃	三都
人均GDP（元）	2014	16275	13473	22544	20134	16589	11992	46352	20722	16125	18223	16361
	2015	19702	16098	26310	24092	18985	14882	52140	26070	18766	21132	18281
	2016	22703	18462	30263	27768	22196	16805	56525	31732	20538	23319	21793
	2017	26378	21400	35459	30884	23593	19506	63131	33288	22783	25867	24942
	2018	28564	23951	37861	33571	24899	20236	63639	35895	24409	28136	28176
人均一般公共预算收入（亿元）	2014	1295.46	1120.50	1990.17	1195.51	1386.54	626.08	2985.82	931.13	815.01	936.03	1032.16
	2015	1545.34	1305.70	2421.79	1558.53	1696.79	695.51	3250.21	944.52	867.35	1210.70	1175.37
	2016	1661.94	1426.80	2255.69	1560.08	1790.83	779.78	3665.57	951.71	922.74	1431.47	1207.28
	2017	1815.61	1590.84	2351.92	1684.17	1707.50	870.17	3938.92	1993.59	1043.69	1381.34	1312.87
	2018	1092.74	1790.12	2440.81	1695.40	1736.11	945.97	3797.38	1101.12	1076.51	1306.21	1132.42
城镇常住居民人均可支配收入（元）	2014	19947	19898	19801	19609	19267	20306	20937	19530	19797	19480	20167
	2015	22121	22087	21583	21413	20808	22154	23278	21758	21753	21755	22203
	2016	24245	24243	23450	23242	22369	24109	25550	23860	23592	23835	23980
	2017	26645	26594	25678	25427	24427	26182	27849	26031	25833	26171	26282
	2018	29123	29120	28104	27804	26637	28748	30383	28478	28184	28526	28700

续表

地区 经济 指标	年份	道真	务川	镇宁	关岭	紫云	威宁	玉屏	印江	沿河	松桃	三都
农村常住居民人均可支配收入（元）	2014	6785	6757	5969	5986	5868	6037	7921	6037	5960	5915	6758
	2015	7572	7534	6565	6621	6543	6650	8709	6650	6640	6593	7501
	2016	8291	8257	7232	7200	7230	7319	9498	7318	7274	7288	8289
	2017	9178	9124	8013	7992	7989	8058	10534	8058	8016	8068	9151
	2018	10160	10091	8822	8807	8791	9324	11598	8888	8802	8891	10066
人均固定资产投资（元）	2014	17102.86	12069.20	9403.68	8509.61	14978.14	9476.58	49148.15	20684.19	25019.69	15557.60	24924.68
	2015	21274.25	15273.03	11733.46	11775.09	19048.32	11367.55	55254.78	23315.38	30340.22	17531.05	23049.29
	2016	25849.21	18652.82	14369.91	14221.26	13530.28	13680.77	62018.12	27306.40	24219.21	19683.11	15705.35
	2017	20913.87	23023.83	17483.90	17717.09	12870.20	16594.67	71901.49	33384.40	29788.68	24038.50	19059.80
	2018	31048.39	21006.17	19446.03	19759.34	15451.65	15261.65	77965.16	40573.90	31078.15	22826.12	22489.52
城镇化率（%）	2014	38.00	38.00	38.00	36.40	36.77	38.00	48.80	40.50	40.50	37.00	41.46
	2015	40.00	40.90	40.00	36.50	38.33	40.00	48.80	42.61	40.53	40.00	43.48
	2016	41.30	42.00	43.50	40.10	39.89	42.00	51.90	43.00	41.50	43.50	45.48
	2017	43.00	43.00	45.00	51.00	41.45	42.50	54.58	43.51	41.89	46.50	46.11
	2018	45.00	46.00	47.86	45.64	43.02	45.14	55.70	44.50	44.70	49.42	48.76

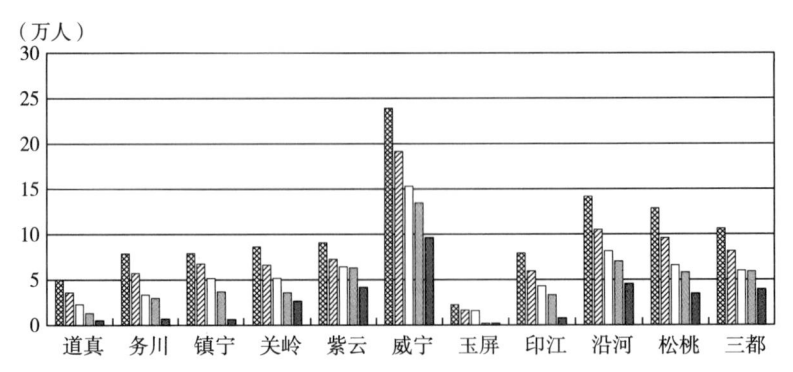

图3-2　各少数民族自治县2014—2018年建档立卡贫困人口

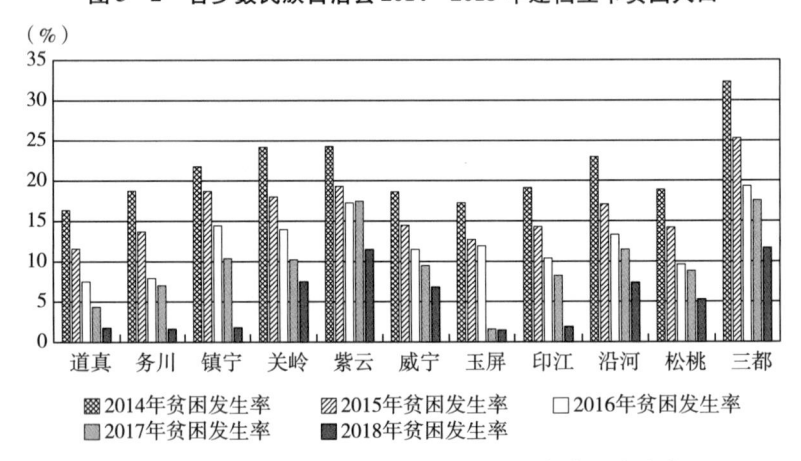

图3-3　各少数民族自治县2014—2018年贫困发生率

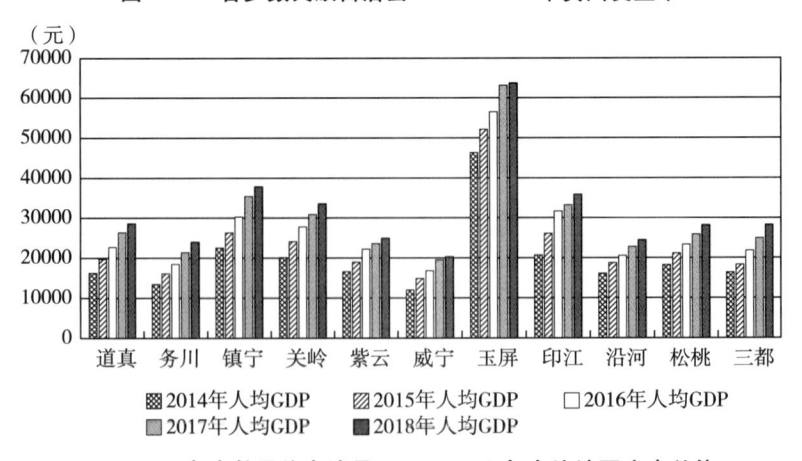

图3-4　各少数民族自治县2014—2018年人均地区生产总值

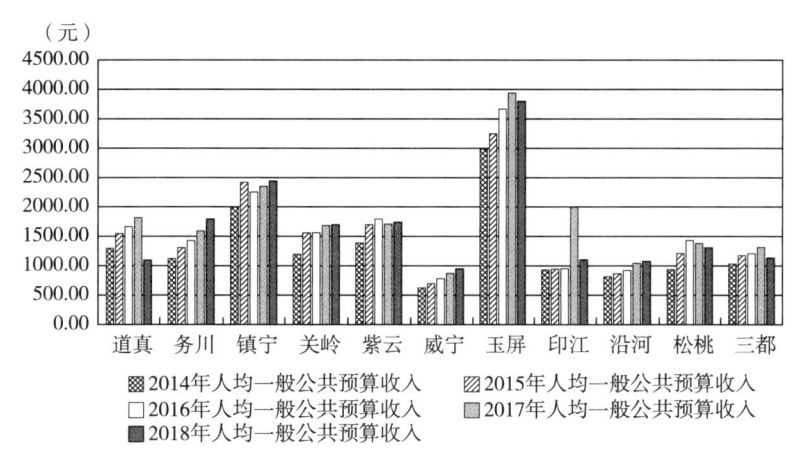

图 3-5　各少数民族自治县 2014—2018 年人均一般公共预算收入

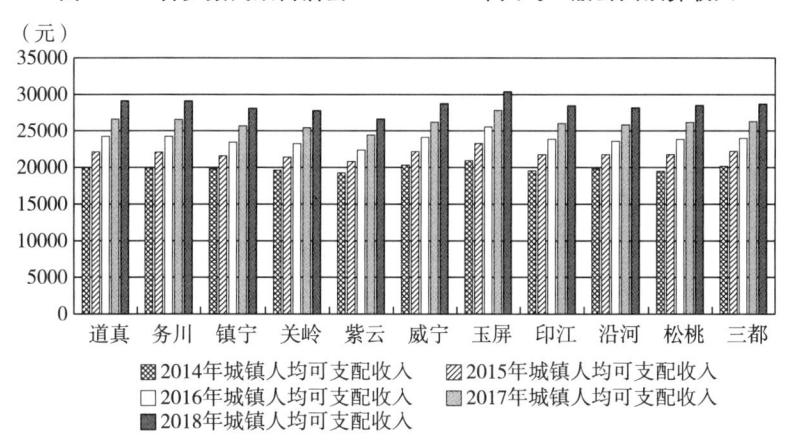

图 3-6　各少数民族自治县 2014—2018 年城镇常住居民人均可支配收入

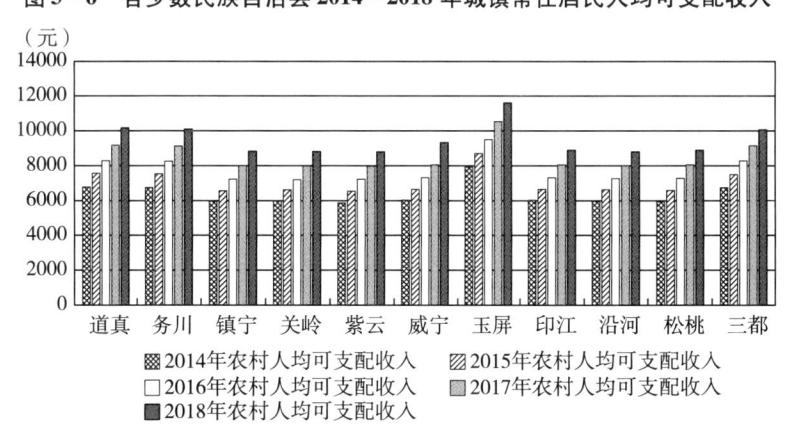

图 3-7　各少数民族自治县 2014—2018 年农村常住居民人均可支配收入

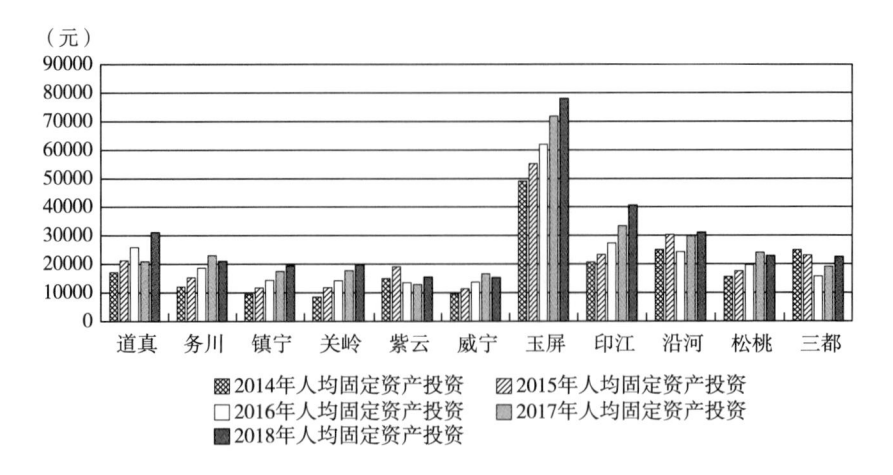

图 3-8　各少数民族自治县 2014—2018 年人均固定资产投资

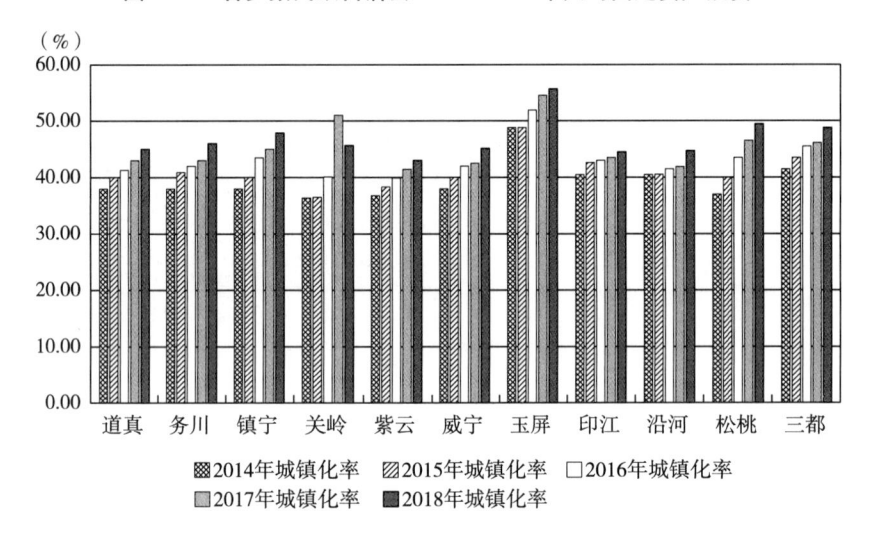

图 3-9　各少数民族自治县 2014—2018 年城镇化率

多数自治县的普惠金融指数低于各自所属市（州）。具体详情见表 3-17。

从 11 个少数民族自治县普惠金融指数的平均水平来看，2018 年 11 个少数民族自治县普惠金融指数平均值为 180.59，大于平均值的少数民族自治县有 6 个，为印江、玉屏、镇宁、务川、三都、松桃，分别超出平均值幅度 38.11%、23.72%、19.21%、14.23%、9.08%、2.39%；小于平均值的少数民族自治县有 5 个，为紫云、威宁、沿河、

第三章 普惠金融支持西南民族特困区短期脱贫与长期发展绩效评价

表3-17　2014—2018年各少数民族自治县普惠金融指数及其排名详情

少数民族自治县	道真	务川	镇宁	关岭	紫云	威宁	玉屏	印江	沿河	松桃	三都
2014年普惠金融指数	109.31	127.31	109.68	115.75	105.54	74.84	129.45	103.34	95.85	124.05	112.23
2014年指数排名	7	2	6	4	8	11	1	9	10	3	5
2014年超过所在市（州）指数幅度	9.31%	27.31%	-20.85%	-16.47%	-23.84%	-25.53%	3.21%	-17.60%	-23.58%	-1.09%	-4.79%
2015年普惠金融指数	126.82	130.34	111.51	116.48	108.39	81.07	134.57	118.82	105.67	131.68	115.44
2015年指数排名	4	3	8	6	9	11	1	5	10	2	7
2015年超过所在市（州）指数幅度	2.97%	5.83%	-21.60%	-18.11%	-23.80%	-33.46%	-4.02%	-15.25%	-24.63%	-6.08%	-11.11%
2016年普惠金融指数	127.18	136.76	155.20	122.82	109.64	92.21	180.96	161.83	107.62	143.23	149.68
2016年指数排名	7	6	3	8	9	11	1	2	10	5	4
2016年超过所在市（州）指数幅度	-18.15%	-11.98%	-1.62%	-22.14%	-30.50%	-28.38%	11.22%	-0.54%	-33.85%	-11.97%	-7.64%
2017年普惠金融指数	136.86	138.60	185.06	142.52	133.63	132.72	221.66	239.54	111.72	169.22	165.46
2017年指数排名	8	7	3	6	9	10	2	1	11	4	5
2017年超过所在市（州）指数幅度	-27.61%	-26.70%	-3.24%	-25.48%	-30.13%	-15.87%	4.63%	13.07%	-47.26%	-20.12%	-17.51%
2018年普惠金融指数	148.68	206.29	215.28	152.35	127.52	138.57	223.43	249.42	143.05	184.90	196.99
2018年指数排名	8	4	3	7	11	10	2	1	9	6	5
2018年超过所在市（州）指数幅度	-36.26%	-11.56%	-0.63%	-29.68%	-41.14%	-20.27%	-11.45%	-1.15%	-43.30%	-26.71%	-13.28%

道真、关岭。综上分析可知，虽然近五年来各少数民族自治县的普惠金融指数都得到了很大提升，但各自治县之间的普惠金融指数差距较大、普惠金融发展水平不平衡。此外，通过对各少数民族自治县与所属市（州）的普惠金融水平进行比较，可以看出县域普惠金融发展水平整体落后于市（州），说明其仍有较大的提升空间。

三　11个少数民族自治县普惠金融指数变化趋势比较分析

纵向比较来看，11个少数民族自治县的普惠金融指数在2014—2018年都实现了上升，其中升幅最高的是印江县，升幅为141.35%；升幅最低的是紫云县，升幅为20.82%。11个自治县2014—2018年普惠金融指数升幅如表3－18所示。

表3－18　　　　各少数民族自治县与所属市（州）增幅

少数民族自治县及所属市（州）	2015年相对2014年指数增幅（%）	2016年相对2015年指数增幅（%）	2017年相对2016年指数增幅（%）	2018年相对2017年指数增幅（%）	2018年相对2014年指数增幅（%）
遵义市	23.17	26.15	21.68	23.37	133.25
道真县	16.02	0.28	7.61	8.64	36.02
务川县	2.39	4.92	1.34	48.84	62.04
安顺市	2.64	10.91	21.23	13.28	56.34
镇宁县	1.67	39.18	19.24	16.33	96.28
关岭县	0.63	5.45	16.04	6.90	31.62
紫云县	2.70	1.16	21.88	-4.57	20.82
毕节市	21.23	5.66	22.54	10.18	72.95
威宁县	8.32	13.74	43.94	4.41	85.15
铜仁市	11.79	16.05	30.21	19.10	101.17
玉屏县	3.96	34.47	22.49	0.80	72.60
印江县	14.98	36.19	48.02	4.12	141.35
沿河县	10.25	1.85	3.81	28.03	49.24
松桃县	6.15	8.77	18.14	9.27	49.05
黔南州	10.17	24.79	23.78	13.24	92.70
三都县	2.86	29.66	10.54	19.06	75.53

进一步地，由于变异系数①可以反映绝对水平差异的变化，适用于比较普惠金融发展状态的离散程度。通过计算11个少数民族自治县普惠金融指数的变异系数结果可知，2018年11个少数民族自治县的普惠金融指数变异系数为0.2251，高于2014年的0.1415，这说明2018年各少数民族自治县的普惠金融发展不平衡性较2014年有所增强。

从11个少数民族自治县与所属市（州）的普惠金融指数增幅的比较来看，各少数民族自治县与所属市（州）的普惠金融指数增幅相比，印江县比其所属市（州）铜仁市的普惠金融指数增幅要大，其2018年相对2014年的普惠金融指数要比所属地级市铜仁市的指数增幅高出40.17个百分点；而道真县比其所属市（州）遵义市的普惠金融指数增幅要小，2018年相对2014年的普惠金融指数要比所属地级市遵义市的指数增幅低了97.23个百分点。

综上分析可知，虽然近几年绝大多数少数民族自治县的普惠金融指数都实现了增幅，但大多数县的普惠金融指数增幅依然低于各自所属市（州）的指数增幅水平，且各少数民族自治县的普惠金融发展不平衡水平较2014年有所提升。这说明各少数民族自治县需针对民族区域自治地区的特点，争取更多政策支持，加快区域经济社会发展，为建设少数民族自治县提供较为宽松的经济社会环境和金融生态，进一步推动普惠金融的发展。

第三节　11个少数民族自治县普惠金融指标分析

一　11个少数民族自治县2018年普惠金融指标水平分析

（一）少数民族自治县2018年普惠金融优劣势指标总体分析

对2018年西南民族特困区11个少数民族自治县普惠金融各指标进行分析，在11个少数民族自治县中，普惠金融指标数量高于各少数民

---

① $CV = \frac{1}{\bar{Y}}\sqrt{\frac{1}{N-1}\sum_{i=1}^{n}(Y_i - \bar{Y})^2}$ 变异系数（Coefficient of Variation）又称标准差率，是用样本的标准差除以样本均值，记为CV。变异系数可以反映绝对差异的变化，适用于比较普惠金融发展状态的离散程度。上述公式中，Y_i为各自治县的普惠金融指数，$\bar{Y}$为各自治县普惠金融指数的平均值，N为自治县的个数。

族自治县所属地级市最多的是务川县，有10个指标高于其所属地级市遵义市的指标水平，随后依次为镇宁、道真、玉屏、印江、松桃、威宁、三都、关岭、紫云、沿河，分别有9个、8个、8个、8个、8个、7个、7个、6个、5个、3个指标高于各自所属地级市的指标水平。

（二）少数民族自治县2018年普惠金融优势指标[①]分析

首先，普惠金融重点服务群体的部分信贷指标表现较好。有10个县的农户生产经营贷款余额占比，有9个县的精准扶贫贷款余额占比，有7个县的个体工商户经营性贷款余额占比，有3个县的小微企业主经营性贷款余额占比，均属于优势指标。这些指标最能体现出普惠金融的宗旨，对贫困地区和弱势群体的支持作用最为直接，也是需要下一步继续加强的领域。

其次，具有普惠性质的金融基础设施和基础服务的指标表现较好。在金融基础服务方面，有8个县的企业信用档案建档率和个人信用档案建档率属于优势指标；在金融基础设施方面，有4个县的每万人拥有的POS机终端数、有3个县的每万人拥有的银行网点数属于优势指标。金融基础设施和基础服务水平对提升少数民族自治县的普惠金融水平发挥了重要作用。

最后，账户及银行卡、支付和保险等部分相关指标表现较好。在账户及银行卡一级指标下，有4个县的信用卡人均持卡量，3个县的个人银行结算账户人均拥有量、企业法人单位银行结算账户平均拥有量和银行卡人均持卡量，都属于优势指标。在支付类指标中，有4个县的银行卡助农取款服务人均支付业务笔数，2个县的人均移动支付开通量，1个县的人均网上支付开通量，属于优势指标。

此外，信贷障碍一级指标下有7个县的小微企业信用贷款比例，4个县的农户信用贷款比例属于优势指标。优势指标分布具体情况见表3-19。

（三）少数民族自治县2018年普惠金融劣势指标[②]分析

针对劣势指标进行精准发力也是这些县继续提高普惠金融发展水平

---

① 优势指标指11个少数民族自治县各自高于所属地级市的指标。
② 劣势指标指11个少数民族自治县各自低于所属地级市的指标。

表3-19　　少数民族自治县2018年优势指标分布具体情况

单位：%

优势指标 \ 自治县（超出均值幅度）	道真	务川	镇宁	关岭（国家级贫困县）	紫云（国家级贫困县）	威宁（国家级贫困县）	玉屏	印江	沿河（国家级贫困县）	松桃（国家级贫困县）	三都（国家级贫困县）
农户生产经营贷款余额占比（10个县）	98.52	101.56	—	28.54	4.72	32.49	42.40	1.89	71.93	38.26	74.11
精准扶贫贷款余额占比（9个县）	16.53	201.56	41.30	51.99	53.31	43.95	3.13	—	—	10.74	72.11
个人信用档案建档率（8个县）	12.60	—	38.19	47.04	20.85	—	913.46	1113.54	832.50	883.78	—
个体工商户经营性贷款占比（7个县）	25.75	601.56	24.21	—	39.25	—	—	—	—	138.80	461.25
小微企业信用贷款比例（7个县）	79.28	569.84	8.52	—	—	55.02	—	0.40	277.33	—	—
每万人拥有的POS机终端数（4个县）	—	701.56	—	—	—	—	34.54	121.74	—	0.38	53.61
农户信用贷款比例（4个县）	577.04	580.53	411.38	385.94	181.89	—	—	—	—	36.58	—
企业信用档案建档率（4个县）	7.65	—	—	—	—	—	—	—	—	24.81	20.26

续表

优势指标\超出均值幅度 自治县	道真	务川	镇宁	关岭（国家级贫困县）	紫云（国家级贫困县）	威宁（国家级贫困县）	玉屏	印江	沿河（国家级贫困县）	松桃（国家级贫困县）	三都（国家级贫困县）
信用卡人均持卡量（4个县）	—	—	287.38	—	—	148.21	166.97	737.09	—	—	—
银行卡助农取款服务人均支付业务笔数（4个县）	—	102.69	121.46	—	—	29.84	—	12.12	—	—	—
个人银行结算账户人均拥有量（3个县）	—	0.17	—	—	—	—	33.24	—	—	—	—
每万人拥有的银行网点数（3个县）	28.71	—	—	15.10	—	5.32	43.42	22.08	—	—	—
企业法人单位银行结算账户平均拥有量（3个县）	—	501.56	32.44	—	—	—	—	—	—	—	—
小微企业主经营性贷款余额占比（3个县）	—	401.56	—	9.44	—	148.21	170.06	—	—	—	—
银行卡人均持卡量（3个县）	—	—	—	—	—	—	—	—	—	249.75	266.21
人均移动支付开通量（2个县）	—	301.56	—	—	—	—	—	13.05	—	—	11.60
人均网上支付开通量（1个县）	—	—	—	—	—	—	—	—	—	—	—

的有效举措。11个少数民族自治县劣势指标具体情况见表3-20。经过分析，我们把这些劣势指标分为客观原因导致的劣势指标和具有提升潜力的劣势指标。

1. 客观原因导致的劣势指标

这些指标受经济发展水平等客观原因影响导致其低于所属地级市水平，如有11个县的保险密度、保险深度、人均网上支付笔数、人均移动支付笔数，10个县的人均网上支付开通量，9个县的人均移动支付开通量，8个县的个人银行结算账户人均拥有量、企业法人单位银行结算账户平均拥有量、银行卡人均持卡量，7个县的企业信用档案建档率、信用卡人均持卡量、银行卡助农取款服务人均支付业务笔数，4个县的小微企业信用贷款比例，3个县的个人信用档案建档率等指标。上述指标之所以低于全省平均水平，更多的是由于当地经济发展水平不高导致的金融需求不足，需要通过普惠金融与经济发展的良好互动来改善这些指标。

2. 具有提升潜力的劣势指标

这些指标主要包括11个县的每万人拥有的ATM数，8个县的每万人拥有的银行网点数、小微企业主经营性贷款余额占比，7个县的每万人拥有的POS机终端数，4个县的个体工商户经营性贷款余额占比，2个县的精准扶贫贷款余额占比，1个县的农户生产经营贷款余额占比等指标。上述指标是劣势指标，而这些指标是可以通过金融机构、政府有关部门以及金融服务需求端的共同努力来加以改善的。

二　11个少数民族自治县普惠金融指标变化趋势分析

（一）少数民族自治县2018年普惠金融指标总体增幅情况

与2014年相比，少数民族自治县2018年普惠金融指标总体增幅数量最多的是三都县，共有21个指标实现增长，其中有16个指标达到高速增长[①]；其次为镇宁、威宁、印江，均有19个指标实现增长，其中分别有17个、19个、17个指标实现高速增长；随后依次为沿河、松桃、紫云、玉屏、道真、务川、关岭，分别有18个、18个、17个、17个、16个、16个、16个指标实现增长，其中分别有17个、15个、15个、

---

① 高速增长指标即增幅≥25%的指标。

表 3-20　少数民族自治县 2018 年劣势指标分布具体情况

单位：%

自治县 劣势指标 超出均值幅度	道真	务川	镇宁	关岭（国家级贫困县）	紫云（国家级贫困县）	威宁（国家级贫困县）	玉屏	印江	沿河（国家级贫困县）	松桃（国家级贫困县）	三都（国家级贫困县）
保险密度（11 个县）	-45.30	-70.90	-36.35	-70.27	-61.20	-77.41	-14.58	-32.39	-67.99	-66.62	-71.42
保险深度（11 个县）	-6.24	-41.88	-39.29	-68.44	-47.86	-67.86	-67.86	-37.65	-57.25	-60.13	-59.49
每万人拥有的 ATM 数（11 个县）	-46.55	-31.25	-58.47	-63.16	-50.31	-46.81	-41.86	-38.66	-61.11	-54.20	-46.90
人均网上支付笔数（11 个县）	-95.04	-86.81	-33.64	-58.58	-87.00	-99.02	-6.48	-12.63	-65.87	-92.12	-71.64
人均移动支付笔数（11 个县）	-91.09	-66.48	-14.38	-76.90	-70.94	-96.77	-65.92	-60.86	-66.44	-92.95	-61.62
人均网上支付开通量（10 个县）	-66.30	—	-17.84	-22.07	-72.24	-79.66	-3.10	-8.98	-71.10	-71.10	-58.28
人均移动支付开通量（9 个县）	-82.55	-18.52	-30.24	-23.59	-70.76	-66.98	-6.38	—	-74.53	-47.96	—
个人银行结算账户人均拥有量（8 个县）	-28.44	-1.21	—	-9.36	-30.93	—	—	-13.44	-14.71	-30.34	-38.54
每万人拥有的银行网点数（8 个县）	—	-16.48	-34.74	-53.25	-42.92	-57.29	—	—	-21.52	-13.02	-33.61
企业法人单位银行结算账户平均拥有量（8 个县）	-15.10	—	—	—	-15.68	-14.97	-42.84	-23.39	-4.75	-38.58	-16.56
小微企业主经营性贷款余额占比（8 个县）	-4.95	-4.92	-60.91	-64.24	-55.54	-25.69	—	-44.17	-53.33	—	—

第三章 普惠金融支持西南民族特困区短期脱贫与长期发展绩效评价

续表

自治县 超出均值幅度 劣势指标	道真	务川	镇宁	关岭（国家级贫困县）	紫云（国家级贫困县）	威宁（国家级贫困县）	玉屏	印江	沿河（国家级贫困县）	松桃（国家级贫困县）	三都（国家级贫困县）
银行卡人均持卡量（8个县）	-5.80	—	-25.15	—	-52.03	—	-72.21	-31.93	-43.25	-62.77	-12.38
每万人拥有的POS终端数（7个县）	-54.07	—	-58.39	-45.55	-47.95	-30.61	—	—	-36.36	—	-29.07
农户信用贷款比例（7个县）	—	—	-10.28	-23.63	-38.19	-14.67	-13.68	-5.01	-42.45	—	—
企业信用档案建档率（7个县）	—	-15.80	—	—	—	-7.20	-27.63	-73.93	-47.23	-5.65	-50.69
信用卡人均持卡量（7个县）	-78.41	-79.62	—	-22.09	-78.04	—	—	—	-43.25	-62.77	-50.07
银行卡助农取款服务人均支付业务笔数（7个县）	-41.52	—	—	-35.01	-0.55	—	-98.35	—	-72.03	-73.22	-3.99
个体工商户经营性贷款占比（4个县）	—	—	—	-61.16	—	-44.70	-15.43	-39.79	—	—	—
小微企业信用贷款比例（4个县）	—	-3.15	—	-86.82	-62.63	—	-0.59	—	-66.80	—	—
个人信用档案建档率（3个县）	—	—	—	—	—	-32.23	—	—	—	—	-10.33
精准扶贫贷款余额占比（2个县）	—	—	—	—	—	—	—	-70.35	-73.31	—	—
农户生产经营贷款余额占比（1个县）	—	—	-0.79	—	—	—	—	—	—	—	—

16个、12个、15个、16个指标达到高速增长。从上述分析可知，与2014年相比，少数民族自治县2018年普惠金融指标总体增幅较大，大部分指标达到高速增长，下面我们将进一步对高速增长指标进行分析。

（二）11个少数民族自治县2018年普惠金融高速增长指标分析

对西南民族特困区11个少数民族自治县高速增长指标进行分析，共有22个指标高速增长频次大于或等于2。

首先，在银行卡及账户、金融基础设施类指标相对较好。指标频次统计发现个人信用档案建档率、个人银行结算账户人均拥有量、每万人拥有的ATM机数、企业信用档案建档率和银行卡助农取款服务人均支付业务笔数在11个少数民族自治县实现了高速增长；信用卡人均持卡量和银行卡人均持卡量在10个县实现了高速增长；每万人拥有的POS机终端数在9个县实现了高速增长；每万人拥有的银行网点数在4个县实现了高速增长；企业法人单位银行结算账户平均拥有量在2个县实现了高速增长。

其次，支付、信贷类指标也是推动普惠金融指数增长的重要因素。支付中，人均网上支付开通量和人均移动支付开通量在11个少数民族自治县中实现了高速增长；精准扶贫贷款余额占比和人均移动支付笔数在9个县实现了高速增长；人均网上支付笔数在8个县实现了高速增长；个体工商户经营性贷款余额占比在6个县实现了高速增长；小微企业信用贷款比例和小微企业主经营性贷款余额占比在4个县实现了高速增长；农户生产经营贷款余额占比在3个县实现了高速增长；农户信用贷款比例在2个县实现了高速增长。

最后，保险类指标中，保险密度在11个县中实现了高速增长，保险深度在7个县实现了高速增长，为普惠金融指数增长贡献了一定的力量。具体情况见表3－21。

（三）11个少数民族自治县2018年普惠金融下降指标[①]分析

对西南民族特困区11个少数民族自治县下降指标进行分析，共有12个指标出现了下降。下降指标主要集中在以下方面：

---

① 下降指标即增幅<0的指标。

表3-21　　少数民族自治县高速增长指标频次分布

指标	频次	指标	频次
保险密度	11	每万人拥有的POS机终端数	9
个人信用档案建档率	11	人均移动支付笔数	9
个人银行结算账户人均拥有量	11	人均网上支付笔数	8
每万人拥有的ATM机数	11	保险深度	7
企业信用档案建档率	11	个体工商户经营性贷款余额占比	6
人均网上支付开通量	11	每万人拥有的银行网点数	4
人均移动支付开通量	11	小微企业信用贷款比例	4
银行卡助农取款服务人均支付业务笔数	11	小微企业主经营性贷款余额占比	4
信用卡人均持卡量	10	农户生产经营贷款余额占比	3
银行卡人均持卡量	10	农户信用贷款比例	2
精准扶贫贷款余额占比	9	企业法人单位银行结算账户平均拥有量	2

首先，信贷类部分指标表现下降，农户生产经营贷款余额占比在7个县出现了下降，小微企业信用贷款比例在6个县出现了下降，个体工商户经营性贷款余额占比和小微企业主经营性贷款余额占比在5个县出现了下降，农户信用贷款比例在4个县出现了下降，精准扶贫贷款余额占比在1个县出现了下降。

其次，部分金融基础设施、账户及保险类个别指标出现下降，企业法人单位银行结算账户平均拥有量在6个县出现了下降，保险深度在3个县出现了下降，每万人拥有的POS机终端数和每万人拥有的银行网点数在1个县出现了下降。具体情况见表3-22。

三　代表性自治县普惠金融指标分析

（一）指数和指数增幅均领先的印江县普惠金融指标分析

1. 印江县普惠金融指数指标总体分析

印江县隶属于铜仁市，是全国生态文明示范工程试点县、国家重点生态功能区，入围全国生态保护与建设示范区、中央农村环境综合整治整县推进试点县。2018年，印江县生产总值101.42亿元，人均地区生产总值为35895元，城镇常住居民人均可支配收入为28478元，农村常

表3-22　西南民族特困区少数民族自治县下降指标频次分布

指标	频次	指标	频次
农户生产经营贷款余额占比	7	保险深度	3
企业法人单位银行结算账户平均拥有量	6	人均网上支付笔数	3
小微企业信用贷款比例	6	人均移动支付笔数	2
个体工商户经营性贷款余额占比	5	精准扶贫贷款余额占比	1
小微企业主经营性贷款余额占比	5	每万人拥有的POS机终端数	1
农户信用贷款比例	4	每万人拥有的银行网点数	1

住居民人均可支配收入为8888元，在11个少数民族自治县中排名分别为第5位、第3位、第7位、第7位。

从普惠金融指数绝对水平来看，印江县2014—2018年的普惠金融指数分别为103.34、118.82、161.83、239.54、249.42，在11个少数民族自治县中的排名分别为第9位、第5位、第2位、第1位、第1位。从普惠金融指数升幅来看，印江县2015—2018年的升幅分别为14.98%、36.19%、48.02%、4.12%，升幅排名分别为第2位、第2位、第1位、第9位，其中2018年与2014年相比，升幅为141.35%，在11个自治县中排名第1位。在22个三级指标中，印江县表现优于所属地级市铜仁市的指标有14个，占比为63.64%，低于所属地级市铜仁市的指标有8个，占比为36.36%；在22个三级指标中，2018年相比2014年，上升的指标有19个，占比为86.36%，下降的指标有3个，占比为13.64%。

2. 印江县2018年优劣势指标分析

（1）表现优于所属地级市铜仁市的指标分析。

2018年印江县表现优于所属地级市铜仁市的指标主要集中在以下几个领域：

一是部分金融服务点、支付类指标。金融服务点类指标中每万人拥有的POS机终端数、每万人拥有的银行网点数分别高于所属地级市铜仁市121.74%、22.08%；支付类指标中人均移动支付开通量、银行卡助农取款服务人均支付业务笔数分别高于所属地级市铜仁市 13.05%、12.12%。

二是信用建设、银行卡、信贷占比及信贷障碍下的个别指标。其中个人信用档案建档率、信用卡人均持卡量、农户生产经营贷款余额占比、小微企业信用贷款比例分别高于所属地级市铜仁市 1113.54%、737.09%、1.89%、0.40%。

（2）表现低于所属地级市铜仁市的指标分析。

2018 年印江县表现低于所属地级市铜仁市的指标主要集中在以下几个领域：

一是大部分信贷占比、账户及银行卡类指标。信贷占比指标中精准扶贫贷款余额占比、小微企业主经营性贷款余额占比、个体工商户经营性贷款余额占比分别低于所属地级市铜仁市 70.35%、44.17%、39.79%；账户及银行卡类指标中银行卡人均持卡量、企业法人单位银行结算账户平均拥有量、个人银行结算账户人均拥有量分别低于所属地级市铜仁市 31.93%、23.39%、13.44%。

二是大部分支付类、保险类指标。支付类指标中人均移动支付笔数、人均网上支付笔数、人均网上支付开通量分别低于所属地级市铜仁市 60.86%、12.63%、8.98%；保险类指标中保险深度、保险密度分别低于所属地级市铜仁市 37.65%、32.39%。

此外，信用建设类指标中的企业信用档案建档率、金融服务点类的每万人拥有的 ATM 机数、农村信用贷款比例的指标中农户信用贷款比例分别低于所属地级市铜仁市 73.93%、38.66%、5.01%。具体详情如表 3-23 所示。

表 3-23　印江县 2018 年普惠金融指标与所属地级市铜仁市比较情况

指标超过所属地级市铜仁市分类情况	指标	2018 年超过所属地级市铜仁市的幅度（%）
超过所属地级市铜仁市幅度＞0	个人信用档案建档率	1113.54
	信用卡人均持卡量	737.09
	每万人拥有的 POS 机终端数	121.74
	每万人拥有的银行网点数	22.08

续表

指标超过所属地级市铜仁市分类情况	指标	2018年超过所属地级市铜仁市的幅度（%）
超过所属地级市铜仁市幅度>0	人均移动支付开通量	13.05
	银行卡助农取款服务人均支付业务笔数	12.12
	农户生产经营贷款余额占比	1.89
	小微企业信用贷款比例	0.40
超过所属地级市铜仁市幅度<0	农户信用贷款比例	-5.01
	人均网上支付开通量	-8.98
	人均网上支付笔数	-12.63
	个人银行结算账户人均拥有量	-13.44
	企业法人单位银行结算账户平均拥有量	-23.39
	银行卡人均持卡量	-31.93
	保险密度	-32.39
	保险深度	-37.65
	每万人拥有的ATM机数	-38.66
	个体工商户经营性贷款余额占比	-39.79
	小微企业主经营性贷款余额占比	-44.17
	人均移动支付笔数	-60.86
	精准扶贫贷款余额占比	-70.35
	企业信用档案建档率	-73.93

3. 印江县2018年相对2014年普惠金融指标增幅分析

（1）上升指标分析。

印江县2018年相对2014年上升的指标主要集中在以下几个领域：

一是支付类、信贷占比类指标。与2014年相比，2018年支付类指标中人均移动支付笔数、人均网上支付开通量、人均网上支付笔数、人均移动支付开通量、银行卡助农取款服务人均支付业务笔数增幅分别为2760.26%、1576.67%、647.42%、589.44%、221.48%；2018年信贷占比类指标中个体工商户经营性贷款余额占比、精准扶贫贷款余额占比、小微企业主经营性贷款余额占比增幅分别为299.20%、255.89%、5.85%。

二是银行卡及账户类、保险类指标。与 2014 年相比，2018 年银行卡及账户类指标中信用卡人均持卡量、银行卡人均持卡量、个人银行结算账户人均拥有量增幅分别为 4998.12%、244.29%、186.09%；2018 年保险类指标中保险密度、保险深度增幅分别为 157.93%、143.24%。

三是金融服务点、信用建设、部分信贷障碍类指标。与 2014 年相比，2018 年金融服务点指标中每万人拥有的 ATM 机数、每万人拥有的 POS 机终端数、每万人拥有的银行网点数增幅分别为 252.73%、237.16%、57.81%；2018 年信用建设指标中个人信用档案建档率、企业信用档案建档率增幅分别为 334.19%、81.94%；2018 年信贷障碍指标中农户信用贷款比例增幅为 7.80%。

（2）下降指标分析。

印江县 2018 年相对 2014 年下降的指标主要为信贷占比、账户及银行卡类及信贷障碍一级指标下的个别指标，其中农户生产经营贷款余额占比、企业法人单位银行结算账户平均拥有量、小微企业信用贷款比例降幅分别为 42.59%、29.08%、0.38%。具体情况如表 3-24 所示。

表 3-24　　印江县 2018 年相对 2014 年指标增幅情况

指标增幅分类	指标	2018 年相对 2014 年指标增幅（%）
增长指标 （≥0%）	信用卡人均持卡量	4998.12
	人均移动支付笔数	2760.26
	人均网上支付开通量	1576.67
	人均网上支付笔数	647.42
	人均移动支付开通量	589.44
	个人信用档案建档率	334.19
	个体工商户经营性贷款余额占比	299.20
	精准扶贫贷款余额占比	255.89
	每万人拥有的 ATM 机数	252.73
	银行卡人均持卡量	244.29
	每万人拥有的 POS 机终端数	237.16
	银行卡助农取款服务人均支付业务笔数	221.48

续表

指标增幅分类	指标	2018年相对2014年指标增幅（％）
增长指标 （≥0％）	个人银行结算账户人均拥有量	186.09
	保险密度	157.93
	保险深度	143.24
	企业信用档案建档率	81.94
	每万人拥有的银行网点数	57.81
	农户信用贷款比例	7.80
	小微企业主经营性贷款余额占比	5.85
下降指标 （增幅<0）	小微企业信用贷款比例	-0.38
	企业法人单位银行结算账户平均拥有量	-29.08
	农户生产经营贷款余额占比	-42.59

（二）指数和指数增幅均落后的紫云县普惠金融指标分析

1. 紫云县普惠金融指数指标总体分析

紫云县隶属于安顺市，因县城西一公里处"紫云洞"而得名紫云。2018年，紫云县生产总值为68.11亿元，人均地区生产总值为24899元，城镇居民人均可支配收入为26637元，农村居民人均可支配收入为8791元，在11个少数民族自治县中排名分别为第11位、第8位、第11位、第11位。

从普惠金融指数绝对水平来看，紫云县2014—2018年的普惠金融指数分别为105.54、108.39、109.64、133.63、127.52，在11个县（区市）中的排名分别为第8位、第9位、第9位、第9位、第11位。在22个三级指标中，紫云县表现优于所属地级市安顺市的指标有5个，占比为22.73%，低于所属地级市安顺市的指标有17个，占比为77.27%。从普惠金融指数升幅来看，紫云县2015—2018年增幅分别为2.70%、1.16%、21.88%、-4.57%，增幅在11个少数民族自治县中的排名分别为第8位、第10位、第4位、第11位，其中2018年与2014年相比，升幅为20.82%，在11个自治县中排名第11位。在22个三级指标中，2018年相对2014年，紫云县上升的指标有17个，占比为77.27%，下降的指标有5个，占比为22.73%。

2. 紫云县2018年优劣势指标

（1）表现优于所属地级市安顺市的指标分析。

2018年紫云县优于所属地级市安顺市的指标主要集中在大部分信贷占比及信用建设类指标中，其中信贷占比类包括精准扶贫贷款余额占比、个体工商户经营性贷款余额占比、农户生产经营贷款余额占比，分别高于所属地级市安顺市53.31%、39.25%、4.72%；信用建设类指标包括企业信用档案建档率、个人信用档案建档率，分别高于所属地级市安顺市181.89%、20.85%。

（2）表现低于所属地级市安顺市的指标分析。

2018年紫云县低于所属地级市安顺市的指标主要集中在以下几个领域：

一是全部支付、银行卡及账户类指标。支付类指标中人均网上支付笔数、人均网上支付开通量、人均移动支付笔数、人均移动支付开通量分别低于所属地级市安顺市87.00%、72.24%、70.94%、70.76%；银行卡及账户类指标中信用卡人均持卡量、银行卡人均持卡量、个人银行结算账户人均拥有量、企业法人单位银行结算账户平均拥有量分别低于所属地级市安顺市78.04%、52.03%、30.93%、15.68%。

二是全部金融服务点、保险类指标。金融服务点类指标中每万人拥有的ATM机数、每万人拥有的POS终端数、每万人拥有的银行网点数分别低于地级市安顺市50.31%、47.95%、42.92%；保险类指标中保险密度、保险深度分别低于所属地级市安顺市61.20%、47.86%。

三是全部信贷障碍类及个别信贷占比指标。信贷障碍类指标中小微企业信用贷款比例、农户信用贷款比例分别低于所属地级市安顺市62.63%、38.19%；信贷占比中小微企业主经营性贷款余额占比低于所属地级市安顺市55.54%。具体详情如表3-25所示。

3. 紫云县2018年相对2014年普惠金融指标增幅分析

（1）上升指标分析。

紫云县2018年相对2014年实现增长的指标集中在以下几个方面：

一是支付类、信用建设类指标。与2014年相比，2018年支付类指标中人均移动支付开通量、人均网上支付开通量、银行卡助农取款服务人均支付业务笔数、人均移动支付笔数、人均网上支付笔数增幅分别为 1359.55%、742.16%、379.42%、216.08%、42.52%；2018 年信用建设类指标中企业信用档案建档率、个人信用档案建档率增幅分别为 346.97%、146.34%。

表 3-25　　紫云县 2018 年普惠金融指标与所属地级市安顺市比较情况

指标超过所属地级市安顺市分类情况	指标	2018 年超过所属地级市安顺市的幅度（%）
超过所属地级市安顺市幅度 >0	企业信用档案建档率	181.89
	精准扶贫贷款余额占比	53.31
	个体工商户经营性贷款余额占比	39.25
	个人信用档案建档率	20.85
	农户生产经营贷款余额占比	4.72
	银行卡助农取款服务人均支付业务笔数	-0.55
	企业法人单位银行结算账户平均拥有量	-15.68
	个人银行结算账户人均拥有量	-30.93
超过所属地级市安顺市幅度 <0	农户信用贷款比例	-38.19
	每万人拥有的银行网点数	-42.92
	保险深度	-47.86
	每万人拥有的 POS 机终端数	-47.95
	每万人拥有的 ATM 机数	-50.31
	银行卡人均持卡量	-52.03
	小微企业主经营性贷款余额占比	-55.54
	保险密度	-61.20
	小微企业信用贷款比例	-62.63
	人均移动支付开通量	-70.76
	人均移动支付笔数	-70.94
	人均网上支付开通量	-72.24
	信用卡人均持卡量	-78.04
	人均网上支付笔数	-87.00

二是金融服务点类、银行卡类指标。与 2014 年相比，2018 年金融服务点类指标中每万人拥有的 ATM 机数、每万人拥有的 POS 机终端数、每万人拥有的银行网点数增幅分别为 176.32%、55.14%、10.42%；2018 年银行卡类指标中银行卡人均持卡量、信用卡人均持卡量增幅分别为 153.10%、67.90%。

三是个别信贷障碍类、保险类、账户类、信贷占比类指标。与 2014 年相比，2018 年信贷障碍类指标中小微企业信用贷款比例、保险类指标中保险密度、账户类指标中个人银行结算账户人均拥有量增幅分别为 114.90%、69.23%、45.23%；2018 年信贷占比类中精准扶贫贷款余额占比、农户生产经营贷款余额占比增幅分别为 42.57%、10.18%。

（2）下降指标分析。

紫云县 2018 年相对 2014 年下降的指标主要是个别信贷占比类、信贷障碍类、账户类、保险类指标，信贷占比类指标中个体工商户经营性贷款余额占比、小微企业主经营性贷款余额占比 2018 年相对 2014 年降幅分别为 84.63%、11.86%；信贷障碍类指标中农户信用贷款比例、账户类指标中企业法人单位银行结算账户平均拥有量、保险类指标中保险深度 2018 年相对 2014 年降幅分别为 21.45%、3.34%、1.61%。如表 3-26 所示。

表 3-26 紫云县 2018 年相对 2014 年指标增幅情况

指标增幅分类	指标	2018 年相对 2014 年指标增幅（%）
增长指标（增幅≥0）	人均移动支付开通量	1359.55
	人均网上支付开通量	742.16
	银行卡助农取款服务人均支付业务笔数	379.42
	企业信用档案建档率	346.97
	人均移动支付笔数	216.08
	每万人拥有的 ATM 机数	176.32
	银行卡人均持卡量	153.10
	个人信用档案建档率	146.34

续表

指标增幅分类	指标	2018年相对2014年指标增幅（%）
增长指标 （增幅≥0）	小微企业信用贷款比例	114.90
	保险密度	69.23
	信用卡人均持卡量	67.90
	每万人拥有的POS终端数	55.14
	个人银行结算账户人均拥有量	45.23
	精准扶贫贷款余额占比	42.57
	人均网上支付笔数	42.52
	每万人拥有的银行网点数	10.42
	农户生产经营贷款余额占比	10.18
增长指标 （增幅<0）	保险深度	-1.61
	企业法人单位银行结算账户平均拥有量	-3.34
	小微企业主经营性贷款余额占比	-11.86
	农户信用贷款比例	-21.45
	个体工商户经营性贷款余额占比	-84.63

第四节 11个少数民族自治县普惠金融发展对短期脱贫与长期发展的绩效评价

一 绩效评价方法简介——SPSS – Pearson 相关性分析

Pearson 分析法，也被称为积差相关系数，是参数统计方法常见的一种有关系数统计方法。Pearson 相关系数本质上是统计学方法中的一种线性相关系数，它是依据样本观测值展开运算的，对它的分析通常是用来衡量定距变量间的线性关系。

Pearson 相关系数分析结果表示两个变量之间相关性的强弱，绝对值在0.8—1.0表示极强相关，绝对值在0.6—0.8表示强相关，绝对值在0.4—0.6表示中度相关，绝对值在0.2—0.4表示弱相关，绝对值小于0.2表示极弱相关或无相关。

使用这一分析法分析普惠金融与建档立卡贫困人口、贫困发生率、人均 GDP、人均一般公共预算收入、城镇常住居民人均可支配收入、农村常住居民人均可支配收入、人均固定资产投资和城镇化率之间的关系，能够更好地找准普惠金融支持西南民族特困区短期脱贫的关键，有针对性地制定支持发展对策。

二 11 个少数民族自治县普惠金融指数与建档立卡贫困人口相关性分析

采用 SPSS 中的 Pearson 相关性分析，11 个少数民族自治县 2014 年普惠金融指数与建档立卡贫困人口二者之间的相关系数为 －0.773，2015 年为 －0.843，2016 年为 －0.713，2017 年为 －0.465，2018 年为 －0.621。从以上数据可以看出，11 个少数民族自治县的普惠金融指数与建档立卡贫困人口二者之间呈现明显的负相关性，其中 2015 年为极强相关，2014 年、2016 年、2018 年为强相关，2017 年为中度相关。这说明，普惠金融水平越高，建档立卡贫困人口数越少，也就是说普惠金融对贫困人口脱贫具有明显的效应。

三 11 个少数民族自治县普惠金融指数与贫困发生率相关性分析

采用 SPSS 中的 Pearson 相关性分析，11 个少数民族自治县 2014 年普惠金融指数与贫困发生率二者之间的相关系数为 －0.058，2015 年为 －0.295，2016 年为 －0.055，2017 年为 －0.353，2018 年为 －0.581。从以上数据可以看出，普惠金融指数与贫困发生率呈现负相关的关系，也就是说，普惠金融发展水平越高，其贫困发生率越低。其中，2018 年为中度相关，其他年份为弱相关，整体趋势上，负相关强度呈现增强的趋势。

四 11 个少数民族自治县普惠金融指数与人均 GDP 相关性分析

采用 SPSS 中的 Pearson 相关性分析，11 个少数民族自治县 2014 年普惠金融指数与人均 GDP 二者之间的相关系数为 0.495，2015 年为 0.467，2016 年为 0.756，2017 年为 0.710，2018 年为 0.573。从以上相关性数据可以看出，2016 年、2017 年的相关性为强相关，2014 年、2015 年、2018 年的相关性为中等相关。整体来看 11 个少数民族自治县的普惠金融指数与人均 GDP 二者之间的相关性比较显著，这说明普惠金融对 GDP 增长具有明显的正向推动作用。

五　11个少数民族自治县普惠金融指数与人均一般公共预算收入相关性分析

采用 SPSS 中的 Pearson 相关性分析，11个少数民族自治县 2014 年普惠金融指数与人均一般公共预算收入二者之间的相关系数为 0.541，2015 年为 0.469，2016 年为 0.621，2017 年为 0.683，2018 年为 0.404。从以上数据可以看出，2016 年、2017 年的相关性为强相关，2014 年、2015 年、2018 年的相关性为中等相关。整体来看，11个少数民族自治县的普惠金融指数与人均一般公共预算收入二者之间呈现明显的正相关性，这说明普惠金融水平对当地一般公共预算收入具有明显的推动作用。

六　11个少数民族自治县普惠金融指数与城镇常住居民人均可支配收入相关性分析

采用 SPSS 中的 Pearson 相关性分析，11个少数民族自治县 2014 年普惠金融指数与城镇常住居民人均可支配收入二者之间的相关系数为 0.078，2015 年为 0.322，2016 年为 0.538，2017 年为 0.405，2018 年为 0.490。从以上数据可以看出，2014 年、2015 年的相关性为弱相关，2016 年、2017 年、2018 年的相关性为中等相关。整体来看，11个少数民族自治县的普惠金融指数与城镇常住居民人均可支配收入二者之间的相关性呈现增强的态势，而且最近三年都表现出明显的相关性，这也说明普惠金融发展水平对当地城镇居民人均可支配收入具有较强的促进作用。

七　11个少数民族自治县普惠金融指数与农村常住居民人均可支配收入相关性分析

采用 SPSS 中的 Pearson 相关性分析，11个少数民族自治县 2014 年普惠金融指数与农村常住居民人均可支配收入二者之间的相关系数为 0.516，2015 年为 0.555，2016 年为 0.562，2017 年为 0.317，2018 年为 0.314。从以上数据可以看出，2014 年、2015 年、2016 年的相关性都是中等相关，2017 年、2018 年的相关性有所减弱。整体来看，11个少数民族自治县的普惠金融指数与农村常住居民人均可支配收入二者之间呈现出明显的相关性，这说明普惠金融对农村常住居民人均可支配收入具有明显的推动作用。

八 11个少数民族自治县普惠金融指数与人均固定资产投资相关性分析

采用SPSS中的Pearson相关性分析，11个少数民族自治县2014年普惠金融指数与人均固定资产投资二者之间的相关系数为0.349，2015年为0.416，2016年为0.618，2017年为0.598，2018年为0.498。从以上数据可以看出，2014年的相关性为弱相关，2015年、2017年、2018年的相关性为中等相关，2016年的相关性为强相关。整体来看，11个少数民族自治县的普惠金融指数与人均固定资产投资二者之间呈现明显的相关性，这说明普惠金融发展水平对当地人均固定资产具有明显的推动作用。

九 11个少数民族自治县普惠金融指数与城镇化率相关性分析

采用SPSS中的Pearson相关性分析，11个少数民族自治县2014年普惠金融指数与城镇化率二者之间的相关系数为0.277，2015年为0.376，2016年为0.761，2017年为0.477，2018年为0.506。从以上数据可以看出，2014年、2015年的相关性为弱相关，2017年、2018年的相关性为中等相关，2016年的相关性为强相关。整体来看，11个少数民族自治县的普惠金融指数与城镇化率二者之间呈现明显的相关性，这说明普惠金融发展水平对当地城镇化率具有明显的促进作用。

第五节 结论

（1）从民族自治县与所属市（州）的普惠金融指数比较可以看出，绝大多数自治县的普惠金融指数低于所属市（州）的普惠金融指数，这说明从整体上来看，西南民族县域普惠金融的发展水平还比较低。

（2）从样本民族自治县普惠金融指数及指标的横向比较可以看出，县域之间普惠金融指数差距较大，发展水平差距较大，而且2018年11个少数民族自治县的普惠金融指数变异系数为0.2251，高于2014年的0.1415，这说明2018年各少数民族自治县的普惠金融发展不平衡的问题较2014年更加突出。

（3）从发展趋势来看，所有样本民族自治县2018年的普惠金融指数较2014年都实现了提升，这说明西南民族自治县的普惠金融发展水平都得到了不同程度的提高。

（4）2014—2018年样本自治县普惠金融指数与建档立卡贫困人口数、贫困发生率、地区生产总值、财政收入、城乡居民可支配收入、固定资产投资等指标的相关性可以看出，普惠金融对支持当地短期脱贫与长期发展都取得了较为明显的绩效。

第四章

西南民族特困区普惠金融风险管理研究

金融的核心是风险管理。困扰普惠金融发展的最大问题就是因为风险较高导致商业可持续性降低。本章在西南民族特困区选取部分有代表性的地区和金融机构就普惠金融风险状况、风险分担机制创新采取的对策及其效果进行调查,并就完善普惠金融风险管理体系进行研究。

第一节 西南民族特困区普惠金融风险状况调查
——以贵州农信社为例

农信社系统是西南民族特困区普惠金融的主力军。本节以贵州省农信社为例,选取了从县区市、市(州)、省三个层面,从机构和产品两个角度对农信系统普惠金融风险状况进行调查。

一 凯里市农村商业银行不良贷款及信贷风险状况分析

凯里市是贵州省黔东南苗族侗族自治州州府所在地,2018年年底常住人口54.71万人,其中少数民族人口占比超过75%,苗族人口超过63%,还有侗族、仡佬族、布依族等26个少数民族,是典型的以苗族为主的多民族集聚区。

(一)凯里市农村商业资产经营整体状况

1. 资产负债情况

2018年9月末,资产总额131.67亿元,比年初下降13.33亿元,其中贷款余额84.189亿元;负债总额120.36亿元,较年初下降13.11亿元,其中存款余额 97.22 亿元,较年初下降 23.57 亿元;资本净额 -1.00 亿元,核心一级资本充足率 -1.30%,资本充足率 -1.30%,均较年初下降 1.43 个百分点;流动性比例 38.09%,比年初上升 6.56 个百分点;拨备覆盖率 38.96%,较年初上升 5.5 个百分点。

2. 主要经营指标情况

2018 年 1—9 月,营业收入 5.11 亿元,较上年同期少 3379.02 万元,其中利息收入 4.10 亿元,金融机构往来收入 0.38 亿元,手续费及佣金收入 586.92 万元;营业支出 5.37 亿元,较上年同期增加 4430.96 万元,其中利息支出 1.44 亿元,金融机构往来支出 0.29 亿元,业务及管理费 1.43 亿元;资产减值准备 2.01 亿元;利润总额 -2882.35 万元,较上年同期减少 7311.44 万元;净利润 -3795.53 万元,较上年同期减少 5835.09 万元。

(二) 不良贷款及其分布情况

2018 年 9 月末,凯里农商银行不良贷款余额 19.33 亿元,较年初上升 2.85 亿元,增幅为 17.31%;不良贷款率 22.96%,较年初上升 3.15 个百分点;银行承兑汇票垫款 18427.38 万元。

1. 不良贷款的贷款对象分布特征

从贷款对象上来看,企事业单位不良贷款余额为 15.49 亿元,较年初上升 1.34 亿元,不良贷款率 42.18%;一般自然人不良贷款余额为 3.33 亿元,较年初上升了 1.34 亿元,不良贷款率为 11.27%;农户不良贷款余额 0.51 亿元,较年初上升了 0.17 亿元,不良贷款率为 2.85%。

从不良贷款的贷款对象分布来看,企事业单位不良贷款余额及不良率明显高于其他贷款且上升较快,风险凸显;令人奇怪的是一般自然人的不良贷款率高达 11.27%,远高于农户不良贷款率的 2.85%。

2. 不良贷款的金额分布特征

2018 年 9 月末,凯里农商行存量 1000 万元(含)以上不良贷款余额客户 33 户,金额 12.31 亿元,新增 1000 万元(含)以上不良贷款余额客户 6 户,金额 1.37 亿元,1000 万元以上不良贷款客户 29 户,金额合计 13.68 亿元,占全部不良贷款余额的比例为 70.77%;500 万(含)—1000 万元(不含)的存量不良贷款客户 41 家,金额为 2.65 亿元，新增不良贷款客户11家，金额为0.79亿元，500万（含）—1000万元（不含）的不良贷款户合计52家，金额合计3.44亿元，占全部不良贷款余额的比例为17.80%；200万（含）—500万元（不含）的存量不良贷款客户43家，金额为1.33亿元，新增不良贷款客户8家，金额为0.27亿元，200万（含）—500万元（不含）的不良贷款客户合计51家，金额合计为1.60亿元，占全部不良贷款余额的比例为8.28%；200万（不含）以下的存量不良贷款客户429家，金额为0.47亿元，新增不良贷款客户32家，金额为0.14亿元，200万元（不含）以下不良贷款客户为461家，金额合计为0.61亿元，占全部不良贷款余额的比例为3.16%。从以上分析可以看出，单笔贷款金额越大，不良贷款占比也就越高。

3. 不良贷款行业分布特征

从行业分布来看，第一是贸易批发、零售业，不良贷款规模为2.37亿元，占比为12.26%；第二是制造业，不良贷款规模为2.02亿元，占比为10.45%；第三是房产业，不良贷款规模为1.79亿元，占比为9.26%；第四是农、林、牧、渔业，不良贷款规模为1.63亿元，占比为8.43%；第五是服务业，不良贷款规模为1.49亿元，占比为7.71%，剩下的是采矿等其他行业。从行业部分来看，受经济下行的影响，批发和零售业、制造业和商贸行业等关联企业普遍出现资金周转困难，风险不断显现。

（三）融资性担保业务风险特征

2018年9月末，与凯里农商行有业务合作的担保公司共计6家，缴存的保证金余额4481.80万元，涉及担保贷款笔数105笔，担保余额26956.79万元，较2018年年初下降5368.61万元；担保贷款的不良余额为10562.50万元，较年初下降253.16万元；不良贷款率41.28%，较年初上升7.82个百分点。从以上数据可以看出，融资性担保业务风险极高。

（四）非标业务风险特征

截至2018年9月30日，凯里农商行非标业务笔数为8笔，余额为9.59亿元，其中，买入返售2笔，余额2.04亿元；同业委托投资3笔，余额4.30亿元；银行保本理财产品3笔，余额3.25亿元。

从以上数据可以看出，非标业务具有严重的风险，不良贷款规模占总不良贷款的比例为 49.61%。之所以出现这种情况，主要原因有以下几点：一是非标业务底层资产的项目绝大部分为房地产行业，行业集中度高，受经济下行大环境及房地产行业调控等不利因素影响，出现不能按时支付利息和偿还本金迹象；二是全行 8 笔非标业务，金额 9.59 亿元利息均已逾期，逾期率 100%；三是项目逾期，面临"原状返还"。

（五）不良贷款风险状况分析

总体来看，凯里农商行不良贷款存量规模大、占比高，清收工作困难多、任务重。一是不良贷款中单笔 500 万元以上大额不良贷款笔数多、金额大，现金清收难度大；二是不良贷款关联度较高，风险叠加后涉及面广、金额大难以处置；三是司法清收诉讼周期长、诉讼收回率较低；四是信用风险集中、压力较大，2018 年 9—12 月共计到期贷款 7984 笔，金额 13.03 亿元，部分贷款风险尚未完全暴露，新增不良贷款未能有效"堵死"；五是非标业务短期内压降难度较大，还剩 8 笔非标业务均需要通过对外融资、项目再建等方式才能逐步解决，周期长，不确定因素较多。

（六）凯里农商行风险管理的启示

通过对凯里农商行不良贷款状况及风险管理的调查，凯里农商行之所以出现较大的经营风险，除了经济形势下行压力较大等客观原因外，从内部经营和风险管理上分析，主要是由以下几点原因造成的：

一是偏离了经营方向且比较冒进。凯里农商银行在黔东南州处于农信龙头地位，但并没有坚持"服务三农""服务小微"经营理念和重点方向，对"三农"、小微业务重视不够、落实不力，存在舍小抓大、弃乡进城的倾向，急于通过大额贷款、做大客户、做票据业务来追求短期经营利润的虚增，忽略了底层实质风险。其实恰恰是农户贷款的不良贷款占比最低，风险最小，这与传统印象中农民贷款风险较高形成了极大的反差。反而是单户贷款规模越大，形成不良贷款的风险也就越大，这也与传统印象中大企业贷款风险较低的印象形成了反差。

二是急于创新但风险管控基础不牢。前几年，为冲刺百亿元农商银行的目标，凯里农商行存在急于创新、盲目创新、偏重速度、不保证质量的倾向，在对非标业务的业务实质、底层技术还缺乏深度了解的情况下，在业务规程、风险制度还没有建立的情况下，就与票据中介合作违规办理银行承兑汇票业务，导致6亿元票据纠纷案件发生。非标业务是凯里农商行风险最为集中的领域，不良贷款规模最大，占比最高，造成了极大的损失，教训非常深刻。

三是制度执行不到位，责任追究不力。凯里农商行在执行贷前调查、贷中审查、贷后检查制度的过程中存在明显不到位的情况，这也是产生不良贷款的重要原因。在业务开办中，部分支行甚至违反操作规程，从而形成不良贷款。同时由于业务压力，凯里农商行对违反制度的人员也没有按照制度进行相应的处罚。

凯里农商行不良贷款和风险管理的严峻形势给了我们深刻的启示，主要有以下几点：

一是农商银行一定要明确自身定位。遵循普惠金融的基本理念，回归到服务"三农"、服务小微的业务重点上来，这也许是防范信贷风险的根本途径。

二是经营战略要契合实际稳扎稳打。农村商业银行的自身定位决定了在经营战略和发展目标上切忌盲目创新、求大求快。只有稳扎稳打，扎根基层，才能行稳致远。

三是扎紧制度的笼子。当前，农村商业银行已经普遍制定了业务管理制度和风险管理制度，但最大的问题是对制度的执行不到位，责任落实不到位，因此，严格执行各项制度，特别是要严格执行风险管理制度，才能避免重大风险事件的发生。

二 黔西南州农信社大额不良贷款及风险管理状况分析

黔西南州是黔西南布依族苗族自治州的简称，位于云南、广西、贵州的结合部，是滇黔桂石漠化集中连片特困区的核心区域，居住有汉、布依、苗、彝、回等36个民族，其中少数民族人口占40%。黔西南州下辖2市6县，全是国家级贫困县，其中有3个国家级深度贫困县。

（一）黔西南州农信社不良贷款整体情况

截至2018年9月末，黔西南州农信社各项贷款余额为339.33亿元，较年初增加30.59亿元。其中，涉农贷款余额为310.93亿元，较年初增加26.98亿元；大额贷款余额55.25亿元，较年初减少5.87亿元。

截至2018年9月末,黔西南州农信社不良贷款余额为20.4亿元,较年初上升1.36亿元,不良贷款率为6.01%,较年初下降0.16个百分点。从全州8家法人机构来看,不良贷款余额较年初上升的有6家行社、下降的有2家(安龙、望谟),其中大额不良贷款余额较年初上升的有7家行社、下降的有1家(册亨)。

(二)黔西南州农信社大额不良贷款情况分析

大额贷款指个人客户300万元及以上、法人客户500万元及以上的贷款。

截至2018年9月,黔西南州农信社大额不良贷款余额为15.84亿元,较年初上升1.77亿元,大额不良贷款率由年初的4.56%上升到4.67%。

图4-1是2015—2018年9月黔西南州农信社不良贷款余额及大额不良贷款余额变化图。从图中可以看出,2015年年底至2018年9月底,黔西南州农信社不良贷款余额从8.58亿元增至20.41亿元,增长了137.88%;大额不良贷款余额从4.62亿元增至15.84亿元,增长了242.86%;大额不良贷款余额占不良贷款余额的比例从53.85%上升至77.61%,提升了23.76个百分点;大额不良贷款余额增加了11.22亿元,占不良贷款增加额的94.84%。从以上数据可以看出,大额不良贷款已经成为黔西南州信贷风险较为集中的领域。

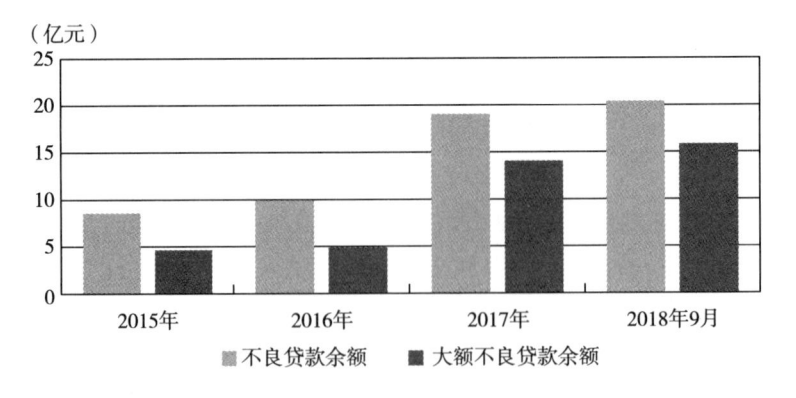

图4-1 2015—2018年9月黔南州农信社各项不良贷款余额与大额不良贷款余额对比

(三) 贵州黔西南农信社大额不良贷款在各行业分布情况

从图 4-2、图 4-3 可以看出，大额贷款累计投放最集中的行业前 5 名依次是批发和零售业，制造业，房地产业，采矿业和农、林、牧、渔业。从趋势上看，2018 年 9 月底与 2017 年年底相比，制造业和农、林、牧、渔业大额不良贷款规模出现了明显增加，但批发零售业、采矿业和房地产业则出现了明显下降。

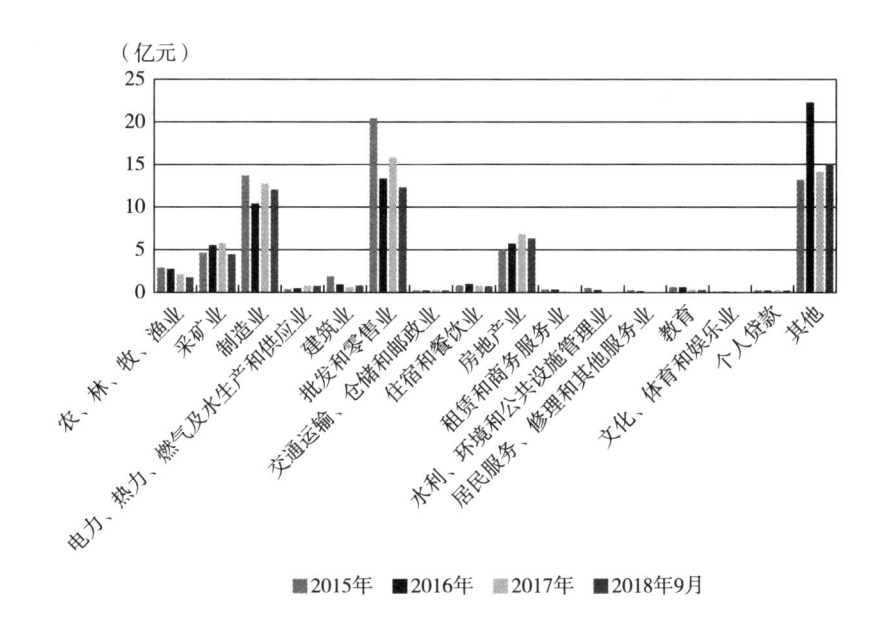

图 4-2　2015—2018 年 9 月黔西南州农信社大额贷款行业分布情况

(四) 贵州黔西南农信社大额不良贷款发放方式情况

黔西南州农信社各法人机构的大额贷款主要采取保证和抵押的方式发放，2015—2018 年 9 月，采用保证方式发放的大额贷款均在 16 亿元以上，采用抵押方式发放的大额贷款均在 37 亿元以上。截至 2018 年 9 月底，采用抵押方式发放的贷款余额为 37.33 亿元，采用保证方式发放的贷款余额为 16.53 亿元，采用质押方式发放的贷款余额为 1.38 亿元，采用信用方式发放的贷款余额只有 200 万元。

从发放方式的不良贷款分布上，采用质押方式发生的不良贷款余额为 9.87 亿元，采用保证方式发生的不良贷款余额为 5.42 亿元，采用抵押方式发生的不良贷款余额为 0.55 亿元。大额不良贷款的发放方式主要为保证方式和抵押方式。

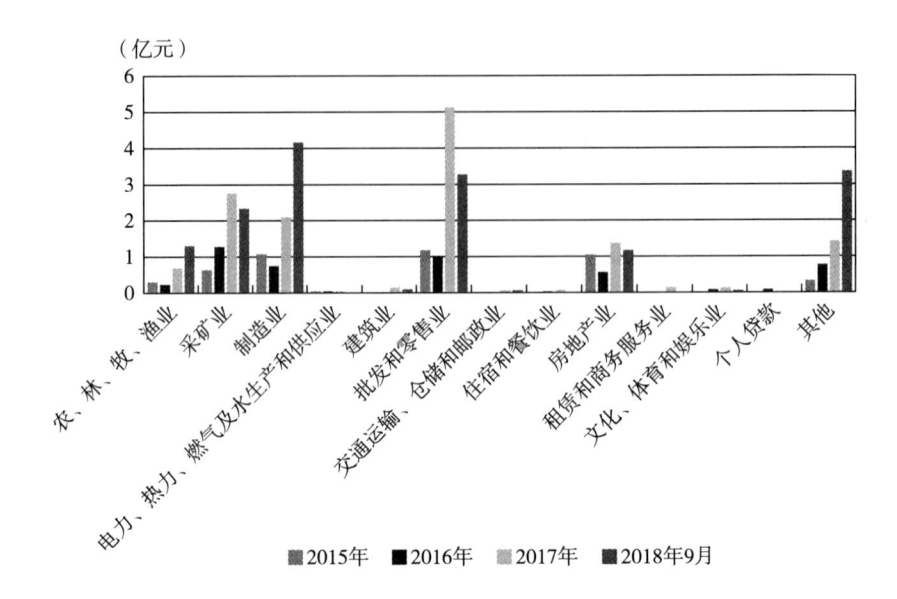

图 4-3　2015—2018 年 9 月黔西南州农信社大额不良贷款行业分布

注：本书中因"其他"行业包含范围广泛，故剔除大额贷款累计投放最集中行业范畴。

（五）大额不良贷款上升的成因分析

从黔西南州农信社与凯里农商行的不良贷款率比较来看，2018 年 9 月，黔西南州农信社的不良贷款率为 6.01%，远低于凯里农商行的 22.96%。如果说凯里农商行的不良贷款主要是内部管理原因导致的，则黔西南州农信社的不良贷款形成的原因更为复杂。下边从外部和内部两个角度分析其不良贷款形成的成因。

1. 外部原因分析

（1）经济下行压力加大，部分行业经营困难。近年来，国家经济处于改革发展（供给侧改革、去产能、去杠杆等）的关键期，经济下行压力加大，导致部分民营中小企业、低端制造业等客户经营困难，融资能力下降，出现资金链紧张、断裂、无力还款等情况。

（2）网络电商对实体经济的冲击。随着网络科技的不断发展，网络电商对实体经济的冲击越来越大，特别是批发和零售业。电商凭借着独有的便利性、低成本性，加之完善的物流配送体系，受到广大消费者的偏爱，造成不少实体店纷纷关门或转租，导致不少客户无还款来源偿还贷款。

（3）"强监管""强问责"导致不良贷款得到更真实的暴露。2017年以来，银行监管部门重拳出击，密集发文，要求将逾期90天以上的隐性不良贷款全部入账，特别是在2018年3月下发的《银监会关于调整商业银行贷款损失准备监管要求的通知》，旨在避免某些银行通过对逾期90天以上贷款不计入不良的手段来有意隐藏不良贷款，以提高银行报表披露的不良贷款率的真实性，这就将原来没有计入不良的贷款暴露了出来。

（4）失信惩戒机制不完善，失信成本过低。近年来，政府部门不断推动社会诚信体系建设，虽取得了巨大改善，但失信成本过低，使许多人铤而走险，时而发生"逃废债"的行为，导致不良贷款的上升。

2. 内部原因分析

（1）贷款"三查"制度执行不严。主要表现为：贷前调查不充分、不全面，调查人员对贷款项目的评估能力、分析能力不足，缺乏必要的财务分析知识和经验；贷款审查时审查条件不严，对单一借款主体、单一行业、单一贷款种类集中度过高；贷后检查流于形式、"走过场"，对于部分贷款户经营状况已经出现的问题视而不见，不能提出合理的风险防范与化解意见，或者是已经发现风险，相关责任人却因怕暴露问题承担责任，没有迅速采取措施清收，最终使贷款造成损失。

（2）贷款风险识别和筛选机制不健全。对借款人的贷款风险判断，没有基于对借款人的全面风险评估，风险识别水平不高，缺乏对风险的交叉检验，对还款能力的判断，往往基于主观的项目前景分析和盈利预期。对借款人抵押的资产也缺乏对价值的准确判断和变现能力的识别，在第一还款人不能按期还款时，抵押物往往不能变现，或者变现后并不能覆盖借款规模。

（3）信贷人员素质参差不齐。在风险控制机制不健全的情况下，信贷人员的素质对信贷风险的控制就显得十分重要。但目前农信社信贷人员的素质还不能满足风险防控的需要，主要表现在：一是信贷人员业务素质、专业素养不高；二是信贷人员责任心不强、风险控制意识薄弱;三是还有一些人情贷款的发生。

(4) 对保证人保证能力的评估不全面。与担保公司合作准入条件不严格,对担保公司财务报表的真实性调查不够,对注册资本金、银行账户交易流水等真实性调查履职不够,在形成不良贷款后担保公司无力代偿,造成贷款损失。

(5) 管理导向上存在重业务轻风控的倾向。"重业务发展,轻风险管控"的现象普遍存在。在信贷业务的投放过程中,部分行社的管理人员贪多贪大,盲目发放大额贷款,扩张信贷规模;农信社的员工普遍又缺乏大额管理的能力和经验,重放轻管,未对信贷资金实行有效监管,信贷资金投放后转移用途,导致形成不良贷款。

在进行实地调研后,可以看出大额不良贷款是造成黔西南农信社信贷资产恶化的最主要原因。在全省不良贷款、不良率"双升"的大环境下,通过分析大额不良贷款的成因及处置的困难,并提出有效的清收手段,对化解大额不良贷款具有一定的现实意义。更为重要的是,必须加快建立科学高效的风险管控体系,这是防范新增大额不良贷款、实现可持续发展的治本之策。

三 贵州省农信社"黔农 e 贷"产品风险管理分析

(一)"黔农 e 贷"产品简介

贵州省农信社深入推进"大扶贫、大数据"战略行动和"云上贵州"的工作要求,于 2017 年 7 月开发基于互联网和大数据的普惠金融创新产品。"黔农 e 贷"改变传统金融供给方式,通过互联网渠道实现客户在线预约、在线借款、在线还款等功能,支持 7×24 小时不间断运营、随借随还、循环使用,满足小微企业(个体工商户)、农户、行政单位职工、城镇居民"短、小、频、急、散"的贷款需求。

截至 2018 年年底,该产品拥有注册用户 155.52 万户,签约用户 89.91 万户,签约用户授信总额 1029 亿元,累计发放贷款 253 万笔,发放金额 941.10 亿元,不良贷款率为 0.5%,加权平均贷款年利率也从 2017 年的 6.17% 降至 2018 年的 6.12%。

(二) 产品风控管理体系

"黔农 e 贷"通过技术与人工相结合、线上与线下相结合,已经形成了完善而强大的风险管理体系。其风险管理体系主要由以下 5 种能力构成。

（1）可靠的技术支持能力。该产品运用企业服务总线（ESB）和SOA架构技术与各信贷系统进行通信、采用集群部署，提供连续可靠的服务、系统间交互设计，技术架构和系统具备完善的容错和纠错等能力。

（2）完善的信息数据采集能力。该产品依托的技术系统不仅利用农信系统强大的网点布局能够采集贷款用户的身份、家庭、资产、经营等结构化数据，而且能够与政府有关部门合作采集有关的诚信信息，还能够通过网络采取实时化的非结构数据，从而能够对用户进行精准画像。

（3）强大的大数据、云计算信用评级能力。技术系统采用云计算的信用评价模型通过对用户的大数据进行运算，从而得出用户的信用评价等级，从而自动确定用户的信贷额度、利率水平，而且能够运用反欺诈预警实现对用户骗贷的提前预警。

（4）持续的贷后跟踪监测能力。用户获得贷款后，技术系统能够对用户的贷款用途及其经营状况、资产状况进行实时跟踪，从而为贷后风险管理提供技术支撑。

（5）灵活的人工干预能力。农信社利用自身的网点优势和人工优势，能够根据技术系统运行中的自动提示及反常情况进行实时灵活的人工干预，从而提升了整体的风险控制水平。

（三）"黔农 e 贷"风控管理成效

"黔农 e 贷"主要服务对象为农户、个体工商户、行政企事业单位职工、城镇居民、小微企业主等从事生产经营和消费的自然人。截至2018年年底，已经累计发放贷款253万笔、发放贷款金额941.10亿元，平均每笔贷款只有3.72万元。从以上数据可以看出，该产品真正具有分散、小微、风控管理难的特点，但是在实际运作过程中，却取得了非常好的风险管理成效，主要表现在以下三个方面：

1. 产品不良贷款率较低且呈现下降态势

2017年年底，该产品累计发放贷款规模218.67亿元，支持人（户）数36.92万人（户）次，不良贷款率只有1%，远低于农信社系统整体不良贷款率，也低于全国和贵州的不良贷款率。

2018年年底，该产品累计发放贷款规模941.10亿元，支持人（户）数达到83.58万人（户）次，在贷款规模和支持人（户）数爆发式增长的情况下，不良贷款率却从2017年年底的1%降至2018年年底的0.5%，真正达到了较高的风险管理水平。

2. 提升了贵州农信社整体风险管理水平

与全国农信社系统一样，贵州农信社在经营中长期面临不良贷款率居高不下、资产质量堪忧的问题。

"黔农e贷"产品的推出及其不良贷款率的优秀表现极大地改善了贵州农信社的贷款结构，优化了贷款风险的整体状况。2018年年底，"黔农e贷"贷款余额占贵州农信社贷款余额的比例已经达到10.45%，但"黔农e贷"不良贷款余额占贵州农信社不良贷款的比例只有1%不到。"黔农e贷"还通过建立标准化、规范化的业务和交易规则，强化了流程化风险管理水平。

3. 提升了广大用户特别是农民的金融意识、诚信意识和风险意识

金融用户特别是广大农民用户普遍存在金融意识、诚信意识和风险意识不足的问题。"黔农e贷"产品的广覆盖、深渗透不仅解决了广大边远农村居民的融资难、融资贵问题，而且通过农信社员工的手把手培训操作，让广大农民了解了自身贷款额度、贷款利率与个人诚信等数据的关系，普遍增强了用户的诚信意识，提高了金融素养，这对下一步农村普惠金融的发展具有重要的基础性作用。

四　贵州省农信社金融风险管理的启示

贵州省农信社及其下属机构开展普惠金融时的风险管理既有成功的经验，也有失败的教训。通过调查分析，可以得出如下几点启示：

一是农信社系统只有坚守聚焦"三农"、聚焦小微的定位，才能真正实现普惠金融风险管理水平的提升。凯里农商行脱离"三农"、脱离小微导致风险大面积爆发的教训和"黔农e贷"风险管理的成功充分说明了这一点。

二是只有严格遵守业务管理制度和风险管理制度，才能真正把信贷业务风险控制在较低的水平。凯里农商行和黔西南州农信社之所以出现不良贷款，很大一部分原因就是虽然制定了较为完备的业务管理制度和风险管理制度，但在实际执行过程中却没有严格遵守这些制度。

三是运用大数据技术是提升普惠金融风险管理水平的关键。"黔农e贷"是一个覆盖面广、渗透率高的普惠金融信贷产品，按照传统的风险管理模式和技术，很难实现不良贷款率的大幅度降低，但"黔农e贷"运用互联网、大数据、云计算技术对业务风险的管控成效说明，现代新技术的应用是提升普惠金融风险管理水平的关键。

第二节　西南民族特困区普惠金融风险防控机制创新研究

金融的核心是风险管理。与一般金融相比，普惠金融往往表现出更大的风险特征，因此，如何构建更好的风险分担机制就成了普惠金融商业可持续发展的关键。

西南民族特困区在构建风险共担机制方面进行了大量的创新探索，也取得了令人满意的成效。本节就西南民族特困区在普惠金融风险分担机制方面的探索进行调研分析。

一　贵州普惠信贷"政银担4321"风险分担机制

政银担风险分担就是政府、银行和政府出资的担保公司共同分担普惠信贷风险。2016年11月，为了提升对小微企业和"三农"贷款的获得性，工商银行贵州省分行、建设银行贵州省分行等金融机构分别与贵州省财政厅、贵州省担保公司签订了《政银担合作协议》，成立了"贵州省政银担联盟"，初步构建了"政银担4321"风险分担机制。

（一）普惠信贷"政银担4321"风险分担机制简介

普惠信贷"政银担4321"风险分担机制的借款人主要是小微企业和"三农"。为了提高小微企业和涉农主体申贷获得率，贵州省在省、市州、县区市三级成立了由政府出资的担保公司和风险补偿金。

对于纳入担保的小微和涉农贷款所发生的代偿风险，由本级政府出资的担保机构、贵州省级风险补偿、贷款银行和本级财政风险补偿分别按照4∶3∶2∶1的比例分担，从而在政府、银行和担保公司之间建立了风险共担、互利共赢的普惠信贷风险分担机制。

由于要承担40%的代偿风险，因此政府出资的担保公司就要承担信贷风险的防范义务。担保公司的工作内容主要包括以下几点：一是要摸清楚各银行对准入"4321"体系的企业的条件有哪些，为今后的客户拓展和筛选工作指明方向。二是对当地的小微企业和涉农企业、农户进行深度调查，摸清借款人的资信状况、经营情况、资金需求情况，将不同客户推荐给合适的银行，达到事半功倍的效果。三是加强与各银行的联系，与银行一起对提出贷款申请的小微企业、涉农企业和农户申贷资料进行审核。四是对银行发放的贷款提供担保保证，并在出现风险时承担一定的还款义务。五是对"4321"合作有突出贡献的银行加强联系和对接，力争和银行进行深度合作，建立健全双方共享的客户渠道，为今后担保业务夯实基础。

（二）"政银担4321"风险分担机制的优势分析

"4321"风险分担机制在实际运作过程中显示了明显的优势，主要表现在以下几个方面：

1. 缓解了小微和"三农"融资难、融资贵问题

按照"4321"风险分担机制，本级担保公司、省级风险补偿金和本级风险补偿金要承担代偿风险的80%，而贷款银行只承担20%，这就大大提升了银行对小微和"三农"放贷的积极性和主动性。

根据"4321"合作机制的要求，银行贷款利率在央行同期贷款基准利率基础上上浮不得超过30%，担保费率低于2%，按贷款期限一年期计算，贷款企业综合融资成本在7.35%以内，在一定程度上降低了企业融资成本。

2. 优化了信贷相关业务流程，工作效率得到显著提高

在多家银行发布的《贵州省"4321"政银担风险分担业务工作方案》中，规范了"4321"业务操作，简化了政银担工作流程，放款时限由原来的2个月左右缩短至半个月左右，为业务顺利开展奠定了基础。

3. 深化银担合作，业务推动与风险防范相结合

一是省担保公司加大对国家级深度贫困县、少数民族自治县的担保机构风险分担比例，由原有的30%放大至40%，这就进一步发挥了省担保公司"增信、分险"功能。二是与合作银行采用联合行文方式明确"4321"业务方案和流程，使之成为银行和市县政策性担保机构开

展"4321"业务操作手册。三是采用"4321"产品风险预警、暂停机制，将业务推动与风险防控相结合。

4. 降低反担保物要求，提高普惠用户申贷获得率

缺乏担保物是造成小微企业融资难的现实困难和"瓶颈"。为突破此"瓶颈"，2019 年在贵州担保与合作金融机构联合印发的"4321"业务流程对贷款客户评分中，不再将反担保物作为获得担保的必要条件，而是仅仅作为一个获取担保的加分项。

（三）"4321"风险分担机制的实施效果

"4321"风险分担机制从 2016 年 12 月推出以来，在支持小微和"三农"发展、防范普惠信贷风险方面取得了突出成效。

2017—2018 年，担保公司为小微企业提供担保的信贷规模从 10564 万元增至 173800 万元，增长了 17 倍以上，支持小微企业家数从 101 家增至 1151 家，增长了 10 倍以上；为"三农"提供担保的信贷规模从 8852 万元增至 341236 万元，增长了 34 倍多，支持涉农贷款主体从 36 户增至 17745 户，增长了 48 倍多；担保费率执行象征性收费的政策，并且从 0.30% 降至 0.27%。令人欣喜的是，"4321"风险分担机制推出以来，还没有出现一起贷款用户违约情况，风险代偿金额为 0。

二 四川叙永县"政银保"普惠信贷风险分担机制研究

所谓"政银保"普惠信贷风险分担机制，就是由银行提供普惠信贷，由保险公司对普惠信贷提供保证保险产品，由政府向保险公司提供保费补贴，共同分担普惠信贷风险的机制。四川省叙永县位于乌蒙山集中连片特困区，境内居住着苗族、彝族、哈尼族等 20 多个少数民族，是国家级贫困县。2017 年 11 月 14 日，叙永农商银行、锦泰保险、富邦农村专业合作社就贷款保证保险举行了合作协议签订仪式，开启了"政银保"风险分担模式的运行。

（一）叙永县"政银保"普惠信贷风险分担机制简介

"政银保"普惠信贷风险分担机制涉及的主体主要有：

（1）叙永县农村商业银行：负责提供普惠贷款，贷款利率不高于同期人民银行基准利率的 30%。一旦出现贷款风险，银行承担 30% 的风险损失。

（2）锦泰财产保险有限公司：负责向借款人提供小额贷款保证保

险和借款人意外保险两个产品,保险费率按照借款人的信用风险评级确定并给予优惠。一旦借款人因经营状况不佳或者其他意外事故出现不能还款的情况,由锦泰保险承担70%的风险损失。

(3)叙永县人民政府:负责向银行筛选和推荐借款客户,按照保费收入的50%—100%向锦泰保险提供补贴,以弥补锦泰保险承担的风险损失。同时叙永县政府还帮助动员、组织借款户购买保险,以及借款后对借款人的跟踪。

(4)借款户:叙永县当地有借款需求并提出贷款申请的小微企业、涉农企业和农户等。借款户是借款主体,也是承担还款义务的第一责任人。

(二)叙永县"政银保"普惠信贷风险分担机制运行效果

泸州叙永县后山富邦生态养殖专业合作社是叙永县第一家农村专业合作社,由富邦村集体资产有限公司和1800多名村民集资入股成立,注册资金1000万元,其中村民持股70%,村集体资产有限公司持股30%,以农副产品的生产和销售为主要业务。

2017年秋天,在农副产品采购的旺季,合作社出现了资金紧张的问题,在正常情况下因抵押物不足而难以获得贷款。在当地政府的推动下,叙永县农村商业银行、锦泰保险和合作社于2017年11月14日签订了贷款保证保险合作协议,通过"政银保风险分担机制"运作,合作社从叙永县农村商业银行获得了金额为150万元、利率为5.85%、期限为1年的贷款,同时在锦泰保险以1.5万元的价格购买了精准扶贫贷款履约保证保险。2018年11月,合作社已经成功归还了该笔贷款。在该笔贷款的支持下,合作社不仅解决了流动资金短缺的难题,而且通过扩大生产提升了综合实力。叙永县农村商业银行和锦泰保险也都通过该笔业务实现了正常的收入,同时还践行了普惠金融的理念。

截至2018年11月,"政银保风险分担机制"在叙永县经过一年的运作,叙永县农村商业银行共为当地小微企业和农户提供493笔贷款,金额合计8367万元,加权平均年利率为5.93%,共有9笔合计78万元贷款出现了到期不能归还的情况,其中企业到期不能归还的1家,金额为50万元,农户8家,金额为28万元。锦泰保险实现贷款户保费收入83.67万元,政府补贴收入83.67万元,合计收入167.34万元。

三 仁怀白酒行业还贷周转风险管控机制——"偿债周转资金池"

仁怀是中国最大的酱香酒生产基地,区域内不仅有茅台、国台等酱香酒行业的龙头企业,还集聚了2000多家中小型白酒生产企业。以酱香酒酿造为主体的轻工业是当地的支柱产业,对当地经济社会发展起到了举足轻重的作用。2015年以来,受宏观经济形势及消费者偏好变化的影响,当地中小型白酒酿造企业在经营中遇到了阶段性困难。为了提升仁怀中小型白酒酿造企业融资能力和抵御信贷归还流动性风险的能力,在贵州省财政厅和经信委的支持下,设立了"仁怀白酒行业偿债周转资金池"。

（一）"仁怀白酒行业偿债周转资金池"还贷周转风险管控机制简介

2015年9月,为支持仁怀市白酒企业渡过难关,并持续健康发展,贵州省财政厅、经信委下拨专项资金3000万元,委托省担保公司管理,省担保公司将3000万元资金与仁怀市政鑫担保公司合作,并由仁怀市政府出资2000万元共同组建5000万元偿债周转资金池。

仁怀市人民政府于2015年9月出台了《关于设立仁怀市中小微型企业偿贷周转资金池的通知》（仁府办函〔2015〕93号）的文件,并制定了《仁怀市政鑫担保有限公司还贷周转管理办法》（试行）。按照管理办法的要求,申请周转资金使用的白酒企业必须是信用记录良好、有偿债能力、市场前景良好、符合产业政策的企业;申请周转资金的最高额度原则上不超过1000万元,资金使用时间原则上不超过2个月;资金使用费按照人民银行公布的同期贷款基准利率标准执行。

（二）"仁怀白酒行业偿债周转资金池"风险分担机制运作情况

（1）周转资金池周转率高达17.26倍。周转资金池从2015年9月开始运作。截至2019年2月底,共收到企业申请业务笔数273笔,金额8.7亿元,其中获得批准的申请271笔,累计资金使用规模8.63亿元,资金周转申请成功率高达99.2%。按照5000万元周转资金池的规模计算,资金累计周转率高达17.26倍,使用效率较高,且风险控制优秀,271笔业务中没有发生一笔违约业务。

（2）运作规范,实现了多赢。偿贷周转资金周转过程中,严格按照企业申请借款合同贷款到期时限,划到企业贷款账户,便于银行及时扣除。合作银行也对周转金进行严格监控,保证资金安全划回资金池账户，经过各方密切配合，不仅资金的安全得到了有效保障，而且增进了周转资金池、银行和企业的合作关系。

（3）促进了仁怀白酒产业做大做强。在周转资金池支持下，白酒产业得到健康发展，集群效应更加凸显。2018年仁怀市规模白酒企业白酒包装销售量达到了21.8万千升，产值达到了783.55亿元，比2017年增长了17.3%，销售收入达到了817.43亿元，比2017年增长了33.6%。

（4）优化了当地金融生态。企业偿贷周转资金池减少了信贷环境变化对仁怀白酒中小企业的影响，解决了企业偿债、资金短期流动存在的困难，有效防止了仁怀市白酒企业因资金链周转困难带来的风险，减少了白酒企业贷款逾期风险，增强了企业信用，优化了金融生态环境。

四 雷山县农信社"特惠贷"资金使用风险管控机制

雷山县位于黔滇桂石漠化集中连片特困区，是贵州省黔东南苗族侗族自治州下辖的国家级贫困县。2018年年底，常住人口11.87万人，其中苗族人口占比超过80%，少数民族人口占比超过90%。雷山县农信社是该县规模最大的金融机构，2015年10月，在贵州省农信社的统一安排下，推出了针对农户和贫困人口精准扶贫的普惠金融产品"特惠贷"。

（一）雷山农信社"特惠贷"发放基本情况

截至2018年8月末，雷山县农信社累计发放"特惠贷"户数10700户，贷款金额53579.62万元，获得率为86.01%。"特惠贷"有余额户数10405户，贷款余额51519.59万元，其中贫困户用于自主发展的"特惠贷"户数为2298户，贷款余额为11049.25万元，占比为21.45%；贫困户用于入股雷山县印象西江旅游发展有限公司的"特惠贷"户数为8107户，贷款余额为40470.34万元，占比为78.55%，不良率为0；五级不良贷款余额78万元，不良率为0.15%。

（二）"特惠贷"资金使用风险防控机制

"特惠贷"用于贫困户自主发展生产、自主使用资金的部分是按照正常贷款进行风险管控的，这部分金额占特惠贷余额的比例只有21.45%。此处重点介绍贫困户将"特惠贷"资金用于入股雷山县印象西江旅游发展有限公司的风险防控机制。

由于雷山县产业结构单一，贫困户自主发展生产能力较弱，为了防范特惠贷资金使用风险，从 2016 年 9 月中旬开始，雷山县人民政府为完成贫困户脱贫任务，要求贫困户特惠贷资金必须投入政府指定的印象西江旅游发展有限公司进行统筹使用，资金全部用于完善该旅游公司管理的景区服务提升建设，而入股的贫困户每年可获得 7% 的分红。

雷山县政府负责组织人员对贫困户进行动员及引导贫困户将"特惠贷"资金转入旅游公司账户，雷山县农信社负责审核借款人申请条件并按贷款流程发放贷款，将贷款资金转入贫困户账户，旅游公司负责每年给贫困户分红及还款。

风险管控机制为：旅游公司实际负责资金使用，同时承担"特惠贷"贷款本金及利息的支付义务，因此也是信贷风险的第一责任人；为了防范信贷风险，县财政出资的担保公司提供了还贷保证义务，是信贷风险的第二责任人；为了进一步增信，旅游公司将下属西江千户苗族景区的收费权抵押给了雷山县农信社。

"特惠贷"贫困户共计 8107 户，其中绝大多数为苗族，占比为 99.5%。这些贫困户受教育程度较低，加上雷山县地处大山深处，交通不便，信息闭塞，产业基础薄弱，造成他们的收入来源单一，脱贫致富渠道受限，抗风险能力较弱，因此，特惠贷贫困户并不真正也不可能承担信贷风险。

印象西江旅游发展有限公司成立于 2009 年 7 月，注册资本 3348 万元，主要负责西江千户苗寨旅游景区的开发和运营，该景区属于国家 4A 级景区，2017 年被评为"中国优秀国际乡村旅游目的地""年度最具文化影响力景区"、首届中国文化新地标，被誉为"人类疲惫心灵的栖息地"等。2018 年 1—9 月，旅游公司实现业务收入 2.89 亿元，净利润 3200 多万元，具有承担信贷风险的能力。

（三）"特惠贷"脱贫攻坚及风险防控效果

"特惠贷"在雷山县启动"户贷企用"运作模式后，对当地脱贫攻坚起到了重要作用：一是对旅游景区内的农户按每年门票收入的 18% 作为民族文化保护奖励金的形式发放红利，惠及旅游景区农户数 1404 户，其中贫困户 339 户，目前这些贫困户已经全部脱贫。二是优先聘用贫困户家庭成员到旅游公司就业，通过解决部分人员就业实现脱贫。旅游公司聘用了建档立卡贫困户101人，人均每月工资收入2500元左右。三是对贫困户按照投资合作协议约定的贷款金额的年收益7%进行了分红。2017—2018年年底，旅游公司向投入资金发展乡村旅游的贫困户每年兑现分红3603.25万元。四是旅游公司利用旅游景区作为全国旅游门户的优势，着眼于全县的农业产业资源，将优势农业特色产品通过线上、实体的渠道进行拓展销售，带动雷山特色农业产业更快地发展。

由于旅游公司业绩在最近几年一直保持良好的增长态势，在户贷企用的"特惠贷"贷款余额40470.34万元中没有出现一笔不良贷款，取得了令人满意的风险管控效果。

（四）存在的问题分析

"特惠贷"户贷企用的模式还存在一定的问题，主要表现在：一是借款主体不符合监管相关规定。所谓的"特惠贷""户贷企用"，实际上是借冒名贷款，通过"户贷企用"这种打"擦边球"的方式，将扶贫资金间接发放给旅游公司。二是资金用途不符合监管相关规定。特惠贷资金主要用于入股旅游公司，与"特惠贷"相关管理办法规定的用途不符。三是资金使用过程缺乏有力的监管。旅游公司系雷山县政府独资公司，实质就是县政府融资平台，雷山县农信社作为地方性金融机构，在县政府面前处于弱势地位，在一定程度上无法对旅游公司使用扶贫资金进行有力监管。四是部分贷款不符合放贷条件。"特惠贷"投放对象有一部分年龄超过65周岁，超出了贷款管理办法的年龄限制，这部分年龄超标的客户能得到扶贫贷款资金，主要源于县政府为了完成脱贫攻坚任务，要求农信社对不符合贷款条件的所有贫困户发放扶贫贷款。

第三节　关于提高西南民族特困区普惠金融风险管理水平的思考

西南民族特困区在强化普惠金融风险管理、创新普惠金融风险管理机制、提升普惠金融风险管理水平上进行了大胆探索，取得了明显进步，但也存在不少问题。本节就提升西南民族特困区普惠金融风险管理水平进行了进一步思考。

一 关于完善金融机构、借款主体和政府之间的普惠金融风险分担机制的思考

近年来，在国家发展普惠金融、推动金融扶贫、实施脱贫攻坚战略的政策指导下，西南民族特困区金融机构与地方政府在构建普惠金融风险分担机制方面进行了大量卓有成效的探索和创新，构建了"政银担""政银保""周转资金池""农户贷企业用"等风险分担机制，在防范化解普惠金融风险、服务特困区脱贫攻坚、增强区域自我长期发展能力方面发挥了重要作用。但总体来看还存在政府财政支出压力较大、普惠金融风险市场分担机制不健全等问题，当然，这是2020年打赢脱贫攻坚战的现实需要，效果是好的，也是必需的。为了增强基于市场机制的普惠金融商业可持续发展能力，可以采取以下措施：

一是增强借款主体自我承担普惠金融风险的意识和能力。无论是小微企业也好，还是农户也好，只要从银行获得了贷款，就是归还贷款和承担贷款风险的第一责任人。随着西南民族特困区经济社会发展水平的提升，当地小微企业和农户已经或正在完成脱贫攻坚的任务，自我发展和承担金融风险的能力也在不断增强。因此，要加强对普惠金融借款主体的金融知识培训，增强金融意识和风险意识，提高其承担普惠金融风险的能力，这是普惠金融风险分担机制的基础。只有强化这个基础，才能构建更为科学合理的普惠金融风险分担机制。

二是深入创新不同类型金融机构之间的普惠金融风险分担机制。在"银政保""银政担"等机制的基础上，逐步淡化政府在普惠金融风险分担中的责任，强化在银行、保险、期货、担保、证券、基金等不同业务类型金融机构的普惠金融风险分担机制，探索"银行+保险+期货""银行+担保+期货""银行+保险+基金""银行+证券+保险"等不同类型的风险分担组合模式，构建更加科学、更加合理的市场化的风险分担机制。

三是探索针对不同发展阶段、不同地区、不同民族之间政府分担普惠金融风险的责任强度。西南民族特困区地域广阔、民族众多，处于不同的发展阶段，普惠金融风险也呈现不同的特征。因此，要针对不同阶段、不同地区、不同民族的普惠金融风险特征，研究探索政府分担风险的责任强度。对于已经完成脱贫攻坚任务、发展势头良好的地区，政府

承担风险的责任可以适当降低直至完全退出；对于已经或者将要完成脱贫攻坚任务但发展基础还比较薄弱的地区，政府就需要承担较大的风险责任；对于脱贫攻坚任务处于攻坚克难、发展基础十分薄弱的地区，特别是少数民族地区，政府就需要承担主要的风险责任。

二　关于强化信用体系建设、优化风险管理生态环境的思考

信用体系建设对防范化解普惠金融风险具有基础性支撑作用。近年来，西南民族特困区在构建地方信用体系建设中已经取得了巨大进步，但还存在一些薄弱环节和突出问题。为此应强化信用体系建设，优化普惠金融风险管理的生态环境。

一是构建覆盖全民的普惠金融教育体系，提升信用意识和风险防范意识。要针对少数民族城市居民有一定金融知识但风险意识不强的情况，采取以增强风险意识为重点的普惠金融教育，特别是要增强防范金融诈骗的能力；要针对少数民族农村居民金融知识欠缺、信用意识不强的情况，采取以提升金融知识和增强信用意识为主的教育；要针对大学生、职业技术学院学生刚刚独立生活、消费意愿较强、消费能力不足、风险概念淡薄、容易陷入高利贷等的情况，加强正确消费观、金融观和增强风险意识的教育；少数民族中小学生是阻断贫困和金融知识缺乏代际传递的关键，要在不增加课业负担的前提下，采取讲座和课外活动等灵活多样的方式开展针对少数民族中小学生的金融知识教育活动。

二是加快完善少数民族地区企业、城市居民和农村居民的信用档案体系建设，筑牢普惠金融风险防护网。当前，全国信用体系建设正在快速推进过程中，企业信用档案建档率、个人信用档案建档率不断提升，但各地区不平衡的问题还十分突出，特别是在少数民族地区，企业和居民个人的信用档案建档率还明显较低，而且信用档案中的信息数据维度还不够。由于信用档案体系建设部分带有公共产品和公共服务的性质，为此，建议政府加大投入力度，打通人民银行、发改委、经信委、公检法、工商管理、农业管理部门、统计、税务、水电等相关部门的数据联通。农村信用社等金融机构掌握大量农村居民的信用信息，也要在保护其数据权利的基础上推动共享。

三是强化金融消费者权益保护。金融消费者权益保护是普惠金融的一项重要工作，也是衡量普惠金融发展水平的一个重要指标。世界银

行、国际货币基金组织、中国人民银行都把金融消费者权益保护作为普惠金融评价体系中的重要指标。少数民族地区普通金融消费者由于金融知识的欠缺，不仅在正常的金融消费权益保护过程中往往处于劣势地位，而且也是金融诈骗和非法集资的受害者。因此，要以人民银行为中心，以金融机构为主体，强化金融消费者权益保护。

三 关于主流金融机构提升普惠金融风险管理水平的思考

县域农村商业银行是西南民族地区普惠金融发展的主流金融机构。在对西南民族特困区金融机构的调查中，发现县域农村商业银行往往因为偏离了服务小微和"三农"的市场定位，在服务所谓大企业和金融创新中形成了较大的风险，造成了大量损失。因此，县域农村商业银行在提升风险管理水平方面还有很大的改进空间。

一是西南少数民族县域农村商业银行一定要牢固坚守服务小微企业和"三农"的市场定位。把信贷服务的重点和重心聚焦在小微企业和农户身上，逐步提升其贷款的比重。实践已经证明，只要聚焦小微、服务"三农"，并根据小微和"三农"金融服务的风险特征采取相应的风险管理策略是能够取得较好的风险管理效果的。

二是金融机构要针对西南少数民族的发展特点和习惯，在为小微企业和农户提供信贷服务的同时，还要针对其金融服务需求的新变化、新趋势，为其提供投资理财、便捷支付等方面的综合服务，在提高用户获得感的基础上提升用户的忠诚度。金融机构在为小微"三农"提供综合金融服务时，也能够实时跟踪其风险承受能力及风险特征变化情况，从而提升风险管理的水平。

三是农村商业银行切忌盲目创新。一切不利于降低金融服务成本、提升服务质量的所谓金融创新都是"伪创新"。西南民族地区的农村商业银行不要轻易偏离自身的定位搞所谓的"金融创新"，特别是要防范"伪创新"带来的风险。

四 关于新技术在普惠金融风险管理中应用的思考

互联网、大数据、云计算、人工智能等新技术与金融的紧密结合不仅正在深刻地改变着生态、业态、模式，而且也在深刻改变着普惠金融风险管理的模式。不仅蚂蚁金服、腾讯金融、新网银行等新型金融机构将新技术运用到普惠金融风险管理之中，而且中国平安、中国建设银行等传统金融机构也运用新技术提升了普惠金融风险管理的水平。新技术在西南民族地区普惠金融风险管理中有很大应用空间。

一是加大西南民族地区金融机构与国内新技术金融机构之间的合作力度。总体来看，国内金融机构在风险管理技术开发和应用上形成了四个等级的水平，蚂蚁金服、腾讯金融、新网银行、中国平安等处于最高水平，四大国有银行及招商银行等部分金融机构处于第二等级的水平，绝大部分股份制金融机构及部分区域性金融机构处于第三等级的水平，绝大部分区域性金融机构处于第四等级的水平。西南民族特困区内的金融机构大多数就处于第四等级的水平。为了加快西南民族特困区金融机构风险管理技术及应用水平的提升，建议处于第一等级的金融机构对西南民族特困区金融机构进行风险管理技术上的对口支持，并在双方之间建立合作机制。国家在监管政策上对提供技术对口支持的金融机构给予差别化的优惠，提升对口支持的积极性。

二是西南民族特困区金融机构要加大风险管理技术研发和应用力度。西南民族特困区金融机构要认真研究自身特点，走适合自身特征的技术升级路径。既要加大技术投入力度，进行原创性技术积累，更要采取"拿来主义"的思路，通过市场换技术、资源换技术、低成本合作技术开发，引进、消化和吸收比较成熟、比较实用的技术。要加大金融风险管理技术人才的引进力度，既要公开招聘一批风险管理技术人才，更要精准定向引进若干风险管理技术的领军人才。要加大内部专业人才的培养力度，既要把内部的技术尖子、苗子送出去进行系统学习深造，又要通过培训班、学习班等方式提升现有风险管理团队的技术水平。

三是国家有关部门要出台支持西南民族特困区金融机构提升风险管理技术水平的政策。国家有关部门对西南民族特困区金融机构的现有支持政策侧重于对资金的支持，但缺乏对其提升技术水平特别是风险管理技术水平的支持政策。因此，建议国家设立西南民族特困区金融机构提升技术水平的专项资金，鼓励西南民族地区高校设置相应的专业，引导国有大型金融机构在西南民族地区设立相应的技术研发中心。

第五章

普惠金融支持西南民族特困区短期脱贫与长期发展的对策建议

党的十八大以来，在以习近平同志为核心的党中央的坚强领导下，少数民族地区经济社会发展进入了快车道，脱贫攻坚取得了历史性的伟大成就。但少数民族地区由于自然、环境、历史、文化等多方面的原因，经济社会发展整体上仍然处于较低的水平。短期来看，该民族地区的脱贫攻坚处于决战决胜的冲刺阶段，长期来看，其健康可持续发展则是一个更加伟大的艰巨任务。

西南民族特困区是我国贫困人口最为集中、贫困人口基数最大、短期脱贫与长期发展任务最为艰巨的地区。在西南民族特困区脱贫攻坚的历史进程中，以金融扶贫为重点任务的普惠金融已经并正在发挥重大的支持和服务作用；在实现长期可持续发展的新的伟大征程中，以服务公平发展为核心任务的普惠金融仍将发挥重大的支持和服务作用。本章就普惠金融如何更好地支持西南民族特困区短期脱贫与长期发展提出对策建议。

第一节 对西南少数民族特困区实施差别化的普惠金融政策

为了加大普惠金融支持西南民族地区短期脱贫与长期发展的需要，就要在实施降低杠杆率等金融政策时采取差别化的普惠金融政策。建议从以下几个方面采取对策：

一 对西南民族特困区采取差别化的降杠杆政策

2015 年 12 月,中央经济工作会议提出以"三去一降一补"为重点任务的供给侧结构性改革对策,2018 年 3 月,中央财经委员会第一次会议提出了尽快把地方政府和国有企业的杠杆率降下来的要求。从全国来看,地方政府和国有企业的杠杆率近年来呈现出逐步上升的趋势,不仅蕴藏了较大的金融风险,而且也导致了金融资源配置的低效率。

据统计,西南地区特别是少数民族地区的地方政府杠杆率和政府平台公司的杠杆率要比东中部地区的地方政府杠杆率和政府平台公司的杠杆率要高。2018 年年底,贵州省政府负债率为 59.66%,债务率为 148.64%,在全国 31 个省份中排名分别为第 2 名和第 3 名;云南省政府负债率为 39.93%,债务率为 107.01%,在全国 31 个省份中排名分别为第 4 名和第 6 名;广西壮族自治区政府负债率为 26.97%,债务率为 73.52%,在全国 31 个省份中排名分别为第 10 名和第 17 名;四川省政府负债率为 22.86%,债务率为 65.94%,在全国 31 个省份中排名分别为第 17 名和第 24 名;重庆市政府负债率为 23.03%,债务率为 61.36%,在全国 31 个省份中排名分别为第 16 名和第 25 名。从以上数据可以看出,虽然四川和重庆的政府负债率处于中游水平,债务率处于较低水平,但贵州、云南、广西等地的负债率和债务率在全国都处于较高的水平。

西南地区的政府杠杆率和平台公司债务率较高既有深刻的历史原因,也有客观的现实原因,也是脱贫攻坚和经济社会发展的需要。

对西南地区地方政府、国有企业(特别是政府平台公司)采取更高杠杆率的容忍政策,允许他们比东部地区有更高的杠杆率,同时在降杠杆的过程中也给予他们更多的中央财政救济和更长时间的腾挪空间。

二 对西南民族特困区采取更宽容的信贷风险容忍政策

在经济增速下行压力加大、经济结构调整的新常态下,中国商业银行的不良贷款率有上升态势。据中国银保监会公布的数据,2014—2018 年,我国商业银行不良贷款率分别为 1.29%、1.67%、1.74%、1.74%、1.83%。西南地区不良贷款率与全国相比呈现更严峻的形势。2014—2018 年,贵州银行业不良贷款率分别为 0.97%、1.60%、1.86%、2.63%、1.89%,广西银行业不良贷款率分别为 1.31%、

2.10%、1.90%、1.70%、2.60%,云南银行业不良贷款率分别为0.94%、2.18%、3.07%、3%、2.86%,四川银行业不良贷款率分别为1.26%、2%、2.33%、2.5%、2.61%,重庆银行业不良贷款率分别为0.46%、0.90%、1.14%、1.16%、1.89%。从以上数据可以看出,西南地区的不良贷款率从整体上要明显高于全国平均水平。

少数民族地区由于经济发展水平较低、贫困问题较为突出,因此,银行在为企业、地方政府、居民个人提供贷款时就容易出现较大比例的不良贷款。如果采取同等的信贷风险容忍政策,则金融排斥就会导致信贷紧缩,从而重新陷入恶性循环的怪圈,因此,商业银行在对西南少数民族地区提供信贷服务时建议采取更为宽容的风险容忍政策。

三 对西南民族特困区采取差别化的资本市场政策

中国证监会于2015年出台了针对国家级贫困县的股票发行绿色通道政策。截至2018年9月底,已经有11家注册在国家级贫困县的公司通过绿色通道实现了股票发行与上市。但是这11家公司所在地没有一家是少数民族自治县。因此,为了推动少数民族地区企业利用资本市场融资,建议出台针对性的股票发行、债券发行政策。鉴于少数民族地区企业因整体规模偏小、盈利能力偏弱等不符合发行股票的条件,可以鼓励东中部地区的上市公司在发行股票或债券时把募集资金投向少数民族贫困县。

四 对西南民族特困区采取差别化的普惠金融机构政策

鉴于少数民族地区金融内生能力较弱,为了增强金融服务短期脱贫与长期发展的能力,建议在西南地区成立国家级的政策性普惠银行、证券公司、保险公司、基金投资公司、担保公司。因贵州处于西南地区的核心地区,可以辐射云南、广西、四川、重庆、湖北、湖南等整个西南地区和部分贫困问题比较突出的中部少数民族集聚区,同时贵州又是全国脱贫攻坚的主战场,因此,建议在贵州注册成立普惠金融机构。

第二节 加快普惠金融产品创新、服务创新和模式创新

为了增强普惠金融服务西南民族特困区短期脱贫与长期发展的能力,就需要借鉴其他贫困地区发展普惠金融的经验,推动少数民族特困

区普惠金融产品创新、服务创新和模式创新。

一 重点推动少数民族普惠金融产品创新

普惠金融产品创新是普惠金融创新的基础，对发展普惠金融具有重要意义。以贵州省为例，该省从2016年开展了金融机构服务实体经济金融产品创新评奖活动，主要金融机构开发了大量普惠金融产品，对贵州脱贫攻坚和实体经济快速发展起到了重要作用。据统计，在2018年金融机构申报的62个创新产品中，具有普惠金融性质的创新产品高达49个，占比高达79.03%。普惠金融产品创新的类型涵盖了银行、证券、保险、基金、资产管理、金融知识普及等。

（一）开发以管理创新为特征的普惠金融产品

金融机构要针对普惠金融商业性和公益性兼顾的特征，开发以管理创新为特征的普惠金融产品。在这方面，部分金融机构已经进行了成功实践。

国家开发银行贵州分行充分利用多年协助政府类平台转型的成功经验，帮助贵州扶贫开发投资公司构建"统一借款、统一采购、统一还贷"的管理模式，推出了异地扶贫搬迁专项贷款，形成了借款人和用款人分离、用款人和项目建设主体分离的资金使用方式。截至2017年年底累计投放82.71亿元，加权平均利率为4.20%，支持搬迁移民规模达32.63万人。

贵州省农信社开发的"三变贷"是为适应农村"三变改革"而推出的面向"三农"的创新金融信贷产品，即农户利用农村承包土地使用权、农民住房财产权、林地林木经营权、茶园果园经营权、农业设施和旅游设施用地使用权、农村集体资产收益权等，与农信社形成利益共享、风险共担机制而发放的信贷。截至2018年年底，"三变贷"累计投放278.31亿元，支持农户43.45户，加权平均年利率为6.59%。

贵州股权金融资产交易中心开发的中小企业集合私募可转债采取"地方政府国有企业+中小微企业"合作的形式，构建"通借通还+担保+股权"的风险分担与增信体系，累计发行1.4亿元。贵州扶贫农业保险产品创新取得重要突破。2017年首次开办甘蔗、脐橙、小香鸡价格指数保险、茶叶气象指数保险、猕猴桃收益保险、水稻制种保险、家禽保险以及刺梨、樱桃、蓝莓、苹果、草莓、柑橘等水果种植保险。

实行大病保险政策倾斜,全省9个市州,已有3个新农合大病保险对建档立卡贫困户不设起付线,5个将起付线下调至3000元,1个不设封顶线,各市州普遍对建档立卡贫困户提高报销比例5—11个百分点。农房保险连续三年实现全省统保,累计为2512.11万户次农户提供风险保障2730.15亿元,共为28.77万户次农户支付赔款1.58亿元。

这些金融机构开发的这些普惠金融创新产品对脱贫攻坚发挥了积极作用。下一步还可以通过银行、保险、证券等行业的融合创新开发更加具有针对性的普惠金融产品。

(二) 开发以金融科技为支撑的普惠金融创新产品

针对普惠金融信息不对称和风险管控的难点,金融机构在开发以金融科技为技术支撑的普惠金融创新产品方面也进行了成功尝试。

工商银行贵州分行通过和贵民集团各自建立区块链平台,开发的贵州脱贫攻坚投资基金区块链项目,实现了扶贫资金审批透明、精准投放、专款专用。截至2017年年底累计投放资金91.78亿元,支持极贫乡镇20个,受益群众达17.3万人,资金成本不到5%。

建设银行贵州分行开发的小微快贷通过小微企业及企业主在建设银行及外部数据的全面采集和分析,实现了贷款申请、审批、签约、放款、还款的线上流程。截至2017年年底,累计投放18.81亿元,支持小微企业88363户。

贵阳银行的"数谷e贷"是针对小微客户利用"大数据信贷风控+互联网"技术而开发的自动化、网络化信贷产品。2016年该产品推出后信贷规模只有0.78亿元,加权平均年利率高达11.23%,支持人数只有303人。2017年,该产品信贷规模已经快速增长至15.88亿元,加权平均年利率降至9.21%,支持人数已经增至27619人。

贵州保监局指导贵州省保险行业协会开发建设的"贵州保险·精准扶贫信息管理系统"一期在2017年正式上线运行,该系统也是"普惠金融+绿色金融+大数据金融"协同融合的技术平台,为全省保险机构在承保、理赔等环节中识别建档立卡贫困人口,提供特惠便利保险服务平台支持。

从贵州的经验可以看出,金融机构开发了大量普惠金融产品,对短期的脱贫攻坚起到了巨大作用,对今后的长期发展也将起到重要的支持作用。但从以上产品创新的情况可以看出，总体上还缺乏针对民族特困区的普惠金融产品。因此，建议金融机构针对民族特困区开发更具有精准扶贫性质的信贷、证券、保险、信托、基金等普惠金融产品。

二 积极推进西南民族特困区普惠金融服务创新

金融服务质量和水平是普惠金融的重要测度之一，其中支付服务、金融知识和金融能力是衡量区域普惠金融发展水平的重要指标。

（一）积极推进以移动支付为方向的支付服务创新

支付服务是最基本的金融服务，移动支付是支付创新的发展方向。西南地区在推动移动支付创新方面已经走在全国前列，如成都市和贵阳市在2015年2月被中国人民银行和国家发改委确定为移动电子商务科技服务创新试点城市和"移动支付便民示范工程示范城市"。

成都市在五个方面进行了卓有成效的创新：一是在政策上强化对移动电子商务、金融科技服务发展的支持，并制定了有关标准。二是建设了覆盖四川全省特别是覆盖少数民族地区的移动金融和IC卡基础服务平台，保障了移动支付渠道的安全、便捷。三是加大对传统支付设备的技术升级改造，实现所有ATM机及POS终端的非接触功能改造及投放。四是实现移动终端的多元化、丰富化、场景化，重点推进以SD卡为主的移动金融IC卡，实现向全体普通居民及市场主体的低成本投放，同时推进SIM卡及其他全终端产品的推广使用。五是基于移动金融终端，推动金融机构开展金融应用服务的创新，拓展应用场景，提升用户黏性，提高综合金融服务的质量和水平。

贵阳市在移动支付试点工作中也取得了明显成绩。在2017年出台了《贵阳市推动便捷支付工作实施方案》（筑府办函〔2017〕78号）。目前，消费者通过使用"云闪付"APP，在绑定个人银行账户的基础上，可以实现Ⅱ/Ⅲ类账户开立、线上账户管理、手机PAY、二维码支付、免密免签支付、收款转账、远程支付等移动金融功能。据蚂蚁金服旗下支付宝在2018年1月3日发布的2017年全民账单显示，贵州移动支付占比高达92%，位居全国第一，比全国平均水平高10个百分点。

成都市和贵阳市在移动支付方面的成功经验、先进技术、运作模式等完全可以推广至广大西南民族特困区，以便改进支付服务的质量。

(二) 开展金融知识普及方面的服务创新

金融知识的欠缺和金融素养的不足是西南少数民族地区群众难以获得金融服务的重要原因。因此，必须开展多种多样的金融知识普及活动。在这方面西南地区也做了成功探索。

贵州省开展的"蒲公英"金融志愿服务活动就是一个典型的代表。为切实履行社会责任，以打通金融消费维权和金融知识精准普及"最后一公里"为目标，贵阳中心支行2017年制定下发《中国人民银行贵阳中心支行关于开展2017年"蒲公英"金融志愿服务行动的通知》，持续深入推动"蒲公英"金融志愿服务行动，着力打造"蒲公英"精品品牌，全面提升"蒲公英"金融志愿服务的广度和深度，稳步推动贫困村和少数民族村寨实现"蒲公英"金融志愿服务对村帮扶"四个100%全覆盖"，即实现了以黔东南州、黔南州、黔西南州、铜仁市为重点的人口数量较少民族贫困村100%全覆盖，实现了务川县、六枝特区、平坝区、松桃县、大方县、威宁县、雷山县、黎平县、惠水县、望谟县10个省级金融精准扶贫示范县贫困村100%全覆盖，实现了2760个深度贫困村"蒲公英"金融志愿服务对村帮扶100%全覆盖。以"四个100%全覆盖"为标志实现了民族地区金融服务模式的创新。

中国人民银行不仅通过"蒲公英"志愿者活动来提高农民、普通居民、学生等群体的金融素养，而且动员金融机构组织开展各种形式的金融知识普及和金融能力提升活动。截至2018年12月31日，农信社累计举办金融夜校活动58.57万场，受训人数达1832.12万人次，涵盖行政村15924个、村民小组164154个，累计发放培训及宣传资料1737万份。

(三) 进行普惠金融服务对象和服务内容的创新

传统的普惠金融服务往往以成年居民为主，但广大中小学生在接受普惠金融服务方面还非常欠缺。为了阻断贫困的代际传承，中国人民银行还强化对学生等特殊群体的金融知识普及。针对学生知识背景、年龄结构和兴趣爱好，编制《简易金融知识入门（小学版）》《毕节市征信知识读本（中小学版）》《普惠金融知识读本（职高版）》《金融知识手册（高校版）》《"蒲公英"金融知识笔记本（校园版）》等一系列教材，组织开发了"蒲公英"金融故事会、"蒲公英"金融知识漫画、"蒲公英"金融知识简本等普及宣传系列产品，还充分运用新媒体手段,推出:"蒲公英"金融广播——"老王家的金融故事"(13期)、《金融知识西游篇》动画片、《阿衣为您讲金融》系列动画视频(5期)、金融知识公益宣传系列微电影《你骗不了我》(3季),提高金融知识普及宣传的覆盖面和针对性,以在校学生为突破口实现了普惠金融服务对象和服务内容的创新。

为了进一步推动普惠金融服务创新,建议在以下几个方面采取措施:一是在推动移动支付服务创新的基础上推动基础信用信息服务的创新,从而提升普惠金融基础服务的综合水平。二是把金融知识教育纳入中小学教育计划体系,由教育主管部门和金融监管部门联合推进金融知识读本进课堂,还可采取邀请金融专业人士担任课外辅导员,和编著少数民族文字的金融指数读本等措施。三是针对少数民族地区金融服务不到位、不充分的情况,开展少数民族金融知识专题普及活动,以提高少数民族群众的金融意识和金融素养。

三 大力推进西南民族特困区普惠金融发展模式创新

普惠金融模式创新是带有根本性变革的系统集成创新,只有实现模式创新,才可能实现普惠金融的商业可持续发展。建议在以下几个方面推进少数民族地区的普惠金融发展模式创新:

(一)大力推广基于大数据、区块链、人工智能等新技术的普惠金融发展模式

大数据、区块链、人工智能不仅深刻地改变着金融业态和金融生态,也在深刻地影响着普惠金融的发展模式和路径。遵义市下属的少数民族地区横跨乌蒙山集中连片特困区和武陵山集中连片特困区。中国人民银行遵义支行在2015年开发了"农村资源融资信息管理系统(区块链)",该系统集管理创新、技术创新与服务创新于一体,将农户"两权"资源信息、融资担保信息有机整合到服务器中,促进信息共享,使金融机构线上农户办理"两权"登记和注销抵押等手续,实现了让数据多跑路,让群众少跑路,达到了普惠金融发展模式创新的目的,在道真县、务川县等少数民族自治县及赤水市、湄潭县等少数民族人口较多的地区都得到了很好的使用。截至2018年6月末,遵义市农村土地承包经营权、农民住房财产权、林权抵押贷款余额29040.80万元,其中,农村土地承包经营权、农民住房财产权抵押贷款余额22664.56万元,同比增长37%;林权抵押线上完成6349.24万元。建议将该系统进一步升级,并在西南少数民族地区推广使用。

(二)增强普惠金融与财政的协同效应,加大财政支持普惠金融发展的力度

在西南少数民族地区,由于经济发展的内生动力不足导致普惠金融商业可持续能力不强,因此,财政与普惠金融的协同就显得非常重要。在部分西南民族地区,财政与普惠金融的协同模式正在形成,协同效应正在显现。以贵州省为例,普惠金融与地方财政的协同效应正在逐步扩大,也有力地改善了普惠金融的发展环境。2017年,贵州省级财政拨付农村金融机构定向费用补贴资金达到1.62亿元,其中45.24%的资金用于少数民族地区金融机构,省级财政向县域金融机构涉农增量贷款发放奖励资金2.47亿元,其中47.35%用于少数民族地区的县域金融机构,省级财政发放创业担保贷款贴息及奖补资金1.89亿元,其中35.75%用于少数民族地区,省财政发放政府和社会资本合作项目奖补资金0.84亿元,其中39.63%用于少数民族地区。贵州省普惠金融发展专项资金撬动了146家县域金融机构发放涉农贷款991.64亿元和32家村镇银行发放贷款92.74亿元,确保了实现全省涉农贷款增量不低于上年、增速不低于各项贷款平均增速,实现了小微企业贷款增速不低于各项贷款平均增速、小微企业贷款户数不低于上年同期户数、小微企业申贷获得率不低于上年同期水平。

但是,由于地方财政能力有限,财政资金支持普惠金融的力度还不够大,对少数民族地区的支持力度也不够大。因此,建议一方面中央财政安排针对西南民族贫困地区发展普惠金融的专项资金;另一方面省级财政进一步扩大少数民族贫困地区普惠金融发展专项资金的规模。

(三)推广不同类型金融机构协同联动的普惠金融发展模式

普惠金融的发展不仅需要信贷、证券、保险等主流金融机构的协同联动,也需要担保、信托、基金、小贷、融资租赁等所谓非主流金融机构的协同联动,还需要互联网、大数据、人工智能等新兴金融技术机构的协同联动。建议不同类型金融机构在少数民族地区加强在以下几个方面的联动:一是加强发达地区金融机构与少数民族地区金融机构的联动。在东部发达地区帮扶贫困地区政策的推动下,东部发达地区的人

才、技术、资金、管理等资源正在向对口帮扶地区流动,但整体来看,还缺乏东部发达地区金融机构针对少数民族地区精准扶贫的整体安排和机制设计。为此,建议发达地区金融机构向对口帮扶地区进行金融资源的整体安排,这种整体安排除包括资金支持外,还包括信息、项目、人才、教育等方面的安排。二是加强少数民族地区不同类型金融机构的协同联动。如为了控制信贷风险,建议由财政出资的担保机构加大对信贷的担保力度,降低担保费率;为了增强少数民族地区企业的发展后劲,缓解企业发展资本实力偏弱的困难,可以由银行机构、证券公司、基金公司采取"投资—贷款"联动的方式;为了提升少数民族地区基础设施投资力度,可以采用银行、证券联合向境内外发行债券的模式筹集资金。三是加强金融机构与金融科技企业的协同联动。金融科技企业拥有较为丰富的信用信息资源和对金融产品服务进行精准定价和精准风控的技术,与金融机构协同联动可以提供更为合适的金融服务。

第三节 以普惠金融为重点构建"普惠+大数据+绿色"的特色金融体系

西南民族贫困地区受各种条件的制约,普惠金融发展中还面临不少困难,而且单纯依靠普惠金融也难以起到支持西南民族地区长期可持续健康发展的作用。为此,就要在发展普惠金融的同时,还要结合当地自然生态、经济社会、民族文化等方面的特点,构建以普惠金融为重点的"普惠+大数据+绿色"的特色金融体系。

一 "普惠+大数据"能够有效破解普惠金融发展中的根本性难题

G20 杭州峰会发布的《20 国集团数字经济发展与合作倡议》把数字经济定义为以使用数字化的知识和信息作为关键生产要素、以现代信息网络作为重要载体、以信息通信技术的有效使用作为效率提升和经济结构优化的重要推动力的一系列经济活动。

工业经济时代,企业的竞争力往往来自生产和销售方面的规模经济,与这种商业模式相适应的金融市场也着眼服务于具有规模经济的大企业。但数字经济正在从根本上改变我们的经济体系,互联网、移动互联网、物联网、大数据、人工智能等创新性技术与经济体系结合所引致的资源配置方式、生产组织和企业经营模式的新型经济形态正在形成。规模经济难以实现个性化需求与定制化生产的匹配，无法克服诸多产业部门出现产能过剩，又有诸多需求难以满足的矛盾局面。在金融市场这一现象同样问题严重，突出表现为普遍存在的信贷配给。

从宏观上分析，数字经济的出现进一步加速了政府与市场这两种资源配置方式的融合。互联网平台的出现，大数据技术的运用，极大地降低了市场交易的成本，打破了资金流动的时空限制，提升了供求匹配的效率，资源流动的边际零成本成为可能。基于各种应用场景而沉淀下来的大数据成为提升金融资源配置效率的重要工具。对大数据不同形式的挖掘和利用，可以为各行各业各种商业模式提供具有非竞争性的开发价值，使大数据具备成为公共物品的某些性质，从而为政府与私人部门合作提供了可能。非竞争性的开发价值可以通过政府配置来实现共享，竞争性的开发价值可以通过私人部门来配置来保护产权。

因此，市场和政府配置资源这两种方式的对立性和矛盾性大大降低，而合作性和融洽性则大大提升。

从微观上分析，数字经济的出现还带来生产组织和企业经营模式的变革。从狩猎时代的部落制到农耕时代的家庭制是人类生产组织方式的第一次变革，从农耕时代的家庭制到工业时代的公司制是人类生产组织方式的第二次变革。而从工业时代的公司制向大数据时代的众筹制和合伙制则可能是人类生产组织方式的第三次变革。在互联网和大数据时代，众筹制和合伙制拓展了股东出资的方式，使企业的组织方式和治理机制更为灵活且体现了自治精神，因而也是一种更具生命活力的生产组织和企业经营模式。

从经济哲学上分析，数字经济带来了以下几个深刻变革，也加剧了人类社会的固有矛盾：一是资源配置效率的提升极大地提高了生产力水平，从而为人的自由时间和自由活动的增多提供了更大可能。但是，由于移动互联网和物联网的时空渗透，人的任何活动，包括生产活动、生活活动、学习活动，甚至思考活动都处于透明或半透明状态，从这个角度来看，人类的自由时间和自由空间又被无情地挤压。二是数字经济、平台经济、共享经济极大地提升了社会福利和边际效用，绝对贫困问题正在成为人类的历史，金字塔形的组织结构和社会结构正在迅速被网络型组织结构和社会结构所代替，似乎公平与效率的矛盾正在彻底解决，但是，平台经济也正在将资本与财富、技术与人力、信息与数据等资源迅速向平台集聚，从而会导致贫富差距的进一步拉大，这与人类公平的理想似乎又越走越远。而且垄断平台对消费者权益的漠视甚至侵害又有可能导致社会福利和社会正义的损失。

大数据将引领金融业的颠覆性创新，主要表现在以下几个方面：一是区块链技术和数字加密技术将带来信用管理的颠覆性创新。二是互联网和移动互联网平台的出现将催生金融媒介的形态、金融服务场景、经营模式、盈利模式的变革。三是以大数据和人工智能为基础，将使金融征信、客户画像与管理、产品开发、产品定价、风险管控、市场营销等实现精准化和智能化。

以"大数据+普惠金融"为特征的数字普惠金融从根本上缓解或解决了普惠金融发展中面临的挑战和困难，使普惠金融的三个核心要义在实践中得到更好实现：一是数字经济的长尾效应极大地扩大了普惠金融的覆盖面，传统金融难以触达80%的海量用户在互联网和大数据平台的支持下能够享有基本的金融服务，也就是能够让普惠金融的"普"成为现实。二是基于大数据使普惠金融产品的定价可以实现精准化，而长尾效应激发的海量用户使普惠金融产品的边际成本大幅度降低，边际效用大幅度提升，这又可以使普惠金融产品的价格降低到普惠金融消费者能够承受的区间，也就是可以更好地实现普惠金融的"惠"。三是基于大数据，可以对普惠金融用户进行精准画像和征信管理，也可以对其风险进行精准管控，使金融机构在开展普惠金融服务时可以更好地进行风险与收益的匹配，从而根本上解决或者缓解普惠金融商业可持续的困难。

西南少数民族贫困地区如果按照传统的模式发展普惠金融，就难以克服普惠金融发展中面临的商业可持续难题。只有"大数据+普惠金融"的发展路径，才有可能走出一条有别于东部、不同于西部其他地区的后发赶超的新路。

二 "普惠+绿色"特色金融符合西南民族特困区的自然环境和经济社会发展特点

习近平总书记在2014年全国"两会"参加贵州代表团审议时对贵

州提出了"守住发展和生态两条底线"的总要求。习近平总书记关于贵州守住两条底线的重要讲话抓住了贵州经济社会发展和自然生态保护的本质需求,不仅对贵州的发展具有重大的指导意义,而且对整个西南地区乃至全国的发展都具有重大的指导意义。要守住发展的底线,就离不开普惠金融的大力支持,要守住生态的底线,就离不开绿色金融的大力支持,要守住两条底线,就需要普惠金融和绿色金融的融合发展。

(一)西南民族特困区自然生态的特点决定其必须发展绿色金融

西南民族特困区具有自然生态脆弱和森林覆盖率高的特点。生态脆弱主要是由于喀斯特地貌和高原生态等原因导致的,其中石漠化是最突出的表现形态。我国石漠化地区主要分布在贵州、云南、广西、湖北、湖南、广东、重庆、四川8省(自治区、直辖市)的460个县(市、区),尤以贵州、云南、广西等少数民族集聚的滇黔桂集中连片特困区为甚。该区域石漠化呈现如下特征:一是石漠化呈现集中分布的特征。据国土资源部监测,以云贵高原为中心的81个县的石漠化面积占全国石漠化总面积的近一半。二是石漠化与贫困率密切相关。越是石漠化严重的区域,贫困问题越严重。三是石漠化主要发生在16度以上的山体坡面,占比接近85%。四是石漠化程度不严重,以中轻度石漠化为主,中轻度石漠化面积占比超过70%。同时,西南民族特困区又是森林覆盖率较高的地区。贵州、云南、广西、四川等森林覆盖率最近几年都呈现逐年上升的态势。2015—2018年,贵州的森林覆盖率从50%提升至57%,云南森林覆盖率从56%提升至60%,广西森林覆盖率则稳定在62%以上,四川森林覆盖率从36%提升至39%,重庆森林覆盖率从43%提升至48%。其中广西、云南、贵州的森林覆盖率居于全国前列。生态脆弱说明西南民族特困区具有发展绿色金融的必要性,而森林覆盖率较高则说明西南民族特困区具有发展绿色金融的坚实基础。

(二)"普惠+绿色"特色金融融合发展在乌蒙山已经有了成功的探索实践

赤水市位于乌蒙山集中连片特困区,境内居住着汉族、苗族、土家族、布依族、白族、仡佬族、回族等26个民族。2017年10月,国务院扶贫办宣布了全国26个贫困县脱贫摘帽,赤水市名列其中,是贵州省第一个成功摘掉贫困帽子的县,同时2018年年底,赤水市森林覆盖率达到82.77%，名列贵州省第一位。在赤水市脱贫攻坚的过程中，普惠金融发挥了重要支撑作用，在赤水市环境保护的过程中，绿色金融发挥了重要作用。

赤水市是中国人民银行在2014年确定的普惠金融指标建设试点县，也是2015年"农村资源融资信息管理系统"首批投入应用的县。在探索内置金融、普惠金融等新型农村金融发展模式的过程中，通过"农村资源融资信息管理系统"推进"两权"抵押贷款，实现金融服务对乡村产业、乡村生活全覆盖，为乡村建设提供外部助力和支撑。2017年6月，国务院同意设立国家级的贵州省贵安新区绿色金融改革创新试验区，这又为西南民族特困区发展"普惠＋绿色"金融提供了更好的实践创新范本。贵安新区在扶贫及绿色发展方面与西南民族特困区具有相似的发展特征，因此，该地区在普惠金融和绿色金融融合发展方面的经验可以推广到西南民族特困区。

（三）切实防范化解普惠金融发展过程中存在的风险

西南民族特困区在发展普惠金融中面临比其他地区更多的风险，原因主要有以下几个：一是西南民族特困区经济发展水平普遍较低，产业基础较为薄弱，在金融资源配置方面面临金融消费者自身信用能力不足、担保和抵押等增信措施不到位的风险。二是西南民族特困区地形以喀斯特山地为主，在交通、水利等基础设施投资方面需要更高的成本，承担基础设施建设任务的政府平台公司面临很大的融资风险。三是作为普惠金融消费主体的少数民族农民在金融意识、金融知识和金融能力方面与发达地区的农民相比还有不少差距。

为了防范化解西南民族特困区在发展普惠金融中遇到的风险，按照"立足发展、心中有数、应对有策、化解有方、实施有力、标本兼治"的基本思路，采取以下措施：

一是提高认识，加强对防范化解普惠金融风险的集中统一领导。鉴于当前贵州省防范化解金融风险的严峻形势，为贯彻落实党的十九大关于打好三大攻坚战和中央财经委员会第一次会议关于打好防范化解金融风险攻坚战的要求，省、市州、县区党委和政府要切实提高政治站位，强化对防范化解普惠金融风险的认识，要清醒地认识普惠金融的商业属性，并在统一思想的基础上，增强对防范化解普惠金融风险的集中统一领导。

二是立足发展，增强普惠金融服务西南民族特困区经济内生发展的能力。从根本上来说，西南民族特困区要防范化解普惠金融风险，还需要增强区域经济的"造血"能力和内生动力。为此，一要通过普惠金融和财政资金的协同投资加快提升西南民族特困区的基础设施水平，补齐经济发展的"短板"。二要普惠金融要围绕西南民族特困区的特色优势产业（如特色农业、旅游业、民族医药产业、轻工业等）提供优质金融服务。三要通过扶持当地龙头企业来改善当地的经济生态和金融环境。

三是心中有数，建立普惠金融的风险监测和管控大数据系统。大数据与普惠金融的结合不仅能够提升普惠金融服务的精准性，而且能够提升普惠金融风险管理的精准性。为了做到"心中有数"，建议在人民银行普惠金融统计监测系统的基础上，建立针对少数民族特困区小微企业、农户的金融服务登记、监测、绩效评价及风险管控大数据系统，对普惠金融风险实施实时性穿透式管理，实现基于大数据的普惠金融风险的自动检测、自动评价、自动预警。

四是坚守底线，建立针对防范化解普惠金融风险的周转资金池。为了防止可能出现的普惠金融的债务违约风险，建议在省级层面建立防范化解普惠金融风险的周转资金池，主要用于流动性救助和资金垫付。①周转资金池的资金来源：可以按照省级财政厅出资5%、各市州财政厅出资加总出资15%、县级财政厅出资15%、省属国有企业（主要是省级平台公司和茅台等大型国有企业）出资20%、市州国有平台公司出资20%、县区平台公司出资15%的大致比例进行募集。②周转资金池规模：可采取"基本规模+追加规模"的方式确定资金池规模。建议省级资金池基本规模为50亿—100亿元；如果在运作过程中需要追加规模，可采取新增募集的方式扩大。③出资收益：财政出资不享受收益，国有企业出资按照基准利率95%的标准享有收益。收益来源于资金池投资运作及债务救助项目的收益。对于风险救助项目，按照基准利率105%的标准收取收益。对于救助的项目，一旦其自身流动性困难得到缓解，则应及时归还资金池垫付的资金并承担基准利率105%的资金使用成本。④周转资金池管理：资金池资金募集、使用、回收、投资等管理工作由当地政府防范化解债务风险事件应急领导小组负责。

第四节 加大普惠金融对重点领域和薄弱环节的支持力度

西南民族特困区在实现短期脱贫与长期发展中,既要加大对重点领域的投入力度,又要加大对薄弱环节的投入力度。针对西南民族特困区普惠金融及经济社会发展的特点,建议普惠金融重点加大对基础设施和基础产业、民族特色优势产业等重点领域的支持力度,同时加大对少数民族贫困人口、民营经济、小微企业、个体工商户等薄弱环节的支持力度。

一 加大普惠金融对基础设施和基础产业的投融资支持力度

改革开放以来,特别是党的十八大以来,西南民族特困区基础设施建设水平得到了大幅度提升。2018年年底,四川、贵州、广西、云南、重庆高速公路通车里程分别达到7238千米、6450千米、5563千米、5086千米、3096千米,高速铁路通车里程分别为662千米、860千米、849千米、618千米、367千米,其中四川省高速公路通车里程在全国排在第三位,贵州省高速公路通车里程密度在全国排在第一位,贵州省高速铁路通车里程在全国排在第八位。西南地区交通等基础设施的重大改变极大地提升了西南地区在全国区域经济社会发展中的竞争力。"十二五"以来,贵州、重庆等西南地区GDP增速在全国名列前茅离不开基础设施条件的改善。

普惠金融在服务基础设施建设和基础产业发展中发挥了巨大的资金支持作用。云南省普洱市是多民族集聚的典型地区,下辖一区九县,其中九个县全是少数民族自治县,少数民族人口占比高达61%,有哈尼、彝、拉祜、佤、傣等14个世居少数民族,2018年12月被国家民委命名为全国民族团结进步创建示范市。近年来,以国家开发银行为代表的金融机构践行普惠金融理念,在普洱市基础设施建设,特别是少数民族农村地区基础设施建设中发挥了投融资支持的主力军作用。

2016年年底,普洱市和国家开发银行云南省分行联合制定了《国家开发银行云南省分行支持普洱市农村基础设施项目建设融资方案

(试行)》,探索形成了"市级统贷,县级偿还"的创新融资模式,融资投向普洱市少数民族农村地区的村组道路、安全饮水、农村环境整治和校安工程四类项目。经过两年半的试行,截至 2018 年中期,国家开发银行云南省分行向普洱市农村基础设施贷款规模达到 43.1 亿元,贷款年利率平均为 4.9%,对 9 个民族自治县的中长期授信达到 70.73 亿元。这些贷款在改善 9 个自治县的少数民族人居环境、生产生活条件等方面起到了巨大的资金支持作用,真正践行了普惠金融的理念。

为了进一步发挥普惠金融在支持西南民族特困区基础设施和基础产业中的作用,建议采取以下对策:

一是把金融支持的重点聚焦在高速公路、高速铁路、通信、水利、城市基础设施、植树造林等对西南少数民族贫困地区长期发展具有重大影响的基础设施建设领域和矿产资源、能源、化工等具有比较优势的基础产业领域。

二是充分发挥国家开发银行在基础设施、基础产业融资主力军作用,采取各种措施确保金融资金贷得出、用得好、还得上。同时要探索开发性金融、政策性金融、商业性金融、合作金融等不同类型金融机构之间协同支持基础设施、基础产业的模式。

三是探索"银政企"在支持基础产业、基础设施投融资之间的深度合作模式。按照政府增信、企业运营、银行支持、协同推进的整体思路,在严控政府隐性债务的前提下,增强政府在基础设施、基础产业投融资合作中的信用保障作用,同时坚持企业经营主体地位,遵循市场化机制提升企业的自我发展能力,然后银行等金融机构提供期限较长、利率较低、规模较大的资金支持。

四是探索金融支持西南民族特困区基础设施基础产业发展的产品创新。在以银行信贷为主体的情况下,要根据基础设施和基础产业项目本身的特点,探索银行信贷与基金、信托、债券等不同类金融产品的结合方式,如对高速公路、高速铁路、自来水等具有稳定现金流的项目,因其信用等级较高、现金流稳定,可以争取在境外发行债券的方式融入低成本资金。对于植树造林等生态效益较好,但经济收益时间较长、现金流分布不均衡的项目,可以采取长期贷款+绿色债券的方式进行融资。

二 重点支持特色优势产业的融资服务

西南民族地区具有鲜明的自然、人文、社会和经济特征。许多产业既具有明显的比较优势，又具有脱贫攻坚的带动作用，普惠金融在支持和服务西南民族特困区特色优势产业发展中大有可为。

西南民族特困区的特色优势产业主要集中在以下几个领域：一是特色有机绿色农业产业。西南民族特困区在特色农产品如水果、蔬菜、茶叶等，普遍具有绿色、生态、无公害的品质优势和规模生产、四季生产、安全生产的竞争优势。二是特色旅游产业。西南民族特困区具有自然风光秀美、民族文化浓郁、历史积淀久远、红色资源丰富的特征，随着人民生活水平的提升和对外开放力度的加大，西南民族地区正成为国内外游客旅游集聚的地区。三是特色轻工产业。西南民族地区在烟、酒、茶、民族手工艺及特色农产品深加工等领域都具有较好的发展基础，也具有良好的发展前景，部分产品如云南的云烟、贵州的茅台酒、四川的五粮液酒、云南的普洱茶以及贵州的都匀毛尖茶、湄潭翠芽茶、凤岗的含硒茶都具有世界影响力和知名度。四是休闲养生产业。西南民族特困区在自然风光、环境气候、生活成本等方面具有发展休闲养生产业的独特比较优势。云南、贵州、四川、广西等省区开发的休闲养生基地已经取得了不错的经营业绩。四川的眉山、都江堰、雁江，广西的永福、巴马、东兴、昭平、岑溪、金秀、上林、东兰、凌云、扶绥、容县、蒙山、凤山、阳朔、富川、恭城、宜州、大化、马山、龙州、钟山、天峨、象州，贵州的石阡、印江、赤水、罗甸、兴仁，重庆的江津等都是全国著名的长寿之乡。五是民族医药产业。俗话说，贵州无闲草，形象地说明了西南民族地区丰富的自然医药资源。傣医、壮医、彝医、侗医、瑶医、苗医等在长期的医疗实践探索中吸收了以汉族中医为代表的精华，而且西南地区各民族医药相互融合借鉴，已经或正在形成独具特色的理论体系，为西南地区各民族繁衍生息和健康发展做出了不可替代的贡献。

为了进一步壮大西南民族地区经济实力，建议普惠金融从以下几个方面加大对特色优势产业的支持和服务力度。

一是普惠金融支持打造一批特色优势产业发展的载体。按照区域化布局、产业化经营、标准化管理的思路，着力打造一批具有可持续发展能力的特色产业载体和平台，如特色城镇、特色产业园、特色产业基地、特色产业龙头企业等，普惠金融通过支持这些载体和平台，不仅能够起到带动和引领特色产业发展的作用，而且可以较好地控制普惠金融的风险，实现良性互动发展。

二是采取"普惠金融+供应链金融"的模式支持打造西南民族地区特色产业体系。普惠金融在支持平台和载体发展的同时，还要在支持特色产业龙头企业做大做强的基础上，支持特色产业链上的上下游企业发展，从而帮助打造特色产业体系，形成龙头企业顶天立地、上下游企业铺天盖地的良好格局，载体（平台）—龙头企业—上下游企业之间可以通过相互担保等方式，形成高效的融资综合体，在争取普惠金融融资支持的同时，起到防范化解普惠金融风险的作用。

三是采取"普惠金融+科技金融"的模式提升特色优势产业的科技水平和对接资本市场的能力。西南民族特色优势产业普遍存在科技含量不高、核心竞争力不强、对接资本市场能力不足的问题。为此在强化普惠信贷支持特色优势产业发展的同时，还要通过风险投资、股权投资等方式增强特色优势产业龙头企业的实力，并且培育一批具有一定技术含量的中小型科技企业，然后通过公开发行股票等方式做大做强。

三　强化普惠金融对西南民族地区经济社会发展短板的支持力度

改革开放以来，特别是党的十八大以来，西南民族地区经济社会发展取得了历史性的巨大成就，但不可讳言的是，这些地区，特别是少数民族特困区还存在制约经济社会发展的短板和弱项，主要表现在以下几个方面：一是贫困人口基数大、贫困人口比例高、贫困程度深。截至2018年年底，西南地区尚有560万贫困人口，占全国贫困人口的比例高达33.73%。云南、贵州、广西人均GDP在全国分别排在倒数第二、第三、第四位，贵州、云南农村居民人均可支配收入在全国分别排在倒数第二、第三位。因此，西南民族地区脱贫攻坚的任务还十分繁重。二是基础设施建设成本较高，固定资产投资绩效偏低。西南民族地区多属于喀斯特地貌，地形崎岖，地表千沟万壑，地质条件复杂，暗河溶洞多，导致基础设施建设成本较高。以2014年年底开通的贵广高铁为例，这条被称为"穿越喀斯特的超级铁路"在贵州境内全长301千米，桥隧比达到了92.1%，全国名列前茅，投资达305亿元，每千米造价过亿元，而设计时速相同的合武铁路、福厦铁路每千米造价仅0.46亿元。城市地铁、道路等基础设施建设成本也存在同样的问题。三是民营经济整体实力偏弱。受市场经济体系发育不全及商业文化薄弱等因素的影响，西南地区民营经济发育不充分不平衡的问题十分突出，特别是西南少数民族地区民营经济的实力更弱。在全国民营经济占比最低的十个省份中，广西和云南名列其中。民营经济实力偏弱导致当地经济活力不足、内生性不强的问题十分突出。

为了强化普惠金融对西南民族地区经济社会发展短板的支持力度，建议采取以下措施：

一是加大中央财政对西南民族特困区普惠金融的补助力度。2018年，中央财政下达了100亿元的普惠金融发展专项资金，比2017年增加了23亿元，但五个民族自治区合计补助总额只有13.62亿元，远远满足不了民族贫困地区发展普惠金融的需要。为了加大对少数民族贫困地区发展普惠金融的财政支持力度，建议设立少数民族贫困地区普惠金融发展专项补助，补助的地区以县为单位，包括民族自治县和少数民族人口占比超过20%的非少数民族自治县，按照少数民族人口占比、城镇化率、贫困人口发生率、城乡居民人均可支配收入、人均GDP等指标确定专项补助金额。

二是加大政策性金融、开发性金融、普惠金融协同服务西南民族地区短板的支持力度。建议加大农业发展银行对少数民族地区农林牧副渔等种养殖及深加工的信贷支持力度，加大进出口银行对少数民族特色工艺品、轻工产品加工企业及个体工商户、少数民族群众个人的出口信贷扶持力度。国家开发银行则可以重点支持少数民族地区移民搬迁、城乡基础设施的信贷支持力度。破除信贷方面的所有制歧视偏见，建议商业银行对少数民族地区民营企业的贷款按照不低于信贷总规模增幅、不低于对国有企业信贷规模增幅、不低于对非少数民族地区信贷规模增幅的考核标准，加大对少数民族地区民营经济的信贷支持力度。同时鼓励"银行+保险+期货"的普惠金融模式创新，支持少数民族贫困地区发展特色农业，鼓励"普惠金融+绿色金融"的普惠金融发展模式，支持少数民族地区的林牧业发展。

三是加大扶贫再贷款、定向降准等金融手段对西南民族特困区的支持力度。近年来,国家通过扶贫再贷款等金融手段向贫困地区提供了一定规模的低成本信贷资金,有力地促进了贫困地区普惠金融的发展,但是从整体上来看,针对民族贫困地区的金融工具和金融手段还不能满足少数民族贫困地区脱贫攻坚和长期发展的需要。因此,建议:①设置较大规模针对少数民族自治县的扶贫再贷款额度,切实破解少数民族贫困地区"融资难融资贵"的难题;②针对少数民族贫困地区的农村商业银行、村镇银行等采取差别化的存款准备金水平政策;③针对少数民族地区贷款不良率较高的问题,采取更宽松风险容忍度的政策;④对于在少数民族地区贷款比例达到一定幅度的银行采取适当的奖励政策。

第五节 营造普惠金融可持续发展的生态环境

本节结合我们近几年对贵州省委、省政府提出并被采用的一些对策建议,结合西南民族地区的情况,就普惠金融支持西南民族地区短期脱贫与长期发展、防范区域金融风险、营造普惠金融可持续发展的生态环境提出一些对策建议。

一 关于综合运用国家部委扶贫政策在西南民族深度贫困地区发行扶贫债的建议

2017年11月11日,湖北省五峰县宜昌长乐投资集团有限公司发行了全国首单扶贫专项公司债券(以下简称"扶贫债")。12月24日,中央电视台《新闻联播》栏目头条新闻对此进行了重点报道。据悉证监会今后一段时间将把发行扶贫债作为资本市场服务深度贫困地区脱贫攻坚战略的重要举措。发行扶贫债对于西南民族深度贫困地区打赢脱贫攻坚战、实施乡村振兴战略意义重大,不仅必要,而且可行。

(一)扶贫债发行背景与政策依据

扶贫债是证监会在国土资源部的扶贫政策基础上根据资本市场服务脱贫攻坚战略的需求推出的创新金融产品,是贯彻落实习近平新时代中国特色社会主义思想,打好"脱贫攻坚战"的"大招""高招""实招"。

2016年2月,国土资源部出台的《关于用好用活增减挂钩政策积极支持扶贫开发及易地扶贫搬迁工作的通知》(国土资规〔2016〕2

号）明确，对集中连片特困地区等地，允许将增减挂钩节余指标在省域范围内流转使用，所得收益返还农村，用于农村住房改造、旅游基础设施配套建设等。2017年11月3日，国土资源部又出台了《关于支持深度贫困地区脱贫攻坚的意见》（国土资规〔2017〕10号），明确"深度贫困地区节余的增减挂钩指标在东西部扶贫协作和对口支援框架内跨省域流转使用的，由深度贫困地区所在省份，根据扶贫开发和长远发展需要，在不破坏生态环境的前提下，合理安排拆旧复垦规模，妥善安置搬迁人口，合理分配和规范使用节余指标收益。"

2017年12月15日，央行、银监会、证监会和保监会联合印发的《关于金融支持深度贫困地区脱贫攻坚的意见》明确，"对深度贫困地区符合条件的企业发行公司债、资产支持证券的，实行'专人对接、专项审核'，适用'即报即审'政策"。

在上述政策的支持和证监会扶贫办的指导下，湖北省五峰县宜昌长乐投资集团有限公司发行了总额为5亿元（首期为3亿元）的社会责任（扶贫）公司债券（证监会审批的公司债券，上交所上市），利率为7%（近期市场利率上行，7%的利率低于平均水平），期限为7年，资金专门用于五峰县的移民搬迁、产业扶贫。该债券还款保障之一就是增减挂钩指标取得的收益，但由于五峰县不是深度贫困县，其增减指标只能在省内流转。

与增减指标挂钩的深度贫困地区发行扶贫债既能把土地整治的远期收益变成近期的扶贫开发资金，还能适当发挥金融工具的杠杆效应，实现资本市场服务脱贫攻坚的功能。据调研，在证监会指导和推动下，中证焦桐基金管理公司已经开始对河南兰考、卢氏和江西吉安、永新等地设计扶贫债发行方案，其中河南省兰考县已经签署协议委托中证焦桐基金管理有限公司负责选聘中介机构、组织推动发行工作。

（二）扶贫债发行的必要性与可行性分析

扶贫债具有土地扶贫政策与金融扶贫政策、政策性金融与商业性金融相结合的特征，是我国普惠金融发展的重要举措。对于脱贫攻坚主战场的广西来说，不仅具有必要性，而且具有可行性。

1. 西南民族深度贫困县对口支援地区增减挂钩土地流转收益分析

国土资源部出台的"增减挂钩指标在东西部扶贫协作和对口支援

框架内跨省域流转使用"政策可以使西南民族深度贫困地区获得极大的极差地租收益。对口支援广西壮族自治区深度贫困县的地区分别是广东省的深圳市、湛江市、江门市、肇庆市、茂名市，对口支援贵州省深度贫困县的地区分别是上海市、广州市、苏州市、大连市、宁波市、青岛市，对口支援云南深度贫困县的地区分别是上海市、珠海市、中山市、东莞市，对口支援四川省深度贫困县的分别是杭州市、广州市、深圳市、珠海市、中山市、温州市等15个城市。

这些地区2017年建设用地出让价格如表5-1所示。

表5-1　　　　　　　2017年对口支援地区建设用地出让价格

深度贫困地区	对口支援地区	2017年建设用地平均出让价格（万元/亩）
广西河池市：都安县、大化县、凤山县、东兰县、罗城县、巴马县、环江县；广西百色市：乐业县、那坡县、隆林县、德保县、靖西市、凌云县、田林县	深圳市	2018
贵州毕节市：威宁县、纳雍县、赫章县；黔南三都县	广州市	813
贵州遵义市：正安县；云南迪庆州：香格里拉市、德钦县、维西县；文山市马关县；云南红河州：红河县、元阳县、绿春县；曲靖市会泽县、宣威县；云南丽江市：宁蒗县；云南普洱市：江城县、澜沧县；云南大理州：祥云县、南涧县；云南昆明市：东川区	上海市	1296
四川阿坝州：马尔康市、若尔盖县、红原县；贵州黔东南州：剑河县、榕江县、从江县	杭州市	979
贵州黔西南州：望谟县、晴隆县、册亨县	宁波市	599
贵州安顺市：紫云县	青岛市	286
贵州六盘水市：水城区	大连市	526
贵州铜仁市：沿河县	苏州市	1808
云南怒江州：泸水市、福贡县、贡山县、兰坪县	珠海市	397
广西南宁市：马山县；广西来宾市：忻城县	茂名市	340
广西柳州市：三江县、融水县	湛江市	302
广西崇左市：天等县	江门市	431

续表

深度贫困地区	对口支援地区	2017年建设用地平均出让价格（万元/亩）
广西贺州市：昭平县	肇庆市	395
云南昭通市：彝良县、镇雄县、昭阳区、威信县、大关县、永善县、鲁甸县、巧家县	中山市	176
	东莞市	421
四川甘孜州：乡城县、得荣县；四川凉山州：布拖县、美姑县、金阳县、甘洛县、雷波县、昭觉县、喜德县、越西县、普格县、盐源县	佛山市	331
四川乐山市：马边县；四川阿坝州：金川县、小金县	绍兴市	257
四川阿坝州：九寨沟县、黑水县	嘉兴市	275
四川阿坝州：壤塘县、阿坝县	温州市	372
四川凉山州：木里县	湖州市	132

通过表5-1可以看出，深圳市对口支援的深度贫困县达到14个，上海市对口支援的深度贫困县达到17个，而深圳市、上海市是我国最发达的地区和土地出让价格最高的地区，2017年土地平均出让价格分别高达2018万元/亩和1296万元/亩。据调研，贵州省紫云县已经与青岛市达成流转意向，交易价格为100万元/亩，而青岛市2017年土地出让价格平均只有360万元/亩。据初步测算，如果每个深度贫困县每年按照1000亩土地指标以平均100万/亩的价格进行跨省交易，西南深度贫困县（84）总体收益每年将达到840亿元左右。以此为还款增信的举措之一，有关发行主体可以发行扶贫债融资12000亿元左右。这些先期融资可以为移民搬迁、土地整理、复耕复林等提供资金支持，从而增加更多的用地指标。

2. 必要性分析

（1）缓解政府财政压力，防范和化解地方政府债务潜在风险。西南深度贫困县普遍财力较弱，但既要承担脱贫攻坚的繁重任务，又面临长期发展的艰巨挑战，还不能突破政府债务的红线。而扶贫债可以做到既不增加政府债务，又能够有充足的还款资金来源。

（2）强化金融服务实体经济，缓解融资难融资贵融资慢问题。在去杠杆、严控地方政府及融资平台债务、规范银信业务和通道业务的政策背景下，西南民族贫困地区融资难、融资贵的矛盾有所加剧。在"时间就是金钱、时间就是效率、时间就是脱贫"的关键阶段，融资慢的问题更为突出。发行扶贫债是缓解上述问题的有效融资手段。湖北五峰县从提出债券发行方案到在上交所上市仅仅用了不到2个月时间，充分体现了证券系统服务脱贫攻坚的高效率。

（3）加快西南民族深度贫困地区县域经济发展。西南民族深度贫困地区县域经济基础薄弱，不仅脱贫攻坚任务艰巨，而且容易发生返贫现象，长期可持续发展的任务更为繁重。用足用好用活增减指标挂钩政策，发行扶贫债，则可以为短期脱贫与长期发展提供长期稳定的资金保障，增强深度贫困地区在"十三五"时期乃至更长时间的发展后劲和活力。

（4）推动西南民族特困区加快实施乡村振兴战略。专项债募集资金主要投向深度贫困地区的乡村建设，针对西南民族贫困地区实际，移民搬迁后的土地整理将主要用于复林绿化、田园综合体等，这对贯彻落实党的十九大确定的乡村振兴战略将提供有力的资金保障。

3. 可行性分析

（1）西南民族深度贫困地区脱贫攻坚工作得到国家相关部委的高度重视。西南民族贫困地区是全国脱贫攻坚的重要战场，多年来扶贫工作得到了国务院扶贫办、国土资源部、"一行三会"、国家发改委及相关部委的高度重视。证监会扶贫办、上海证交所、深圳证交所相关领导同志多次表示大力支持西南民族深度贫困地区发行扶贫债。

（2）地方党委政府及有关部门对金融扶贫工作高度重视。"十二五"时期以来，在当地党委政府的正确领导下，西南民族贫困地区金融业发展取得了巨大进步。特别是西南地区有关省市区委和政府主要领导对金融扶贫十分关心、亲自部署，有关部门密切配合、狠抓落实、高效推进，金融生态和金融扶贫具有了良好的氛围和环境。

（3）深度贫困县可用于交易的建设用地指标相对较为充裕。近年来，深度贫困县在移民搬迁、复耕复林等工作中积累了一定的建设用地指标。据我们在贵州省深度贫困县正安县调研，该县2016年交易土地规模为900亩，2017年交易土地规模为1000亩，2017年年底尚有2800

亩的节余指标可进行交易。广西壮族自治区国土资源厅于 2018 年 3 月 1 日下发了《加快推进增减挂钩工作助推脱贫攻坚和乡村振兴的通知》，要求各地要利用增减挂钩潜力调查成果，加快完成增减挂钩项目前期工作，其他省份也出台了类似的政策，这为下一步跨省交易土地指标提供了宽松的指标。

（4）在发行主体建设方面已经具备了较为扎实的基础。西南民族深度贫困县多数已经具有一定规模和实力的国有公司作为发债主体，即便是县里边缺少合适的发债主体，但市级层面也都具备符合要求的发债主体。同时，西南民族特困区还有一些基础设施、旅游、医药、金融领域适合外地上市公司进行投资，这些公司可以作为发债主体，只是需要将募集资金投向贫困地区。

（三）扶贫债发行基本设想

深度贫困县，是脱贫攻坚的坚中之坚、难中之难。现结合深度贫困县实际提出发行扶贫债的基本设想和工作建议。

1. 深度贫困县扶贫债发行基本设想

经与证监会扶贫办及多家中介机构的沟通论证，特对西南民族深度贫困地区发行扶贫债提出如下设想：

（1）发债主体。扶贫债对于发行主体财务指标的标准比起其他债券较为宽松，对于资产规模、负债比例、盈利等指标均没有硬性规定，因此可以选择深度贫困县国有平台公司作为发行主体。

但由于县级平台存在信用等级不高、发债成本较高等问题，经与证监会扶贫办沟通，可采用"串联"或"并联"方式确定发行主体。"串联"方式是指由区市级融资平台公司作为发债主体，统筹规划深度贫困县县域资源和项目，债券募集的资金投向扶贫产业；"并联"方式是指由区内某一领域（如农业、旅游、种养殖、城建）的优质企业如上市公司作为发债主体，募集资金可投向多个深度贫困县的相关领域。

（2）募集资金用途：深度贫困县移民搬迁，土地整理，产业扶贫，田园综合体建设，乡村振兴，基础设施建设，第一、第二、第三产业融合发展、特色小镇开发等。

（3）发行规模：每个县 10 亿—20 亿元。可根据深度贫困县扶贫及发展需要、发债主体信用及资产规模等因素确定，可分期发行。

（4）发行期限：长期（5—7年）。2020年打赢脱贫攻坚战是国家战略层面上的既定目标，此后仍需把防止返贫和缓解相对贫困作为贫困地区特别是深度贫困地区的长期任务，因此，债券发行期限应设计为5—7年。

（5）债券利率：2016年下半年以来，市场利率普遍走高，但随着习近平总书记关于金融服务实体经济、深化金融改革思想的贯彻落实，预计市场利率水平会有一个震荡下行的过程，因此，建议采用基准利率适当浮动的方式确定每年的债券利率。

（6）还款资金来源：由发债主体（区、市州或县政府控股的国有企业）承担土地整理、移民搬迁、产业扶贫投资、复耕复林等取得的收益作为还款资金来源。深度贫困县建设用地流转部分收益用于支付发债主体实施土地整理、移民搬迁等工程。

（7）发行方式：非公开发行。

（8）债券流通：可在上交所或深交所交易。

同时也可以探索在国家发改委审批体系内发行移民搬迁扶贫专项项目收益债。

2. 推动工作的有关建议

为了加快推进扶贫债发行，建议抓紧开展以下工作：

（1）成立省级层面的扶贫债发行领导小组，由分管领导担任组长，办公室设在省市区金融办，成员单位有"一行三局"、发改委、国土资源厅、财政厅、深度贫困地区政府和有关金融机构及发债主体公司等。

（2）对深度贫困县用地指标以及移民搬迁和复垦、复耕、复林等进行清理、规划，最大限度地扩大用地规模。

（3）抓紧与国土资源部、对口支援地区党委和政府进行沟通，制订完善"增减挂钩指标在东西部扶贫协作和对口支援框架内跨省域流转使用"政策落地的具体方案。

（4）抓紧与证监会、上海证交所、深圳证交所及有关中介机构进行沟通，就发行扶贫债尽快拿出方案，并抓紧申报获批。

（5）抓紧与国家发改委沟通，就发行扶贫项目收益专项债券进行论证，争取在证监会系统发行专项扶贫公司债的同时启动发行扶贫项目收益专项债券。

二 关于防范化解地方政府平台公司金融风险的建议

西南民族地区由于经济发展水平普遍较低，难免存在这样或那样的金融风险。而要发挥普惠金融支持西南民族特困区短期脱贫与长期发展的作用，就必须守住不发生系统性金融风险的底线。现以贵州为例，就防范化解政府平台公司蕴藏的金融风险提出对策建议。

（一）贵州省地方政府平台公司蕴藏较大的金融风险

通过万得资讯等方式，查询汇总 61 家贵州地方政府平台公司 2016—2018 年的财务数据。通过对 61 家样本平台公司财务数据的综合分析，贵州地方政府平台公司债务情况及业务发展呈现如下特点：

1. 债务总规模巨大，资产负债率较高，且增长较快

2016—2018 年，61 家贵州地方政府平台公司的负债总额分别为 11629.31 亿元、13574.19 亿元、15197.99 亿元，2017 年、2018 年的增幅分别为 16.72%、11.96%，资产负债率分别为 50.72%、53.36%、55.01%，2017 年、2018 年分别增长了 2.54 个、1.65 个百分点。

2. 资产结构不合理，应收款、无形资产、在建工程、存货占比较高

鉴于平台公司的经营和职能特点，应收款的债务人很大比例为同级政府及其部门，无形资产、在建工程、存货多为与房地产有关的资产，资产的规范性、流动性、可经营性较弱。

2016—2018 年，61 家平台公司"应收款+无形资产+在建工程+存货"的资产规模分别为 15354.22 亿元、17117.61 亿元、18324.40 亿元，占总资产的比重分别为 68.25%、66.71%、68.47%，比重均超过 65%。

3. 营业收入和盈利能力偏弱

营业收入和盈利能力是平台公司长期可持续发展的基础和偿债能力的根本保障。贵州省平台公司普遍存在营业收入和盈利能力不强的问题。

61 家平台公司 2016—2018 年的营业收入合计分别为 1600.76 亿元、1842.38 亿元和 1846.39 亿元，营业利润总额分别为 117.79 亿元、176.19 亿元、161.67 亿元，政府补贴收入总额分别为 104.27 亿元、97.12 亿元、52.77 亿元，净利润分别为 164.55 亿元、167.56 亿元、149.26 亿元，政府补贴收入占净利润的比例分别高达

63.37%、57.96%、35.35%。这说明平台公司总体营业收入和盈利能力偏弱。

4. 经营性现金流状况不理想

现金流是公司维持正常运作的前提，经营性现金流是公司长期正常运作的基础，在融资环境趋紧的金融环境下，经营性现金流对防范金融风险就具有更重要作用。

综合分析，61家平台公司2016—2018年经营活动现金流总和全部为负，分别为-280.7亿元、-229.54亿元、-79.28亿元。

总体来看，地方政府平台公司蕴藏了较大的潜在金融风险，也是潜在金融风险相对比较集中的领域。

(二) 贵州地方政府平台公司潜在债务风险较高的成因分析

贵州地方政府平台公司债务风险较高的成因十分复杂，主要是平台公司承担了大量的基础设施投资及服务经济社会发展的职能，而这些投资和职能具有很强的公益性。具体来看，贵州地方政府平台公司债务风险较高的成因主要有以下几个方面：

1. 经济基础十分薄弱，单纯靠市场机制难以筹集资金

贵州经济基础较为薄弱，与全国其他省市相比差距较大，与周边省区相比也明显落后。2018年的GDP总量为14806.45亿元，尚不及成都市的水平（15342.77亿元），人均GDP为4.12万元，位居全国倒数第三位，城镇化率为47.52%，位居全国倒数第二位。

在经济内生动力不足的情况下，要克服市场机制"穷者愈穷、富者愈富"这一马太效应导致的恶性循环，就必须依靠政府之手纠正市场失灵。而在贵州地方财政较为薄弱、纠正市场失灵能力不足的情况下，政府平台公司就部分承担了提供公共服务或准公共服务的职能，这是导致债务负担较重的根本原因。

2. 基础设施建设成本较高，政府平台公司固定资产投资绩效偏低

由于贵州省属于喀斯特地貌，地形崎岖，地表千沟万壑，地质条件复杂，暗河溶洞多，导致贵州基础设施建设成本较高。据统计，在贵州修一条同样的高速公路和高速铁路，造价要比平原地区高出一倍甚至更多。2014年年底开通的贵广高铁在贵州境内全长301公里，桥隧比达到了92.1%，投资达305亿元，每公里造价过亿元，而设计时速相同

的合武铁路、福厦铁路每公里造价仅 0.46 亿元。城市地铁、道路等基础设施建设成本也存在同样的问题。较高的基础设施投资成本，是导致政府平台公司债务负担较重的重要客观原因。

3. 脱贫攻坚任务艰巨，平台公司在筹资建设大量扶贫项目中承担了大量政府职能

2013—2018 年，贵州脱贫攻坚取得显著成效，农村贫困人口减少 589.88 万人，易地扶贫搬迁 197.29 万人，减贫和搬迁人数全国最多，创造了全国脱贫攻坚"省级样板"。在脱贫攻坚的伟大实践中，贵州地方政府平台公司在移民搬迁，农业产业化，"第一、第二、第三产业"融合发展，农村基础设施等领域进行了大量投资，这些投资绝大多数都具有经济效益较低但扶贫效果较好、短期效益较低但长期效益较好的特征。承担大量扶贫项目投融资任务是平台公司债务负担较重的社会原因。

4. 融资成本较高，进一步加剧了平台公司的债务负担

受资产质量和融资方式所限，贵州平台公司融资成本较高。2018 年 4 月底贵州省国资委控股的贵州铁路投资责任有限公司（AA+）发行 3 亿元城投债，该债券期限 9 个月、发行利率为 4.9%；在同样的发行时间、期限情况下，四川省能源投资集团有限责任公司（AA+）发行城投债规模达 10 亿元、发行利率仅为 4.83%。而更多的平台公司难以通过公开市场筹资，只有通过非公开、非标准债务工具筹集资金，而这又进一步提高了融资成本。

（三）贵州地方政府平台公司在服务区域经济社会发展战略中发挥了重大作用

虽然贵州地方政府平台公司存在潜在的债务风险，但其在投融资服务贵州经济社会发展战略中却发挥了重大的关键作用，具体表现在以下几个方面：

1. 平台公司投融资在推动贵州经济高速增长中发挥了重要作用

2012 年以来，贵州省 GDP 增速一直名列全国前列，其中 2013 年、2017 年、2018 年增速居于第一位，贵州经济高速增长与平台公司投融资的推动作用密不可分。通过 SPSS 相关性分析，2012—2018 年能够收集到财务数据的 33 家样本平台公司债务规模与贵州

省 GDP 规模的相关性高达 0.990，与固定资产投资的相关性高达 0.988，与税收收入的相关性高达 0.949，这说明，贵州省地方平台公司投融资在推动 GDP、固定资产投资、税收收入增长方面发挥了重要作用。

2. 平台公司投融资在提高城乡居民生活水平中发挥了重要作用

近年来，贵州省城乡居民收入呈现快速增长的态势，2012—2018 年[①]，城镇居民人均可支配收入从 18700.51 元增至 31592.00 元，增幅为 68.94%，比全国同期增速高了 6.25 个百分点，农村居民人均可支配收入从 4753.00 元增至 9716.00 元，增幅为 104.42%，比全国同期增速高了 30.18 个百分点。贵州农村居民人均可支配收入占全国农村居民人均可支配收入的比重从 2012 年的 56.66% 提升至 2018 年的 66.47%，贵州城镇居民人均可支配收入占全国城镇居民人均可支配收入的比重从 2012 年的 77.51% 提升至 2018 年的 80.49%。

城乡居民收入的快速增长也离不开平台公司投融资的推动。通过 SPSS 相关性分析，2012—2018 年，33 家样本平台公司债务规模与城镇居民人均可支配收入的相关性高达 0.991，与农村居民人均可支配收入的相关性高达 0.993。更为重要的是，在平台公司投融资的推动下，一大批体育馆、文化馆、图书馆、博物馆、展览馆、市民广场、城市公园、中小学等建成投入使用，极大地提高了城乡居民的生活品质。

3. 平台公司投融资在服务脱贫攻坚中发挥了重要作用

2012—2018 年，据全国扶贫开发信息系统显示，贵州省建档立卡贫困人口从 923.00 万人减少至 155.12 万人，贫困发生率从 26.8% 降至 4.29%。贵州脱贫攻坚取得的历史性成就与平台公司发挥的推动作用密切相关。平台公司推动脱贫攻坚主要是通过以下几种机制发挥作用的：一是平台公司通过对农村基础设施如路、水、电、气等的大量投资极大地改善了贫困人口的生产生活条件；二是平台公司通过对农业产业化，

---

① 2013 年前城乡居民收支数据来源于分别开展的城镇住户抽样调查和农村住户抽样调查。从 2013 年起，国家统计局开展了城乡一体化住户收支与生活状况调查，2013 年及以后数据来源于此项调查。与 2013 年前的分城镇和农村住户调查的调查范围、调查方法、指标口径有所不同。

"第一、第二、第三产融合发展"等项目的投融资带动了乡村振兴和贫困人口就业;三是平台公司通过对口帮扶和对移民搬迁项目投资等精准扶贫措施带动了贫困人口脱贫。

4. 平台公司投融资所形成的关键优质资产在打造贵州区域核心竞争力中发挥了重要作用

长期以来,交通、通信等基础设施的严重滞后成为制约贵州经济社会发展的"瓶颈"。但自"十二五"时期以来,在地方政府平台公司的投融资推动下,贵州基础设施水平大幅度提高,已经初步实现了后发赶超。截至2018年年底,贵州省高速公路通车里程达到6452公里,在全国排在第七位,在西部地区仅次于内蒙古,综合密度位居全国第一位;高速铁路通车里程达到1262公里,在全国排在第九位,在西部地区仅次于广西;全省互联网出省带宽达到9130Gbps,光缆线路长度达96.9万公里,移动通信基站达到20.34万个,50M以上宽带用户占比达到90.6%,光纤到户家庭2525万个,全省完成电信业务收入298.2亿元,同比增长10.1%,增幅连续23个月位居全国第一位。贵阳已经成为全国交通和通信的枢纽。同时,贵州在旅游、特色农业等领域也建成了一批具有鲜明业务特色和竞争力的平台公司。

交通通信等基础设施水平的大幅度提升不仅补齐了贵州经济社会发展的短板,突破了制约贵州发展的"瓶颈",而且彻底改变了贵州在全国区域发展竞争格局中的态势,提升了区域经济社会发展的核心竞争力,为2020年彻底打赢脱贫攻坚战和后扶贫时代的全面后发赶超提供了坚强的基础支撑。

(四)关于防范化解平台公司债务风险的建议

按照"心中有数、应对有策、化解有方、实施有力、守住底线、标本兼治"基本思路,对贵州省构建防范化解平台公司债务风险提出以下对策建议。

1. 提高认识,加强对防范化解金融风险的集中统一领导

鉴于当前防范化解金融风险的严峻形势,为贯彻落实党的十九大关于打好三大攻坚战和中央财经委员会第一次会议关于打好防范化解金融风险攻坚战的要求,贵州省、市州、县区党委和政府要切实提高政治站位,强化对防范化解金融风险的认识,并在统一思想的基础上,增强在

组织上对防范化解金融风险的集中统一领导。

为此，建议强化"省政府性债务风险事件应急领导小组"的职权，并在省、市州、县区三级党委和政府构建"防范化解政府性债务风险事件领导小组体系"，由党政主要领导或分管金融工作的常务副职担任小组组长，小组办公室设在财政厅（局），组成部门包括金融、发改、国资、经信、国土、住建、交通、水利、统计、公安、法院、"一行三局"等。领导小组负责统筹领导全省及辖区内防范化解金融风险工作。

2. 重在长远，扎紧扎牢针对政府及其平台公司债务管理的制度笼子

近年来，贵州省陆续出台了《关于加强政府性债务管理的实施意见》《关于进一步加强地方政府性债务管理的意见》《地方政府性债务风险应急处置预案》《分梯度降低政府综合债务率实施方案》《运用PPP模式化解政府性债务实施方案》《关于拉长债务期限降低债务成本的实施方案》《关于剥离存量债务的实施方案》《贵州省地方政府性债务管理问责暂行办法》《关于政府性债务管理"七严禁"的通知》，构成了政府债务管理的制度体系。但还必须看到，针对最容易爆发金融风险的政府平台公司管理的债务制度体系还没有建立起来，为此，要加快扎紧扎牢平台公司债务管理的制度笼子等，形成"借用还"与"责权利"相统一的平台公司债务管理新机制，从债务举借、使用、偿还、风险管控、责任追究等方面形成平台公司债务管理全流程、全链条管理制度体系。

3. 心中有数，建立针对政府及其平台公司的债务监测和风险管控大数据系统

当前，贵州省平台公司的金融风险不仅表现在债务率较高、营业收入和现金流状况不理想，更让人担心的是财务报表特别是债务的底数不真实。政府债务风险还在于市州政府特别是县区政府对同级政府平台公司的应付款没有纳入同级政府的预算。为了做到"心中有数"，要在防范化解金融风险领导小组的统筹下，建议建立针对政府及平台公司的债务登记、监测、绩效评价及风险管控大数据系统，对政府债务及其平台公司债务实施穿透式监管。

为了掌握债务基础数据和基本情况，一是要求所有市州政府、县区政府上报登记对辖区内平台公司的应付款。二是强制要求所有省内政府

平台公司必须按月登记债务数据。三是强制要求所有平台公司按季度提交对本公司的债务情况分析报告。四是省、市州、县区三级防范化解金融风险领导小组办公室按月对本辖区的政府平台公司债务进行汇总和分析。五是遇到特殊情况，当地党委和政府及平台公司要及时向大数据监测系统、上级党委和政府汇报。

在对政府及其平台公司债务数据汇集和基本分析的基础上，开发基于大数据的债务风险自动检测、自动评价、自动预警系统，从而为防范化解金融风险提供数据和系统服务。

4. 坚守底线，建立针对防范化解政府及其平台公司债务风险的周转资金池

截至2018年4月底，已经有内蒙古、云南、天津等地的政府平台公司出现了债务违约的情况，对当地信用体系带来了极为不利的影响。贵州省平台公司债务风险状况与上述地区相比可能有过之而无不及，但因为省委、省政府及相关部门高度重视、应对有力，尚没有出现严重的债务违约情况。为了防止可能出现的债务违约风险，建议在省级层面建立防范化解平台公司债务风险周转资金池，主要用于省内国有平台公司债务偿付困难情况时的流动性救助和资金垫付。

5. 顶层设计，抓紧编制针对省、市州、县区的政府及平台公司的债务总体规划

鉴于政府及平台公司债务对贵州省经济社会发展的重大影响以及蕴藏较大风险的实际情况，必须对政府平台公司债务进行统筹布局、顶层设计，分别以省、市州、县区为单位制订政府债务总体规划和平台公司债务总体规划。

各级政府要在充分分析债务风险、防范化解债务风险的前提下，编制由债务主体、债务规模、债务结构、债务成本、债务品种、举债还债、债务使用等内容组成的债务专项规划，并纳入年度经济社会发展计划和中长期经济社会发展规划中。在编制债务计划和规划时，一定要本着从实际出发、实事求是的原则，遵循经济发展规律和金融发展规律，科学度量自身发债能力，要与当地经济社会发展需求、政府财政收支计划、招商引资项目相匹配，保证债务规划的前瞻性、科学性、可行性、可控性，要根据中央打好防范重大风险攻坚战的战略决策，对政府及其

平台公司降杠杆提出明确目标、实施时间表、路线图和保障措施。

6. 加快发展，在不断降低政府杠杆水平的前提下适当增加政府债务规模

近年来，贵州省政府财力得到了快速增加，中央转移支付规模也逐年增加，但全省政府负债规模近三年来保持基本稳定，政府负债率、债务率等指标呈现下降的良好态势。为了增强政府统筹防范化解金融风险的能力，建议采取以下举措：

一是要在提高经济发展质量的前提下，通过固定资产投资、资源要素优化组合确保 GDP 增速达到两位数水平，从而为实现税收收入增长创造良好的区域经济环境。

二是要争取中央给予更多转移支付和专项资金支持。多年来，中央对贵州的转移支付力度和规模不断加大，在贵州省经济社会发展和脱贫攻坚的关键阶段，还需要争取中央给予更多支持。同时要针对贵州省经济社会发展的特点和需要，在扶贫、重点生态保护修复治理、农业生态环境保护、普惠金融发展、服务业发展、重大科技专项、对外经贸发展、中小企业发展等专项资金的争取上加大工作力度。

三是要适当增加政府债务。因为省级政府是省级及以下政府统一负债的平台。省级政府负债具有债务成本低、易于发行等优势。三年来，贵州省级政府债务率不断下降、政府债务规模呈现稳中有降的态势。在当前防范金融风险的严峻形势下，适当增加政府债务可以提高省级政府统筹防范化解金融风险的能力。

四是争取进行"脱贫攻坚专项债务"的试点。争取国家政策支持，允许贵州等脱贫攻坚任务繁重的地区进行"脱贫攻坚专项债券"的试点。"脱贫攻坚专项债券"可由中央政府发行，地方政府承担付息义务，也可由地方政府发行，中央政府承担付息义务，期限为 10 年左右。"脱贫攻坚专项债券"不计入地方政府债务规模限制。

7. 转型发展，根据区域、行业及经营特点对平台公司进行横向或纵向整合

当前贵州市州特别是县级平台公司因为资产质量和信用等级不高导致债务成本普遍偏高。而省级平台公司的资产质量和信用等级则较高，债务融资成本普遍偏低。县级平台公司融资成本偏高也是导致金融风险

的重要原因。为了增强抗风险能力、提高国有平台公司整体信用和融资能力、降低融资成本，建议对省内平台公司在进行认真梳理研究的基础上进行分类整合。

一是对于产业基础和资产质量较好的产业类国有平台公司，可以在剥离公益性业务和公益性资产的基础上，推动其向实体类公司转型。这类公司主要是产业投资公司，如旅游、交通、基建、能源、矿业、农业等行业的公司。

二是鼓励省级八大平台公司整合省内相应行业的市州、县区平台公司。贵州省八大平台公司信用评级均在 AA + 以上，债务融资成本比市州平台要低一个百分点左右、比县区平台公司融资成本低两个百分点左右。通过省级平台公司整合市州、县区平台公司，可以有效地降低债务风险和融资成本。

三是出资设立新的省级平台公司。鉴于目前贵州省市州、县区一些平台公司行业分布较多，但在省级层面上缺乏统一的平台公司，如基建、保障性住房、特色农业等。建议由省级财政和市州财政联合出资成立贵州省建设投资有限公司、贵州省保障性住房开发投资有限公司、贵州省农业投资开发有限公司。然后由新设立的省级平台公司对所属行业的市州、县区平台公司进行整合。

四是对经济基础较好金融风险不大的市州鼓励其横向整合平台公司。贵阳市和遵义市经济规模较大、财税状况较好，鼓励这两个市对其辖内平台公司进行横向或纵向整合。

8. 化解有方，对全省政府平台公司债务进行梳理重组

鉴于当前贵州省政府平台公司债务已经进入偿付高峰期，而且今后三年偿付债务规模还将保持高位运行。在此过程中，难免会有不少平台公司出现偿付困难的情况，甚至不排除债务违约的情况出现。为了防范化解债务违约导致的区域性金融风险爆发的情况，贵州省应加紧对平台公司债务进行系统梳理，对于可能出现债务违约的平台公司及早提出重组方案。

一是由地方政府债务置换一批平台债务。因为不少平台公司承担了大量公益性项目或者准公益性项目，形成了大量非经营性资产或者收益率较低的资产，如各地投资建设的体育馆、文化馆、博物馆、城

市广场等。这些资产长期在平台公司势必影响其债务偿付能力和信用等级。为此，建议由当地政府购买该部分资产，同时将相关债务也转移至政府。

二是与金融机构或债权人沟通对平台公司的债务进行重组，如可以将一部分平台债务转换为债权人的股权或优先股，将一部分短期债务转换为长期债务，将一部分非标准债务品种转换为标准债务品种，将一部分高成本债务转化为低成本债务，从而达到优化债务结构、降低债务成本的目的。

三是对公司和项目进行"瘦身"，增强经营意识，提高资产流动性和偿债能力，如很多平台公司存在大量土地资产，要通过项目融资、联合开发或者引入社会资本等方式，降低负债率，加快资产周转效率。

9. 增强实力，建立多元化的政府平台公司资本投入机制

贵州省绝大多数政府平台公司都是国有独资企业，这种产权单一的股权结构虽有体现政府意志、运作便捷的优势，但也存在治理机制上制衡缺失、代理成本高、资本补充渠道单一等问题。为了完善平台公司治理体系、推动转型发展、防范化解债务风险，就必须加快建立多元化的平台公司资本投入机制：

一是通过政府注入优质经营性资产提高平台公司的经营绩效以增加对社会资本的吸引力。这些优质资产必须带有稳定经营性质，如城市自来水、污水处理、旅游景区开发、工程项目建设、农村土地整理与开发等。

二是降低放宽社会资本投入的门槛和条件，吸引优质社会资本参与平台公司的改制和增资。这些社会资本要具有长期稳定、回报预期不高的特征，如保险资金、外资、央企、省属国有企业以及大型民营投资机构等。

三是选准改制增资的重点领域、重点公司进行试点和突破。试点和突破的领域要重点选择具有经营性质的行业。试点和突破的公司则既可以选择债务负担较重、经营困难、风险程度较高的公司，在进行债务重组的基础上进行改制增资，也可以选择债务负担不重、经营状况较好、风险程度较低的公司进行改制增资。

10. 强化管理，建立对平台公司的绩效评价与激励约束体系

平台公司普遍存在功能单一、管理粗放、考核缺失、激励约束机制不健全等问题，这不仅导致平台公司债务风险较大，而且也导致平台公司难以长期可持续发展。为了建立绩效评价与激励约束体系，建议采取以下措施：

一是严把平台公司成立关。为了最大限度发挥平台公司融资功能，市州、县区都成立了若干平台公司，多者七八家，少者三五家，有些甚至在乡镇一级也成立了平台公司，这也是平台公司债务规模快速扩张的重要原因。为此，建议把批准成立平台公司的权限收归到上一级政府，而且要统一在省工商局注册。

二是建立对平台公司的绩效评价体系。要构建由资产、负债、收入、利润、现金流等指标构成的平台公司经营绩效评价指标体系；要建立平台公司绩效评价模型；由本级政府和上级国有资产管理部门、财政部门每年对平台公司经营绩效进行评价。

三是建立市场化的激励约束机制。要根据平台公司的绩效评价，对经营管理层进行相应的奖惩。对经营绩效好的，要进行奖励；对经营绩效差的，要进行相应的处罚。

11. 大胆创新，综合运用金融手段和工具提高平台公司融资能力和效率

金融风险和金融创新是一对矛盾的孪生兄弟。防范化解金融风险离不开金融创新。为了防范化解贵州省平台公司债务风险，建议从以下几个方面采取措施：

一是大力开展绿色金融融资创新。充分利用国家鼓励绿色金融的政策，切实遵循绿色发展理念，重塑平台公司绿色发展模式，对建设项目融入绿色、节能、降耗、环保概念，争取国家绿色信贷、绿色债券等方面的专项支持。

二是大力开展普惠金融融资创新。充分利用国家鼓励发展普惠金融的政策，对有些具有重要脱贫支撑作用的基础设施建设平台公司和项目，争取金融机构给予长期的、低成本的普惠金融资金支持。

三是加快金融工具创新。对平台公司债务进行时间和空间的价值重构，如可以运用电子商业汇票等金融工具对到期的平台债务进行展期，

可以运用资产证券化工具对平台公司项目债务进行重组。

四是大力拓展国际金融市场融资。2017年1月，中国人民银行发布的《关于全口径跨境融资宏观审慎管理有关事宜的通知》大力支持企业充分利用境外资金。2017年贵州省实际融入境外资金15.2亿美元，同比大幅增长133.8%，遵义旅游集团、铜仁市交旅集团等分别发行了2.5亿美元和1.5亿美元的债券。贵州省在交通、旅游、特色产业等领域都可以加大境外金融市场融资的力度和规模。

五是充分发挥金融资产管理公司的职能。贵州省已经成立了一家金融资产管理公司，另一家也在积极筹备过程中。在防范化解金融风险中，要充分发挥其风险防范化解的屏障作用，加大对平台公司债务等不良金融资产承接和处置的力度。

三 关于贵州设立系列新型金融机构推动平台公司转型与创新发展的建议

武陵山集中连片特困区的贵州省遵义市湄潭县的农民花灯戏《十谢共产党》火遍乡村，这是17.6万平方千米贵州大地脱贫攻坚、4000万贵州人民感恩奋进的一个缩影。贵州脱贫攻坚感恩奋进取得的历史成就和普惠金融发展水平的提升都离不开平台公司做出的重要贡献。因此，防范化解平台公司潜在风险、推动平台公司转型与创新发展，不仅是一个重要的经济和金融问题，更是一个重大的政治和民生问题。

（一）贵州省平台公司发挥的作用、存在的问题及成因分析

"十二五"时期，贵州省平台公司进入了快速发展的轨道，在助推贵州脱贫攻坚、提升基础设施水平、推动经济社会高速发展、改善贵州在全国发展中的竞争格局等方面做出了巨大贡献，但也存在债务规模较大、负债率较高、资产结构不尽合理、营业收入和盈利能力偏弱、经营性现金流状况不理想等问题，主要原因是底子薄、欠账多、脱贫攻坚任务重、基础设施投资规模大等。因此，贵州省平台公司转型与创新发展的任务较重，在全国更具有代表性。

（二）中央地方统筹联动设立新型金融机构，意义重大、方式可行

本书研究所称新型金融机构，主要是指定位于服务平台公司转型与创新发展的资产管理公司、产业投资基金、金融资产投资公司、担保公司。

之所以称为"新型"，主要表现在：一是功能定位新，以解决地方平台潜在风险、服务平台公司转型与创新发展为主要职能。二是出资方式新。突破原有的要么中央出资、要么地方出资，要么国有出资、要么民营出资的模式，协调整合中央和地方、国有和民营共同出资。三是管理模式新。在管理模式上既要尊重市场规律，又要发挥政府作用，探索卓有成效的管理模式。四是发展方向新。平台公司转型与创新发展在加强国有经济的主导作用、推动区域发展方面具有战略作用，但需要与之配套的金融机构体系，故上述金融机构的设立符合新的发展方向。

其重要性表现在：设立上述新型金融机构，对防范化解区域潜在金融风险，推动平台公司转型与创新发展，加快推动贵州由高速度增长转向高质量发展，走出一条有别于东部、不同于西部其他省份的发展新路，具有重要意义，在全国也具有较强的推广价值。

其可行性表现在：一是以习近平同志为核心的党中央高度关心关怀关爱贵州经济社会发展和民生改善并充分肯定取得的成绩。二是贵州平台公司转型与创新发展，在全国特别是中西部地区具有代表性，申请设立上述金融机构有望得到国家相关部委的支持和省内有关单位的协同。三是贵州在优化金融生态环境、防范化解平台公司潜在风险方面已经采取了一系列卓有成效的重要举措。

（三）申请设立上述新型金融机构的初步方案

1. 盘活债务存量，向银保监会申请设立资产管理公司

贵州省已经获批设立贵州省资产管理有限公司，遵义市茅台集团资产管理有限公司正在履行审批程序。但这两家金融资产管理公司的职能定位不足以承担大规模平台公司债权债务重组的任务。因此，建议在上述两家资产管理公司之外，向银保监会申请增设以处置贵州平台公司债务为主要任务的资产管理公司。如果银保监会难以批复增设方案，则可以将遵义市茅台集团资产管理有限公司的职能调整为处置平台公司不良债务。

建议注册资金为200亿元左右，以贵州省内出资为主，积极争取中央财政、金融机构和民营企业出资。

2. 注入优质资产，向国家发改委申请设立平台公司转型与创新发展投资基金

贵州省在产业投资基金发展方面积累了丰富经验，与国家发改委建

立了良好的工作关系。在国家政策鼓励的背景下，建议向国家发改委申请设立平台公司转型与创新发展投资基金，主要用于向贵州省内平台公司的股权投资和股债结合的投资。

建议基金规模为2000亿元左右，由省财政厅、发改委、国家大型金融机构、省属国有大型企业出资为主，并通过出资主体的结构化安排，争取大型央企、大型民企共同出资。出资可采取分阶段到位的方式。

3. 优化资产结构，向银保监会申请设立金融资产投资公司

银保监会于2018年6月发布了《金融资产投资公司管理办法（试行）》，对商业银行设立金融资产投资公司进行了系统规范。经原银监会批准，5家大型商业银行分别成立了金融资产投资公司，专注于实施市场化法治化债转股。

建议贵州省设立的金融资产投资公司注册资金在100亿元以上，以贵阳银行、贵州银行为主，联合其他企业设立金融资产投资公司，专注于贵州省内平台公司市场化债转股，此外，还可通过发行私募产品、金融债等方式拓宽筹资渠道。

4. 提高增信能力，由贵州省金融监管局批准设立大型担保公司

2019年6月10日中办、国办印发的《关于做好地方政府专项债券发行及项目配套融资工作的通知》明确指出"鼓励地方政府合法合规增信，通过补充有效抵质押物或由第三方担保机构（含政府出资的担保公司）担保等方式，保障债权人合法权益"，这为国有出资的担保公司向平台公司融资担保提供了政策依据。

建议设立的大型担保公司注册资金为50亿元以上，由贵州省财政、省内大型金融机构、省内大型国有企业作为主出资人，并争取中央财政、全国性金融机构、大型央企等共同出资，确保设立的担保公司评级达到AA+以上，为平台公司债务置换或扩大融资提供担保增信服务。

5. 新型金融机构协同联动，为增强平台公司转型与创新发展能力提供系统配套的金融服务

资产管理公司如果达到200亿元的注册资金，按照核心资本9%的要求，可剥离平台公司不良债务大约2200亿元，降低杠杆率大约4个百分点。

平台公司转型与创新发展基金如果达到2000亿元规模，这些现金

资产作为资本金注入平台公司后,杠杆率大约又可降低4个百分点,同时由于资产质量的提升还可大幅度降低债务成本,极大增强资本实力和发展后劲。

金融资产投资公司如果达到100亿元的注册资金,按照核心资本9%的要求,可以对平台公司1100亿元的银行贷款实施债转股,则平台公司杠杆率又可降低2个百分点左右。

担保公司如果达到50亿元的注册资金,可以为平台公司约500亿元的债务置换或新增债务提供担保,融资成本可控制在6%左右,按照现在平台公司约10%的成本计算,每年可节约20亿元的债务成本。

通过上述金融机构的协同联动,大约可为贵州省平台公司注入优质资产3000亿元、置换不良债务2000亿元,平台公司杠杆率大约可降低10个百分点,并通过资产质量提升和担保增信等措施,带动大约1.5万亿元的平台公司债务置换和重组,降低融资成本大约2个百分点(每年300亿元),达到严控增量、盘活存量、优化结构、降低成本的效果,既能缓解平台公司的债务压力,又能为平台公司转型与创新发展创造宽松的环境和条件。

(四)关于启动相关工作的具体建议

一是加强组织领导,明确责任分工。建议成立工作专班,由贵州省政府分管领导亲自主抓,发改委、财政厅、金融监管局协助,人民银行贵阳中心支行、省银保监局、省证监局及省内相关单位、省级平台公司和国有企业、省内金融机构、研究机构等单位领导和专家担任组成人员。二是加强汇报沟通,争取指导支持。在拿出相对成熟方案的基础上,积极与国家有关部委和中央主要金融机构进行交流和沟通,争取得到指导支持。三是谋划申请地方平台公司转型与创新发展的国家试点。试点是我党推动改革、创新和发展,解决复杂问题的一项重要工作模式。建议贵州省积极与中央有关部委加强沟通,争取获得地方平台公司转型与创新发展的国家试点。

参考文献

白晶洁、张兕：《普惠金融发展、区域收敛与包容性经济增长——基于辽宁省 44 县（市/区）数据的实证研究》，《征信》2018 年第 3 期。

鲍静海等：《对当前我国地方政府债务管理问题的探究》，《金融理论与实践》2017 年第 8 期。

财政部驻甘肃专员办课题组：《城市商业银行资产管理存在的问题及建议——以 W 省 Y 银行为例》，《财政监督》2010 年第 14 期。

曹永刚：《现代金融风险》，中国金融出版社 2000 年版。

陈玲：《印度、巴西和赞比亚三国农村金融创新的经验借鉴》，《农村经济与科技》2009 年第 12 期。

陈鹏、刘锡良：《中国农户融资选择意愿研究》，《金融研究》2011 年第 7 期。

陈锡忠等：《农村信用社如何破解中小企业融资难探析》，《区域经济研究》2009 年第 9 期。

董晓林、傅进：《赞比亚农村金融改革的经验及其启示》，《上海金融》2007 年第 12 期。

杜朝运：《普惠金融发展的理论与实践》，厦门大学出版社 2016 年版。

杜晓山：《小额信贷与普惠金融体系》，《中国金融》2010 年第 10 期。

杜兴旭：《安顺探索"双书记"党建助推农村小康》，《贵州日报》2015 年 12 月 3 日第 7 版。

冯静生、侯杰：《商业银行实施金融精准扶贫策略研究——以安徽省为例》，《农村金融研究》2017年第1期。

傅秋子、黄益平：《数字金融对农村金融需求的异质性影响——来自中国家庭金融调查与北京大学数字普惠金融指数的证据》，《金融研究》2018年第11期。

高沛星、王修华：《我国农村金融排斥的区域差异与影响因素——基于省际数据的实证分析》，《农业技术经济》2011年第4期。

苟利武、胡莉：《广西地区的精准扶贫研究》，《改革与开放》2016年第16期。

韩林静：《西南民族地区政府行为对金融资源配置的影响》，《贵州民族研究》2014年第6期。

韩雯：《贵州省农业产业链融资与农业保险协同发展研究》，《农村经济与科技》2018年第22期。

郝博雯、郭心义：《宁波市小额贷款保证保险试点经验与启示》，《北京农学院学报》2013年第1期。

何虹、樊小斌：《银行机构发展银担合作业务存在的问题及政策建议》，《吉林金融研究》2017年第8期。

河南省兰考县普惠金融改革试验区工作领导小组办公室、兰考县普惠金融改革试验区管委会：《河南省兰考县普惠金融改革试验区运行报告（2017）》，《金融时报》2017年12月26日第9版。

贺俊等：《金融发展、技术创新与环境污染》，《东北大学学报》（社会科学版）2019年第2期。

胡吉宏：《守住"两条底线"发展生态产业》，《贵州日报》2015年1月27日第14版。

黄立春、易建军：《摆脱"贫困陷阱"——普惠金融在茶陵炎陵特困地区的探索与实践》，《金融经济》2017年第4期。

黄益平：《中国的数字金融发展：现在与未来》，《经济学（季刊）》2018年第4期。

纪晓晴、欧明刚：《印度的普惠金融政策及效果》，《银行家》2017年第10期。

江海：《科技驱动下的新型银行发展》，《中国金融》2018年第

7期。

姜建宁：《政策性银行不良贷款成因及化解对策》，《江苏经济报》2014年12月21日第B03版。

李传君：《四川："惠农e贷"助农增收致富》，《农民日报》2018年12月14日第2版。

李东卫：《新常态下商业银行不良贷款处置问题研究》，《甘肃金融》2016年第5期。

李建军：《中国普惠金融体系：理论、发展与创新》，知识产权出版社2014年版。

李健、田明成：《玉屏农信创新金融扶贫模式》，《中国经济时报》2018年第10期。

李明昌：《支持民族地区农信社的可持续发展》，《中国金融》2011年第8期。

李明贤、叶惠敏：《普惠金融与小额信贷的比较研究》，《农业经济问题》2012年第9期。

李巧莎等：《全面深化改革背景下农村普惠金融可持续发展研究》，《北方金融》2015年第4期。

李爽：《拆迁安置房项目绩效评价研究》，博士学位论文，石家庄铁道学院，2014年。

李涛等：《普惠金融与经济增长》，《金融研究》2016年第4期。

李秀生：《新一代互联网银行数字普惠金融实践》，《中国金融电脑》2018年第5期。

李扬：《金融服务实体经济辨》，《经济研究》2017年第6期。

李志等：《基于灰色聚类评估的配送中心选址模糊多目标优化模型》，《工业工程》2016年第5期。

廖小东、史军：《西部地区绿色治理的机制研究——以贵州为例》，《贵州财经大学学报》2016年第5期。

刘芳：《印度普惠金融问题研究》，硕士学位论文，河北师范大学，2017年。

刘磊、王作功：《基于因子分析的普惠金融发展评价研究——以贵州省为例》，《当代金融研究》2019年第6期。

刘磊、王作功：《普惠金融发展评估方法比较研究——以贵州省为例》，《金融理论探索》2019年第4期。

刘士伟：《山东省新泰市普惠金融发展研究》，硕士学位论文，山东农业大学，2018年。

刘新宪、朱道立：《选择与判断：AHP〈层次分析法〉决策》，上海科学普及出版社1990年版。

刘轶全：《呼图壁县农村信用联社信贷风险管理研究》，硕士学位论文，西安理工大学，2016年。

刘云：《优选严管用好第一书记这支骨干力量》，《中国组织人事报》2015年8月31日第1版。

柳立：《美国〈社区再投资法〉的实践对我国的启示——〈社区再投资法〉研讨会综述》，《金融时报》2010年5月17日第5版。

楼俊超：《论宏观调控从漫灌式向精准式转型》，《当代经济》2016年第5期。

陆凤芝：《中国普惠金融的发展及其经济效应分析》，硕士学位论文，安徽工业大学，2018年。

陆向阳：《农商银行发展战略的研究》，硕士学位论文，上海交通大学，2015年。

吕卫平：《农村商业银行网格化管理的实践与探索——以宁波奉化农商银行为例》，《浙江金融》2014年第7期。

罗红霞：《公司治理、投资效率与财务绩效度量及其关系》，博士学位论文，吉林大学，2014年。

罗讲平、段向锋：《深化政策改革助力脱贫攻坚——广西增减挂钩支持脱贫攻坚系列政策解读》，《南方国土资源》2016年第9期。

罗石香等：《威宁农信社金融扶贫新模式催生产业发展新动力》，《贵州日报》2018年10月14日第12版。

马丽：《促进融资性担保公司健康发展》，《中国金融家》2017年第11期。

毛泽强：《民族区域普惠金融发展水平测度与分析——以青海省为例》，《西部金融》2017年第12期。

牟秋菊：《农村金融扶贫供给侧结构性改革初探——基于尤努斯的

小额信贷扶贫实践反思》,《新金融》2016年第11期。

母赛花:《银行不良贷款的成因及对策分析——以工商银行云南曲靖市分行为例》,《当代经济》2012年第12期。

牛文增等:《农业发展银行商业性贷款业务存在的问题及建议》,《河北金融》2007年第10期。

钱仁汉等:《普惠金融指标体系建设国际经验及对我国的启示》,《金融纵横》2017年第5期。

秦晓华:《灰色聚类分析法及其在县(市)级科技实力评价中的应用》,硕士学位论文,南京航空航天大学,2004年。

邱胜:《社会改革破浪前进》,《当代贵州》2018年第48期。

任凯:《基础设施投资决策系统理论与方法研究》,博士学位论文,天津大学,2009年。

世界银行:《2014年全球金融发展报告:普惠金融》,王佐发、王作功、陈佩译,中国财政经济出版社2015年版。

宋楠:《数据挖掘在供应商评估和选择中的应用》,硕士学位论文,浙江大学,2006年。

宋锐:《小机构的大责任——贵州农信社发展普惠金融的探索和实践》,《当代贵州》2014年第21期。

苏丽霞:《落实十九大精神打好三大攻坚战——访人行昆明中心支行党委书记、行长杨小平》,《时代金融》2018年第4期。

孙璐璐:《普惠金融可持续发展研究——基于兰考县普惠金融改革试验区实践》,《金融理论与实践》2018年第9期。

汤瑞欣:《互联网金融对商业银行的影响研究》,《时代金融》2014年第5期。

田智博:《张家港农村商业银行上市经验案例研究》,硕士学位论文,湘潭大学,2018年。

汪红驹、李原:《经济新常态下中国货币金融学研究进展——基于2011—2016年经济类重要学术杂志的统计分析》,《广西财经学院学报》2018年第4期。

汪三贵:《中国扶贫开发绩效第三方评估简论》,《湖南农业大学学报》2016年第3期。

王恒：《中小金融机构对中小企业融资状况调研——以广东顺德农商银行为例》，《经济师》2014年第1期。

王婧、胡国晖：《中国普惠金融的发展评价及影响因素分析》，《金融论坛》2013年第6期。

王磊、伍业君：《我国价格改革的历程及展望》，《价格理论与实践》2018年第12期。

王力、黄育华：《从国际金融话语权提升研判我国金融中心建设》，《银行家》2018年第12期。

王丽静：《农村信用社不良贷款的成因与对策》，《经贸实践》2018年第21期。

王萌：《浅析邮储银行小额贷款风险成因及防范措施》，《金融经济》2012年第16期。

王曙光等：《普惠金融》，北京大学出版社2013年版。

王纬：《服务三农的e贷新模式》，《中国金融》2018年第9期。

王小婷：《用好"桥"和"船" 党建引领脱贫攻坚》，《当代贵州》2018年第13期。

王英姿：《供给侧改革背景下商业银行不良贷款的成因探析》，《东吴学术》2017年第5期。

王莹：《邮储小企业金融样本：风险分担"4321"模式》，《证券时报》2017年5月8日第13版。

王永恒等：《我国普惠金融指标体系的应用及县域评价——以甘肃省华亭县为例》，《西部金融》2017年第6期。

王远：《YZ工商银行小微企业信贷风险管理研究》，硕士学位论文 扬州大学，2018年。

王作功、孙竟赛等：《关于在贵州省设立普惠金融绿色金融实验区的研究报告》，贵州省科技厅研究项目2015年。

王作功、孙竟赛等：《贵州特色金融发展战略研究》，科学出版社2017年版。

王作功等：《美国普惠金融的法律实践及其启示》，《金融理论与实践》2015年第12期。

王作功等：《银行业金融机构普惠金融评价指标体系研究》，《金融理论与实践》2018 年第 11 期。

韦博洋、宋晓玲：《商业银行普惠金融商业可持续发展模式研究》，《现代管理科学》2017 年第 1 期。

文振新：《邮储银行不良贷款的成因及对策》，《中国邮政》2011 年第 1 期。

吴诚昊：《扶贫开发中财政和金融政策工具创新研究》，《贵州社会科学》2009 年第 2 期。

肖翔、洪欣：《普惠金融指数的编制研究》，《金融论坛》2014 年第 9 期。

谢丽霜：《我国民族地区农村金融普惠水平及影响因素分析》，《改革与战略》2015 年第 7 期。

星焱：《普惠金融——一个基本理论框架》，《国际金融研究》2016 年第 9 期。

熊德平：《农村小额信贷：模式、经验与启示》，《财经理论与实践》2005 年第 3 期。

徐诺金、崔晓芙：《普惠金融落地路径探析：基于兰考县的实证》，《征信》2018 年第 4 期。

晏婉萍：《把政策性担保作为重要抓手　大力支持我省民营经济发展》，《贵州日报》2018 年 12 月 4 日第 3 版。

杨东：《互联网金融的法律规制——基于信息工具的视角》，《中国社会科学》2015 年第 4 期。

杨东：《监管科技：金融科技的监管挑战与维度建构》，《中国社会科学》2018 年第 5 期。

杨雪：《印度普惠金融体系发展实践及对我国的启示》，《农村金融研究》2011 年第 6 期。

语安：《金融科技：本质是金融，目的是服务》，《互联网周刊》2017 年第 14 期。

袁圆：《泰州地区小额贷款保证保险推广方案研究》，硕士学位论文，首都经济贸易大学，2014 年。

张炳江：《层次分析法及其应用案例》，电子工业出版社 2014 年版。

张晓琳、董继刚：《农村普惠金融发展评价分析——来自山东的实证研究》，《东岳论丛》2017年第11期。

张雪玲、陈芳：《中国数字经济发展质量及其影响因素研究》，《生产力研究》2018年第6期。

赵鹏：《我国县级信用联社信贷资产质量问题分析及其对策研究》，硕士学位论文，昆明理工大学，2014年。

赵卫星：《从新网银行看民营银行数字化转型探索》，《当代金融家》2019年第3期。

赵新泉、彭勇行：《管理决策分析》（第2版），科学出版社2008年版。

郑弋：《县区城建投的困境与出路——以祁阳县城建投为例》，《文史博览》（理论）2014年第7期。

郑子敬：《深度贫困地区增减挂钩节余指标跨省交易的路径研究》，《中国土地》2017年第12期。

中国银行国际金融研究所全球银行业研究课题组：《夯实基础，提高风险抵御能力——中国银行全球银行业展望报告（2017年第二季度）》，《国际金融》2017年第4期。

钟华林：《四川新网银行：以数字科技服务普惠金融》，《经济日报》2019年5月8日第8版。

周建斌：《启动创建"农村金融信用市"工程》，《中国农村信用合作报》2015年5月19日第6版。

周立涛：《南海农村商业银行发展战略研究》，硕士学位论文，暨南大学，2013年。

周平军：《从战略层面推动普惠金融创新》，《经济日报》2014年1月14日第15版。

周其令：《互派干部搭平台 银政合作促发展》，《当代贵州》2013年第6期。

朱振鑫等：《农信社：被忽略的"第六大行"（上）》，《中小企业金融》2017年第7期。

邹英：《资本输入与乡村社会秩序的重建——基于M镇农业扶贫菌园的考察》，博士学位论文，华中师范大学，2017年。

左停、金菁：《"弱有所扶"的国际经验比较及其对我国社会帮扶政策的启示》，《山东社会科学》2018年第8期。

Adalessossi K., Kayan, "The Measure of the Financial Inclusion in the African Countries", *Management & Ap－plied Economics*, 2015（5）：23－32.

Al－Mulali U, et al., "The Influence of Economic Growth, Urbanization, Trade Openness, Financial, Development, and Renewable Energyon Pollutionin Europe", *Natural Hazards*, 2015, 79（1）：621－653.

Beck, T., "Finance and Growth－Lessons from the Literature and the Recent Crisis", Prepared for the LSE Growth Commission, 2012.

Cesar M. Z. P., "Financial Inclusion Index：Proposal of a Gupte R., Venkataramani B., Gupta D. Computation of Financial Inclusion Index for India", *Social and Behavioral Sciences*, 2012（37）：133－149.

Gurly, J. G., and Shaw, E. S., *Money in a Theory of Finance*, Washington, D. C.：Brookings Institution, 1960.

Levine R., "Financial Development and Economic Growth；Views and Agenda", *Journal of Economic Literature*, 1997, 35（2）：688－726.

Nandru, Prabhakar, Anand, Byram R., "Financial Inclusion in Pondicherry Region：Evidence from Accessibility and Usage of Banking Services", *TSM Business Review*, 2015（3）：1－13.

Noelia C., David T., "Measuring Financial Inclusion：A Multidimensional Index", BBVA Working Paper, 2014.

Rajani G., et al., "Computation of Financial Inclusion Index for India", *Social and Behavioral Sciences*, 2012（37）：133－149.

Robert G., Ross Levine, "Finance and Groth：Schumpeter Might Be Right", *Policy Research Working Papers：Financial Policy and Systems*, 2008, 1083－1098.

Sarma M., "Index of Financial Inclusion", *Indian Council for research on International Economics Working Paper*, 2010（8）：1－28.

Tamazian A., Chousa J. P., "Vadlamannati KC. Does Higher Economic and Financial Development Lead to Environmental Degradation；Evidence from BRIC Countries", *Energy Policy*, 2009, 37 (1): 246 – 253.

Thomas, S., et al., "Integrated Environmental and Financial Performance Metrics for Investment Analysis and Portfolio Management", *The Authors Journal Compilation*, 2007, 15 (3): 421 – 426.

World Bank, "Global Financial Development Report 2014: Financial Inclusion", Washington, D. C., 2015.